网店运营管理与营销推广

李军　编著

清华大学出版社
北　京

内 容 简 介

本书遵循初学者的认知规律，从认识淘宝开店开始讲解，采用通俗易懂的语言指导网店卖家进行经营。全书共 13 章，依次讲述了互联网时代的营销体验、网店商品管理与发布、维护客户与管理员工、在淘宝免费推广网店、全网免费推广网店、淘宝网店内促销策略、在淘宝花钱推广网店、客服与售后服务、建立物流渠道、移动营销新时代、移动营销常用工具、微信公众号营销以及二维码营销等内容。

本书采用通俗幽默的语言、翔实生动的案例介绍实用技巧，以激发欲网上开店人员的学习兴趣，适应网店卖家的需求。本书面向立志通过创业赢得人生的有梦青年、即将在网上开店创业的人员、电子商务从业人员、进军网店的品牌企业、网店团队或平台、传统企业直接布局网店的人员、开设相关课程的大专院校师生等。

图书在版编目(CIP)数据

网店运营管理与营销推广/李军编著. —北京：清华大学出版社，2018
ISBN 978-7-302-50007-0

Ⅰ. ①网…　Ⅱ. ①李…　Ⅲ. ①网店—运营管理　Ⅳ. ①F713.365.2

中国版本图书馆 CIP 数据核字(2018)第 076805 号

责任编辑：魏　莹
装帧设计：杨玉兰
责任校对：吴春华
责任印制：刘海龙
出版发行：清华大学出版社
　网　　址：http://www.tup.com.cn, http://www.wqbook.com
　地　　址：北京清华大学学研大厦 A 座　　　　邮　　编：100084
　社 总 机：010-62770175　　　　　　　　　　邮　　购：010-62786544
　投稿与读者服务：010-62776969, c-service@tup.tsinghua.edu.cn
　质量反馈：010-62772015, zhiliang@tup.tsinghua.edu.cn
印 装 者：三河市国英印务有限公司
经　　销：全国新华书店
开　　本：169mm×230mm　　印　张：20.5　　　字　数：399 千字
版　　次：2018 年 7 月第 1 版　　　　　　　　印　次：2018 年 7 月第 1 次印刷
印　　数：1～2000
定　　价：59.00 元

产品编号：074729-01

前　言

随着网民购物习惯的日益养成，网络购物相关规范的逐步建立及网络购物环境的日渐改善，中国网络购物市场已经进入了成熟期。同时，随着传统企业大规模进入电商行业，三、四线城市的网络购物潜力也将得到进一步开发，移动互联网的发展促使移动网络购物日益便捷，中国网络购物市场整体还将保持相对较快的增长速度。

当创业的热潮掀起，互联网时代真正来临，人人都有成功创业的机会。淘宝网作为亚洲最大的网上交易平台，吸引了越来越多的人在淘宝网上开店。淘宝就像一座金矿，人人都想从这座金矿中大赚一笔，然而数千万元的流水看似容易，其实竞争非常残酷。

淘宝不是一个先来有肉、后来喝汤的平台，它是一个只要你有创意、有个性、有方法，就能占有一席之地的平台。

这里没有先来的王者，只有适者生存，优者胜出！

尽管今天的网络市场竞争已异常激烈，在经历消费者从早期淘便宜、淘品质到现在淘品牌、淘服务的转变后，市场主体也由前期的网络个体户、传统企业转变为现在的规模企业、品牌企业，但这丝毫不影响创业者的热情。然而事实上，多少卖家为了获得更多的订单去弄虚作假，但这样的卖家要么被举报，要么被封店，最终不得不放弃经营，落得个草草收场的结局。

网上开店与经营看上去简单，其实整个过程涉及许多知识。想经营好网店、成为优秀卖家，不仅需要经营者的一腔热情，而且需要熟悉开网店的整个流程，掌握科学的管理方法，懂得有效的营销技巧。只有做好充分的准备，才能让自己的网店从众多网店中脱颖而出，赢得顾客和市场，最终走向成功。

正是基于这种现状，编者才有了撰写这本书的想法，一方面希望为更多的在校学子提供全面的网店运营知识，并对他们进行能力的培养，以便他们走向社会后能更好地服务于企业；另一方面可以给其他网店创业人士以指引。

本书以淘宝平台为依托，以网店运营为核心，按照网店运营的逻辑顺序，从市场分析、商家运营规划到店铺申请、网店推广活动，逐一介绍网店运营的整个应用流程和应用要点。全书避免死板教条，而是采用通俗幽默的语言、翔实生动的案例依次讲述了互联网时代的营销体验、网店商品管理与发布、维护客户与管理员工、在淘宝免费推广网店、全网免费推广网店、淘宝网店内促销策略、在淘

宝花钱推广网店、客服与售后服务、建立物流渠道、移动营销新时代、移动营销常用工具、微信公众号营销以及二维码营销等内容。

本书由文杰书院组织编写，参与本书编写工作的有李军、袁帅、文雪、李岩松、李强、高桂华、蔺丹、张艳玲、李统财、安国英、贾亚军、蔺影、李伟、冯臣、宋艳辉等。

为方便学习，读者可以访问网站 http://www.itbook.net.cn，以获得更多的学习资源，如果您在使用本书时遇到问题，可以加入 QQ 群 128780298 或 185118229，也可以发邮件至 itmingjian@163.com 与我们交流和沟通。

我们提供了本书配套学习素材和视频课程，请关注微信公众号“文杰书院”免费获取。读者还可以订阅 QQ 部落“文杰书院”进一步学习与提高。

我们真切希望读者在阅读本书之后，可以开阔视野，提升实践操作技能，并从中学习和总结操作经验和规律，达到灵活运用的水平。鉴于编者水平有限，书中纰漏和考虑不周之处在所难免，热忱欢迎读者予以批评、指正，以便我们日后能为您编写更好的图书。

编　者

目　录

第 1 章

互联网时代的营销体验

互联网时代意味着我们的传播更有效率，也意味着市场营销模式可以有更多的选择和变异。互联网是一种新型的平台，用户在网上可以自由地交流、对话，这与传统的媒体和其他市场营销的渠道有非常大的区别。

Section 1.1 传统营销经济体模式

本节导读

传统的网络营销经济体模式包括 B2B 模式企业基础营销和 B2C 模式企业基础营销等。本节将详细介绍 B2B 模式企业基础营销和 B2C 模式企业基础营销的相关知识。

1.1.1 B2B 营销模式

B2B(也有写成 BTB，Business-to-Business 的缩写)是指企业与企业之间通过专用网络或 Internet，进行数据信息的交换、传递，开展交易活动的商业模式。它将企业内部网和企业的产品及服务，通过 B2B 网站或移动客户端与客户紧密结合起来，通过网络的快速反应，为客户提供更好的服务，从而促进企业的业务发展。

B2B 商业模式是指一个市场的领域的一种，是企业对企业之间的营销关系。电子商务是现代 B2B marketing 的一种具体的主要的表现形式。

B2B 的常规流程包括以下步骤。

第 1 步 商业客户向销售商订货，首先要发出“用户订单”，该订单应包括产品名称、数量等一系列有关产品的信息。

第 2 步 销售商收到“用户订单”后，根据“用户订单”的要求向供货商查询产品情况，发出“订单查询”。

第 3 步 供货商在收到并审核完“订单查询”后，给销售商返回“订单查询”的回答，基本上是有无货物等情况。

第 4 步 销售商在确认供货商能够满足商业客户“用户订单”要求的情况下，向运输商发出有关货物运输情况的“运输查询”。

第 5 步 运输商在收到“运输查询”后，给销售商返回运输查询的回答。如有无能力完成运输，有关运输的日期、线路、方式等要求。

第 6 步 在确认运输无问题后，销售商即刻给商业客户的“用户订单”一个满意的回答，同时要给供货商发出“发货通知”，并通知运输商运输。

第 7 步 运输商接到“运输通知”后开始发货，接着商业客户向支付网关发出“付款通知”、支付网关和银行结算票据等。

第 8 步 支付网关向销售商发出交易成功的“转账通知”。

1. 营销现状

B2B 企业的营销现状包括以下几种。

1) 传统营销

不管如何高喊转型，传统企业大部分的业务来源还是传统营销，如协会营销、商会资源、老客户的推荐、在行业内的知名度等。很多企业还是穿梭于不同的行业会议、产业链商会议、上下游相关展会等。一边巩固原有客户和行业内朋友的关系，一边发动现有资源来对接更多的资源，有时和会议本身主题的相关性不大。

2) 网络营销

基于官方网站和百度推广为主的网络营销，成为支撑 B2B 模式传统企业互联网转型的关键，近八成的传统企业老板每当聊到网络营销时，第一反应就是“网站+推广”的模式，而不是整个网络营销框架。

在 B2B 模式的传统企业中，发展壮大了一批特色的企业，就是行业内的“精小微”企业，他们本身的厂房非常小，或者根本就没有厂房，但是依靠大力的百度推广，把百度的客户流量吸引过来，然后开始大批量生产，或者找到生产企业赚取差价。

3) 移动营销

真正开始做移动营销，是微信火了以后，传统企业开始申请自己的微信公众平台，部分企业开始使用微信群进行内部沟通，以及开始通过微信作为自己客户的联系方式。同时，企业因为经历过建设官网的时期，认为做移动营销先要做好自己的移动官方网站，然后投向移动的搜索引擎，但是都没想到企业客户的习惯不是在手机上面搜索，停留在电脑端，最终也没有达到预想的效果。

2. B2B 的优势

B2B 商业模式的优势包括以下几点。

1) 采购成本低

企业通过与供应商建立企业间的电子商务，实现网上自动采购，可以减少双方为进行交易投入的人力、物力和财力。另外，采购方企业可以通过整合企业内部的采购体系，统一向供应商采购，实现批量采购获取折扣。如 Wal-Mart 将美国的 3000 多家超市通过网络连接在一起，统一进行采购配送，通过批量采购节省了大量采购费用。

2) 库存成本低

企业通过与上游的供应商和下游的顾客建立企业间的电子商务系统，实现以

销定产，以产定供，实现物流的高效运转和统一，最大限度地控制库存。如 Dell 公司通过允许顾客网上订货，实现企业业务流程的高效运转，大大降低了库存成本。

3) 周转时间短

企业还可以通过与供应商和顾客建立统一的电子商务系统，实现企业的供应商与企业的顾客直接沟通和交易，减少周转环节。如波音公司的零配件是从供应商处采购的，而这些零配件中的很大一部分是满足它的顾客航空公司维修飞机时使用的。波音公司通过建立电子商务网站实现波音公司的供应商与顾客之间的直接沟通，大大减少了零配件的周转时间。

4) 市场机会大

企业通过与潜在的客户建立网上商务关系，可以覆盖原来难以通过传统渠道覆盖的市场，增加企业的市场机会。如 Dell 公司通过网上直销，有 20%的新客户来自中小企业，与这些企业建立企业间电子商务，大大减少了双方的交易费用，增加了中小企业客户网上采购的利益动力。

B2B 网站结构看起来简单，无非是供应信息、求购信息、产品库、企业库等主要栏目，以及每个栏目下对不同行业、不同产品的分类，将相应的信息发布到相应的分类中。但实际上，B2B 网站分类方法对于网站的整体优化状况是至关重要的，分类目录不合理将造成用户难以获取网站信息、搜索引擎忽略二级栏目及二级栏目中的信息，以及网站 PR 值低等综合问题。

3. B2B 存在的问题

目前 B2B 模式存在的问题如下。

1) 收录问题

随着供求信息发布量的增加，大量新发布的信息在不断滚动更新，但很多新的信息还未等到搜索引擎收录就已经滚动到多层次目录下，而由于网站结构层次设计不合理，即使全部网页都转化为静态网页，仍有可能造成信息无法被搜索引擎收录。

2) 动态网页问题

领先的网站早已经过网站优化改造实现了全部信息的静态化处理，但 B2B 网站发展到今天，仍然有大量网站采用全动态网页技术，甚至主栏目和二级栏目都是动态生成，这样的动态网站已经无法在搜索引擎自然检索结果中获得任何优势，即使网页被搜索引擎收录，也难以获得多于其他同类内容的静态网页的优势。其结果是，通过搜索引擎自然检索带来的访问量越来越少。

 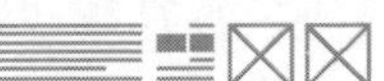

3) 相关性问题

在一般由网站维护人员编辑内容的网站中，网页标题的设计以及网页标题与网页内容的相关性问题可以得到比较好的控制，但在用户自行发布信息的 B2B 行业网站，网页标题设计不专业以及与网页内容相关性不高的问题比较突出，其后果是不仅供求信息内容网页在搜索引擎中没有竞争优势，而且可能影响整个网站的表现。

B2B 电子商务网站优化中还有很多形形色色的问题，除了网站优化中没有考虑到的网站基本要素外，还有 B2B 网站技术人员自己在摸索着进行网站搜索引擎优化，因为不当的操作所造成的种种问题已经成了疑难杂症，不仅没有达到网站优化的目的，反而让网站出现更多的问题。

4. B2B 的模式

B2B 具体细分为以下几种模式。

1) 垂直 B2B

垂直 B2B 可以分为两个方向，即上游和下游。生产商或商业零售商可以与上游的供应商形成供货关系，比如 Dell 电脑公司与上游的芯片和主板制造商就是通过这种方式进行合作的。生产商与下游的经销商可以形成销货关系，比如 Cisco 与其分销商之间进行的交易。

2) 水平 B2B

水平 B2B 是将各个行业中相近的交易过程集中到一个场所，为企业的采购方和供应方提供一个交易机会。

3) 自建 B2B

行业龙头企业自建 B2B 模式是大型行业龙头企业基于自身的信息化建设程度，搭建以自身产品供应链为核心的行业化电子商务平台。行业龙头企业通过自身的电子商务平台，串联起行业整条产业链，供应链上下游企业通过该平台实现资讯沟通、交易。但此类电子商务平台过于封闭，缺少产业链的深度整合。

4) 关联行业 B2B

关联行业 B2B 模式是相关行业为了提升电子商务交易平台信息的广泛性和准确性，整合综合 B2B 模式和垂直 B2B 模式而建立起来的跨行业电子商务平台。

5. B2B 的局限性

B2B 平台也存在自身的局限性，主要有以下几个方面。

互联网公司的频繁倒闭、互联网泡沫的破灭、轰轰烈烈的电子商务热使得 B2B 企业经历了发展、消弭到再复苏的坎坷历程。一路走来，B2B 已日趋成

熟，加之以中国适宜的大环境为依托、政府社会的大力支持、得天独厚的行业优势和成熟的管理经验，B2B 在各行各业中飞速发展，占据电子商务份额的95%。中国中小企业电子商务进入“井喷式”发展时期。B2B 也被评为十大盈利模式中的 No.1。但在光环的阴影下，有许多灰暗的一面值得我们去关注，如综合平台的垄断化、B2B 的黏性化、中小企业 B2B 的停滞化等。

1) 模式单一

纵观当前国内 B2B 领域，大量存在的是两种模式：一种是行业垂直类 B2B 电子商务网站，即针对一个行业做深、做透，如中国化工网、全球五金网等。此类网站无疑在专业上更具权威性，更精确。另一种是水平型的综合类 B2B 电子商务网站，覆盖整个行业，在广度上下功夫，如阿里巴巴、环球资源等。

(1) 行业综合性 B2B 模式。

此模式较成熟、风险小，但模式单一、陈旧，包括以“供求商机信息服务”为主的、以“行业咨询服务”为主的、以“招商加盟服务”为主的、以“项目外包服务”为主的、以“在线服务”为主的、以“技术社区服务”为主的模式。买麦网、商格里拉、华联 B2B 网上交易平台、亿喜网等网站均处于踟蹰不前的状态。这一切表明，B2B 需要商业模式创新，依靠单一陈旧模式难以超越同行。

(2) 行业垂直类 B2B 模式。

垂直类网站服务和专业化网站服务因其易出奇、出新、灵活而将成为各个 B2B 公司和大型企业争夺的焦点，也是未来 B2B 市场的另一新的发展方向。虽然垂直类 B2B 模式中的企业占中国 B2B 的份额小，却是许多风险投资家所看好的模式，也涌现了几匹黑马。

2) 压力过大

电子商务在经历了中化网上市的短暂激情后又回归了冬眠，除了阿里巴巴、慧聪、中化、环球资源等为数不多的几家网站外，其他大部分网站没能有幸得到社会的关注与媒体的追捧，而是像蝉的幼虫一样在泥土中一待就是好几年。综合平台中出现“以大粘小”现象和“马太效应”。几个大的网站使小 B2B 网站窒息或“胎死腹中”。

在中国电子商务应用与发展的过程中，企业的作用相当重要，但是国内已上网的企业，对如何开展网络营销和商务活动缺乏详细的规划。虽然大部分企业已接通互联网，但多数仅在网上开设了主页和电子邮件地址，很多网站内容长期不更新，更谈不上利用网络资源开展商务活动。

3) 认识模糊

对为何需要 B2B 中介服务网站，企业认识模糊。让陌生的买卖双方在互联网上相互沟通、查询和匹配存在很大的困难。在买卖双方之间将会产生四个问题：一是信息沟通不畅，必然造成生产和需求不对称，出现商品短缺和过剩并存的局面；二是由于一个卖家对应的买家有限，众多买家和卖家就会形成多层销售链，因而产生许多中间环节，致使销售费用越来越高；三是由于买家与卖家选择余地的限制，买、卖竞价不充分，既影响交易效率又不能营造一个公平的市场环境；四是由于信息不畅，对市场反应迟钝，造成库存积压，生产成本加大的现象。而要解决上述四大问题，必然需要建立一个公共的信息交流与交易平台。

4) 行动盲目

对如何有效开展 B2B 电子商务，各企业的行动是盲目的，普遍存在的现象如下。

(1) 企业网站的内容定位不准确，或设计得过于简单，只有主页和 E-mail 地址；或片面追求大而全，发布信息不分主次；或片面追求网站功能的强大，企图“一站通”。

(2) 经营方式不正确，对网站挂接在何处才有利于企业网上商务的开展缺乏本质上的把握，以为有了一个已注册域名的网址，商家就会通过 Internet 自动找上门来。

1.1.2 B2C 营销模式

B2C 是 Business-to-Customer 的缩写，而其中文简称“商对客”。“商对客”是电子商务的一种模式，也就是通常所说的直接面向消费者销售产品和服务商业零售模式。

B2C 电子商务的付款方式是货到付款与网上支付相结合，而大多数企业的配送选择物流外包方式以节约运营成本。随着用户消费习惯的改变以及优秀企业示范效应的促进，网上购物的用户在不断增长。

大部分 B2C 网站都是产品展示和产品销售，内容单调，很难留住回头客。很多购买者在有需求的时候，面对众多同类产品，过多的选择会让他们感到非常盲目。如果有非常合理的导购信息让他们对自己所要购买的产品进行一个客观的了解和比较，他们就可以购买到自己满意的产品。让客户满意，客户就愿意继续到你的网站购买产品。客户买产品，买的不是产品本身，而是产品带给用户的好处。人性化的导购信息可以帮助用户快速获得各类产品的好处。

大部分购物网站都缺少一种东西，那就是购物文化。什么叫购物文化呢？就是购物网站营造出的一种氛围，让用户感觉到在这种氛围中购买你的产品就是一种享受。

随着电子商务的日益发展，物流配送业务日趋庞大，甚至出现了供不应求的局面。因此仓储物流行业在近几年变得异常火爆，这类企业的主要业务除了仓储、代发货、物流配送，还包括配送跟踪、终端消费者退货投诉处理等业务。一家业务全面的仓储物流公司还会帮助供应商提供具体的物流解决方案，比如高效的配送方案、低成本的配送选择等。这类企业主要集中在上海、北京、广东这些资源集中型城市。

大部分 B2C 网站只是选择两三种简单的支付方式，其实，支付方式的便捷程度直接决定着用户的购买欲望。大部分消费者都属于冲动型购物者，如果在购物过程中遇到了一些麻烦，这些消费者就会转化成理智型购物者。所以，支付越便捷，对 B2C 的销售越有好处。中国的 SP 行业之所以有如此疯狂的市场，最大的原因就是其支付的便捷性。如果 SP 的服务都是采用去邮局汇款的支付方式，就不可能有今天的市场。如果要做 B2C 行业，一定要把支付方式做到行业标准之上。

一个好的 B2C 网站最主要的功能，从使用角度来讲包括以下方面。

商品的展现：告诉用户本网站主要卖什么东西、价钱是多少。

商品的查找：让用户快速找到自己感兴趣的东西。

购物车的添加和查看：告诉用户你已经挑选过什么东西。

配送方法：告诉用户如何才能把商品拿到手。

订单的结算和支付：告诉用户应该付多少钱和付款的手段。

注册登录：获得用户有效信息。

客户中心：告诉用户买过什么东西。

帮助、规则、联系方式等相关页面展现。

我们再从内部逻辑角度来看一下 B2C 网站核心的功能，它应该包含以下逻辑：展现逻辑；商品类逻辑；导航逻辑；搜索逻辑；购物车逻辑；物流、运费逻辑；订单结算逻辑；支付逻辑；用户注册逻辑；用户权限逻辑；订单跟踪逻辑；促销逻辑等。

另外，如投票、拍卖、推荐、积分等功能都应该属于可选的附属逻辑。

B2C 电子商务网站由如下三个基本部分组成。

① 为顾客提供在线购物场所的商场网站。

② 负责为客户所购商品进行配送的配送系统。

③ 负责顾客身份的确认及货款结算的银行及认证系统。

B2C 电子商务也面临着一些困难。

1. 资金周转困难

除了专门化的网上商店外，消费者普遍希望网上商店的商品越丰富越好，为了满足消费者的需求，B2C 电子商务企业不得不花大量资金去充实货源。而绝大多数 B2C 电子商务企业都是由风险投资支撑起来的，往往把电子商务运营的环境建立起来后，账户上的钱已所剩无几了，这也是整个电子商务行业经营艰难的主要原因。

2. 定位不准

一是商品定位不准，许多 B2C 企业一开始就把网上商店建成一个网上超市，网上商品大而全，但因没有比较完善的物流配送体系的支撑而受到严重制约；二是客户群定位不准，虽然访问量较大，但交易额小。三是价格定位偏高，网上商店追求的是零库存，有了订单再拿货，由于订货的批量少，得不到一个很好的进货价。

3. 网上支付体系不健全

网上购物的突出特点是利用信用卡实现网上支付。目前，我国电子商务在线支付的规模仍处于较低的水平，在线支付的安全隐患依然存在，多数代付银行职能的第三方支付平台由于可直接支配交易款项，所以越权调用交易资金的风险始终存在。这种不完善的网上支付体系严重制约着 B2C 电子商务企业的发展。

4. 信用机制和电子商务立法不健全

有的商家出于成本和政策风险等方面的考虑，将信用风险转嫁给交易双方，有的商家为追求利益最大化而发布虚假信息、扣押来往款项、泄露用户资料，有的买家提交订单后无故取消，有的卖家以次充好等现象常常发生。这些现象就是消费者对网上购物心存疑虑的根本原因。

下面以天猫为例分析 B2C 的经营模式——为人服务做平台。

虽然名字改了，但是天猫在 B2C 行业的领先地位还是无人能敌。天猫商城的模式是做网络销售平台，卖家可以通过这个平台卖各种商品，这种模式类似于现实生活中的购物商场，主要是提供商家卖东西的平台。天猫商城不直接参与卖任何商品，但是商家在做生意的时候要遵守天猫商城的规定，不能违规，否则会被处罚。如果这家网络“购物商场”想赚更多的钱，他就会提高你的租金，你不交的话，他就会把你赶到集市(淘宝)上摆摊。一些不服管制的业主就会“拉大旗、耍大刀”地跟这个商场的负责人理论。这就是天猫商城，与我们现实生活中的购物商场类似。

这种模式的优势是它的平台足够大，想卖什么就卖什么，前提是没有违法违

规。商城负责维护这个平台的建立，而商户只管做自己的生意，盈亏要自负，与商城没有关系。不管你的生意如何，你都要交一定的场地费。如果想做推广，你可以在商城内做广告，搞促销活动，这些都是商户自愿的经营行为。商城负责树立好自己的形象，能吸引足够多的消费者即可，收入稳定。这种模式的优势在于可以随着市场变动，商户自行对市场做出反应，不需要商城去担忧。市场自由，没有太多的条件限制，扩充性强。这种模式对于商城与商户都很稳定，除了一些管理上的纠纷，市场经营方面都是各顾各的，不发生利益冲突。总体来说，这种模式的优点在于收入稳定，市场灵活，商城不用花太多心思去管理各种产品的经营，而缺点在于盈利可能偏低，商城的战略变动可能会引起商城内部商户的抵制，内部纠纷会比较多。不过这种模式更被商户们所喜爱，因为他们可以在这个平台上获得利润，如图 1-1 所示。

图 1-1

Section 1.2 B2B 模式类平台运营

本节导读

古语有云：“工欲善其事，必先利其器。”为了企业的长远发展，打造一个优秀的 B2B 平台并妥善经营是必要的。B2B 模式类平台运营的主要内容包括建设官方网站、搭建垂直平台以及借助第三方平台等内容。

1.2.1　建设官方网站

官方网站以品牌型网站、营销型网站、电商型网站、服务型网站这 4 大类进行分析。

1. 品牌型网站

无论企业大小，都应该有属于自己的品牌型网站，这是企业的门面工程，盈利面、销售面都没有在此，但是这个网站的存在是必要的。网站能起到的作用就是增加品牌认知度，也不用过度优化，无所谓追求高访问量，对于现在的互联网环境来说，它的作用更多的是提醒消费者企业的存在和具体的企业形象。

我们来看一下腾讯官网，页面有一句醒目的标语“青春无畏 冲动不止”，提醒人们腾讯的品牌理念，这就是典型的品牌型网站，如图 1-2 所示。

图 1-2

微软中国网站的整体布局是欧美网站风格的典型代表。微软的软件和硬件服务，相信大家在官网上使用的应该不多，也是典型的品牌型网站，而不同于腾讯官网的是，它增加了在线购买功能，如图 1-3 所示。

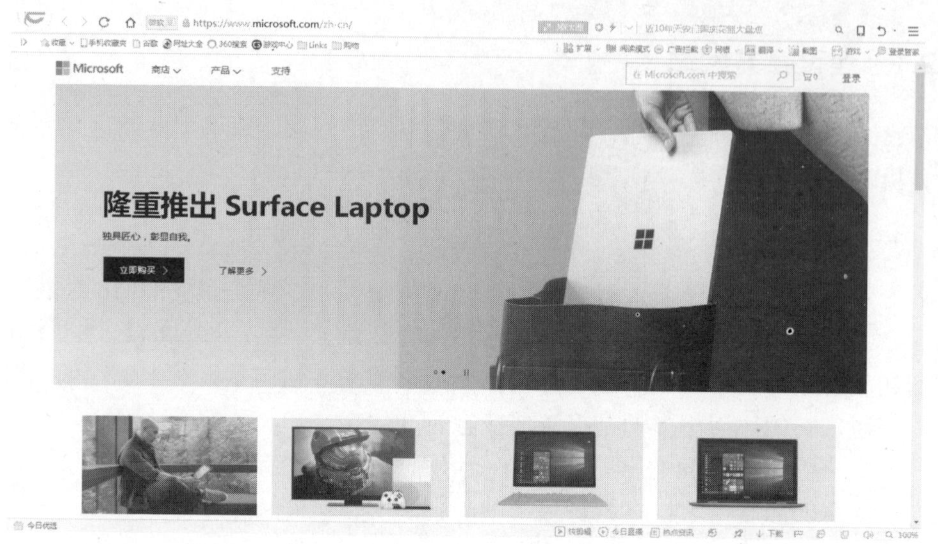

图 1-3

2. 营销型网站

如果网站在搜索引擎上面没有排名，那么网站的价值也就没有那么高，营销型网站最大的特点就是企业品牌关键词，产品关键词搜索的时候都要有排名。所以营销型网站重点也是在搜索引擎排名上，除了付费竞价广告以外，最重要的还是 SEO，免费的优化排名。那么网站不仅要做好内部优化，还要有专业的外部推广。

3. 电商型网站

在营销型网站的基础上加上在线交易功能，即为电商型网站。中小微企业在搭建电商型网站时可以选择两种方式，一种是企业资金开发搭建，并增加交易系统，或者是使用 CMS(Content Management System，内容管理系统)平台。内容管理系统是企业信息化建设和电子政务的新宠，也是一个相对交心的市场。对于内容管理，业界还没有一个统一的定义，不同的机构有不同的理解。

另一种是零成本过程。在每个产品页面增加按钮功能，然后将页面跳转到淘宝店铺页面，用户可以在淘宝上使用支付系统进行支付。这种方式要注意的是，一定是在产品详情页面放置调整按钮，否则在用户还没形成购买意向时，即使跳转也没有意义，还需要根据不同产品所对应的价格和介绍，单独设置跳转到不同的支付页面。

4. 服务型网站

典型服务型网站是快递行业查询系统，用户产生硬性需求以后通过网站进行操作。企业服务型网站可以有选择性地进行搭建，如果需要针对用户做出定制服务，可以让网站有功能性板块，也可以选择使用类似品牌型网站的页面布局。

1.2.2　搭建垂直平台

官方网站建设完成后，企业还需要搭建属于自己的垂直平台，垂直平台的搭建需要分析企业的两大方面：企业资源可行性分析和盈利模式分析。

1. 企业资源可行性分析

1) 产品服务标准化程度

产品和服务标准化程度越高，越适合搭建电商平台，深度垂直平台不仅需要产品展示和服务价值体现，还需要大量的数据支撑。

2) 用户数量应用领域

用户数量越多，应用领域越广，越适合开展电商平台。这里的用户数量是相对值，相比于传统行业来讲，用户数量越多越好。

3) 供应商数量和规模

供应商数量越多，越适合搭建垂直电商平台。本身平台就是在做行业整合，如果所有的供应商加一起比公司官网量级还大，就失去意义了。

4) 产业链条长短

对于一个电商平台来讲，产业链条越长越容易成功。垂直电商平台都是以产品行业切入的，终极目标是形成整个生态圈建设，所以产业链越长就意味着发展空间越大。

5) 核心产品系列市场份额

对于企业来说，如果有产品在行业内占大份额，企业再组织牵头做电商平台，成功的概率会更大。

企业前期可利用资源进行自我分析：行业整合资源、经验与认知资源、人才和团队资源、前期可依托转化资源、资金支持资源和其他相关资源。

2. 盈利模式分析

1) 会员费

企业通过在电子商务平台注册成为平台的会员，可以在平台进行交易。想要享受更多增值服务，需要每年交纳一定的会员费，这是平台收入的来源之一。

2) 广告费

网络广告是门户网站的主要盈利来源，同时也是电子商务平台的主要收入来源。电子商务平台的广告根据其在首页的位置及广告类型来收费。有弹出广告、悬浮广告、BANNER 广告、文字广告等多种表现形式可供用户选择。

3) 竞价搜索费

企业为了促进产品的销售，都希望在平台网站的信息搜索中将自己的排名靠前，而平台在确保信息准确的基础上，根据会员缴费的不同，对排名顺序做相应的调整。

4) 平台交易佣金

平台所产生的所有交易，可以设立相应的佣金收取比例，平台的交易佣金也是平台收入的一个主要来源，包括产品销售佣金、维修服务佣金、保险佣金等。

5) 订单贷款和供应链贷款利息或佣金

平台可以与一些金融机构合作，比如银行或者一些信贷机构。平台的所有会员可以利用房屋等作为抵押进行贷款。平台自身也可以成立相应的信贷渠道。既能收取相应的佣金，也能获取平台自身贷款的利息。

6) 仓储合作费

仓储费用包括支付给储运仓库的仓库租金，以及本企业附属仓库中发生的转库搬运、检验、挑选整理、修复、维修保养、包装费、库存物资损耗、员工工资、职工福利费等开支。

7) 物流合作费

电子商务平台可以自己发展自己的物流体系，提供相应的配送服务，根据配送距离以及其他因素向企业收取相应的物流费用。

8) 仓单交易手续费或佣金

电子商务平台可以根据提供仓单流转的次数收取相应的手续费或者佣金，这也是平台后期的盈利模式之一。这主要是针对大宗现货产品。

1.2.3 借助第三方平台

B2B 模式第三方平台可以帮助企业在网络营销中提高曝光率，部分关键词很难优化到百度的“第一屏”。如果在其他平台注册账号，填写企业自身信息，会利用平台本身高权重带来排名。不仅对百度搜索的表现会有所帮助，对于平台本身也会带来精准流量，例如在阿里巴巴平台开商铺，同样会直接链接到成交用户。

最大化利用第三方平台资源是系统工程，需要单独创建团队进行协调工作，主要工作内容分为确定参与人员和领导者、针对行业进行平台汇总、制定一定时间的

周期计划表、严格的过程把控、效果反馈与计划升级这几点，如图 1-4 所示。

确定参与人员和领导者，通常在本项工作中以流程化操作为主，主要目的是为企业提高曝光率，在各个平台进行会员注册、信息发布等。要求参与的人员熟悉电脑操作，稍加培训即可。同时要确定小组领导者，进行任务分配和执行监督。

针对企业所处行业的 B2B 平台，使用站长工具等平台对行业网站进行监测排名，网站流量最大者优先，搜索自身企业产品关键词，首页有收录排名优先，对要推广的平台进行分等级分类处理。

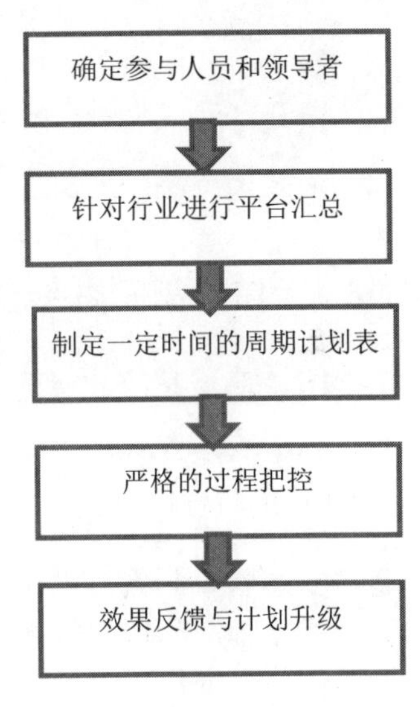

图 1-4

制定工作周期表，参与人员进行首次平台流程测试，确定不同平台的操作市场。根据团队协作制订计划，根据个人实际流程时间做细分排序，并且安排领导者做好效果信息留存。如果是会员注册平台，要有会员信息记录；如果是商铺开通平台，要有商铺信息记录。

严格把控操作过程，切忌虎头蛇尾，强调有效的结果而不只是量级，防止部分人员在操作过程中投机取巧，利用一些不正当的方式进行注册宣传等。

阶段性效果评估和计划迭代，一般的计划周期表以月为单位，第一个月以收集平台、评估平台、了解平台、任务分工为主，并进行小批量平台入驻等；第二个月除了进行会员信息维护、入驻平台维护外，还要通过百度收录、百度排名、成交客户等不同维度对前一个月的效果进行检查；后续开始重复第二个月工作，直到达到企业想要的效果，在此过程中对不同的结果进行升级，增减平台、增减人员和增减时间等。

其他平台群推进方法

智慧锦囊

博客平台主要的运营方式是博客链轮，可以是同一平台不同博客进行互联，也可以是不同平台的博客互联。

Section 1.3 B2C 模式类平台运营

B2C 是 Business-to-Customer 的缩写，而其中文简称“商对客”。B2C 模式类平台运营包括借用第三方平台流量、自建垂直电商交易网络平台和建立自有品牌策划方案。本节将介绍 B2C 模式类平台运营的具体知识。

1.3.1 借用第三方平台流量

B2C 商城系统的运营模式有很多种，比较常见的运营模式有以下 4 种。

1. 综合型 B2C

综合型就是涉及面要广，要利用好自身的品牌影响力，积极寻找新的利润点，培养核心业务。可在现有品牌信用的基础上，探索国际品牌代购业务或者采购国际品牌产品销售等新业务。网站建设要在商品陈列展示、信息系统智能化等方面进一步细化。对于新老客户的关系管理，需要精细客户体验的内容，提供更加人性化、直观的服务。选择较好的物流合作伙伴，增强物流实际控制权，提高物流配送服务质量。

2. 垂直型 B2C

垂直领域越深，往往越能体现网站的专业性和独特性。核心领域内继续挖掘新亮点。积极与知名品牌生产商沟通与合作，化解与线下渠道商的利益冲突，扩大产品线与产品系列，完善售前、售后服务，提供多样化的支付手段。鉴于目前个别垂直型 B2C 运营商开始涉足不同行业，笔者认为需要规避多元化的风险，避免资金分散。与其投入其他行业，不如将资金放在物流配送建设上。可以尝试探索“物流联盟”或“协作物流”模式，若资金允许，也可逐步实现自营物流，保证物流配送质量，增强用户的黏性，将网站的“三流”完善后再寻找其他行业的商业机会。

3. 平台型 B2C 网站

B2C 受到的制约因素较多，但中小企业在人力、物力、财力有限的情况下，

这不失为一种拓宽网上销售渠道的好方法。首先是中小企业要选择具有较高知名度、点击率和流量的第三方平台；其次要聘请懂得网络营销、熟悉网络应用、了解实体店运作的网店管理人员；最后是要以长远发展的眼光看待网络渠道，增加产品的类别，充分利用实体店的资源、既有的仓储系统、供应链体系以及物流配送体系发展网店。

4. 直销型 B2C

首先要从战略管理层面明确这种模式未来的定位、发展与目标。协调企业原有的线下渠道与网络平台的利益，实行差异化销售，如网上销售所有产品系列，而传统渠道销售的产品则体现地区特色；实行差异化的价格，线下与线上的商品定价根据时间段不同设置高低价格。线上产品也可通过线下渠道完善售后服务。在产品设计方面，要着重考虑消费者的需求，大力吸收和挖掘网络营销精英，培养电子商务运作团队，建立和完善电子商务平台。

1.3.2　自建垂直电商交易网络平台

不同于 B2B 模式垂直电商平台，建立企业电商交易平台，主要面对终端用户，实现用户线上交易流程和线下物流体系过程。在系统搭建之前，考虑企业要发展的两种模式，一种是通过电商平台，聚集微商体系里的散户，为微商留入口，除了用户运营板块、经销商运营板块外，还应该包括共享经济下以个体存在的销售主体板块。对于传统业务板块，还是遵循从生产厂家到各级经销商的流程，与电商平台并行发展。另一种模式是部分企业已经遇到的问题，自建电商交易平台后，包括入驻第三方交易平台，线下经销商很难经营，如果线上销售价格和线下一致，很难提升销量。如果价格降低，会降低线下经销商和零售商量级，这时就需要在电商交易平台进行区域划分，给线下所有的经销商或者零售商增加一个身份，成为物流分发点，这样企业总部在线上销售产品，同时分配给线下去配送，利润属于线下实体店，这种模式适合目前已经有一定规模的线下经销网点的企业。

电商交易平台对数据要求比较多，其中最重要的是分析用户数据。第一步是需求分析，现在对于用户数据的需求和前几年有明显变化。例如，以往在用户在平台注册时，都会填写邮箱信息，然而现在主流联系方式变成了电话号码或者微信号，所以需要根据企业对用户不同的需求建立不同的表单。第二步是数据采集，通常是在前台完成，在保证程序正常的情况下，用户通过前台页面填写各级页面需要的信息。第三步是数据清洗，也可以理解为数据筛选，通过采集到系统的数据进行错误信息、虚假信息清除。第四步是数据建模，是对筛选以后的各类数据的抽象组织，确定数据库需管辖的范围、数据的组织形式等，直至转化为现实的数据库。将经过系统分析后抽象出来的概念模型转化为物理模型后，使用工

具建立数据库实体，以及各实体之间关系的过程。第五步是数据二次处理。第六步是报表分析。第五步的数据通过第六步来进行归类整理并分析，根据不同数据的表现划分为不同用户等级，可分为忠诚用户、优质用户、普通用户、一般用户等，主要是对采集到的用户留存数据进行分析。第七步是出具分析报告，正确明了地描述电商系统数据情况。第八步是决策支持。根据整体流程由高层确定下一步电商平台的发展方向，并在此进入新一轮的数据沉淀循环系统，如图 1-5 所示。

电商交易平台除了人员成本以外，主要涉及硬件成本和技术成本，其中包含 3 个方面。第一个是服务器成本。不同于普通网站，如果单纯是放网站页面文件，直接购买一个虚拟空间即可，花费在几百元左右。电商交易平台随着运营时间的增长，用户流量会越来越大，所以在初期就要选择购买服务器。主流服务器平台包括阿里云、易迈互联、北方数据中心、新网互联、亿人互联、西部数码、中国万网、广州新一代、阳光互联、首都在线、主机屋等，年费至少为一千元。第二个是网页呈现成本。想让一个电商平台完整地呈现在用户面前，用户前台访问网页的建设至关重要。相对应每一前台页面都需要企业在后台进行操作，有需要稳定的后台操作系统，这仅仅是从两个大层面分析一个正常网页展示过程中需要企业完成的内容。第三个是内容编辑。自建电商交易平台和作为第三方电商交易平台不同，第三方每个入驻商可自行管理店铺系统，而自建平台所有的展示内容都需要员工实现，庞大的内容呈现体系，在内容编辑上也占据了一部分成本。

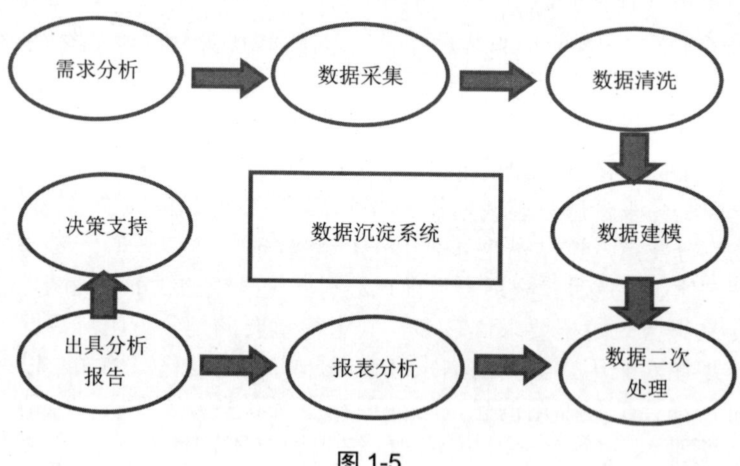

图 1-5

自建电商交易平台发展到一定阶段会选择开放供应商入驻，此类供应商可以是同品类其他经营者，也可以是厂家下层代理商。如果平台有一定的数据量，单纯靠本企业经营是一件耗费体力的事情，而且对于入驻者来说可控度也不高。搭建整体供应商入驻系统需要解决以下几个问题：供应商入驻需要有单独入口和系统支撑其后台操作；供应商注册，如果通过邀请制自主选择可入驻的供应商，在注册页面可以设立唯一邀请码，企业前台提交注册资料，后台有企业员工进行资料审核，决定供应商是否可以入驻；商谈供应价格，这一环节主要针对同平台其他入驻企业，或者上游下游同产业链产品供应商入驻时商定在平台的销售价格；签约供应商、发布产品；展示发布产品，供应商后台系统数据库和平台打通，通过在前台确定购买，产生所有交易流程后生成订单并自动通知平台管理，方便及时处理跟踪；签订合同；支付定金；订单物流监控，如果是大宗物流，一方面可以向物流商开放接口，用户可以通过平台连接到物流公司查询系统，方便查询；另一方面，如果是企业自建大宗物流，需要对每辆运输车做好定位软硬件，用户和企业都能实时查看监控；收货处理尾款；支付供应商货款。

电商平台支付系统主要分为几类，可根据企业自身情况进行选择。

通过第三方代理人的银行卡支付，此支付方式的原理和过程是买方通过在线或者离线方式，在第三方代理人处开设账户，代理人持有买方必要的银行卡信息，包括买方的银行卡账号和密码，买方在线向卖方订货后，同时将账号传给卖方。卖方将账号提供给代理人，验证账号是否正确、账户中是否有足够的支付金额等，第三方代理人将验证信息返回给卖方。卖方确定无误后接受订货。

SET 协议银行卡支付，安全电子交易协议是以银行卡支付为基础的网上电子支付系统规范，是目前最安全的银行卡网上支付解决方案。SET 协议通过采用数据加密、第三方认证、数字签名等多种安全控制技术来解决银行卡支付的安全保障问题，从而保证了电子支付的机密性、数据的完整性、身份的合法性和不可否认性。

电子钱包中的银行卡和交易信息由持卡人自己设定口令进行保护。当持卡人使用浏览器购物需要付款时，电子钱包被自动启动，在持卡人输入口令得到验证后，即可进入电子钱包界面。在电子钱包中进行网上交易的数据是加密后在 Internet 上传输的，只有提供电子钱包服务的银行的银行卡处理器才可以打开交易数据。电子钱包内置了电子签名，银行卡处理器验证通过后，通知商家，完成交易。交易结束后，持卡人的屏幕上将显示所发出的订购请求和商家对订购的确认信息。

用户建设系统的建设分为 4 个步骤。第一步是用户资料搜集。主动搜集用户资料，包括企业现有用户信息，并对现有客户资料归集整理。第二步是用户导入。导入 CRM 系统，多数企业用户管理系统都设有接口，将平台与系统接口对接，互相开放权限，打通两个平台客户数据信息，进入代理商体系，导入经销商及各级经销商客户信息。第三步是用户忠诚度建设。全网平台的用户只是传递，全网平台的互动机制建设，用户行为习惯发掘及培养。第四步是全流程用户体验优化，用户全流程参与。参与产品研发流程、为研发提供建议、参与产品品控流程、协助提高质量、参与产品物流流程、实现产品可追溯、参与产品服务流程、

改善服务品质。

平台规划核心系统包括商品管理系统、频道系统、订单系统和会员系统。商品管理系统的重点包含无限制商品分类属性、可对一个商品设置多个分类属性、可同时显示市场价和商城价的询价定义、可同时对几件商品信息进行详细对比、不同产品名称颜色属性更突出主要推广产品、可对商品进行自定义属性配件、可针对不同等级会员显示不同的价格体系、同品类产品批量编辑、商品组管理、使用推荐图标激发用户的购买欲望等。

频道系统支持图形化配置频道，更直观方便。强大的自定义标签功能、可自定义页面类型、各级页面可自动生成静态 HTML、可自定义设置频道风格及布局、在任何频道页自行修改商品位置说明、可任意自行更改商品设计和栏目信息、强大文本配置功能等。

订单系统具有查询、确认、删除等功能、前台订单打印、方便快捷的多订单条件查询方式、可自由地将有效订单转为无效订单等功能。

会员系统可以对会员进行登记划分处理、可以对会员信息进行设置、可以根据会员的相关情况进行跟踪与回访等。

电子商务平台团队的人员构成如下。

1. 程序员(2~4 名)

做网站，好的程序员是必需的。不同的情况，要考虑招募不同数量的程序员，如果是.NET 语言组建网站，由于.NET 的 dll 封装机制，开源氛围非常不好，程序员都是崇尚自己开发的，所以选用.NET 做网站会麻烦一些，需要从头写逻辑需求、流程需求，开发周期更长，用.NET 语言做程序建议招募两名程序员，一名水平相对较高，进行资源互补。如果是 PHP 平台搭建，情况要好很多，现在市面上有非常多的开源网店的程序都是用 PHP 平台做的，国内知名的 ECShop 和国外的 E-Commercial 都是比较好的开源程序。这样逻辑需求就不用费精力了。一般如果是用 ECShop 开发，初期有一名懂 ECShop 的程序员就基本够用了。

2. 美工(2 名)

美工是重要的角色，美工的美感、DIV+CSS 能力直接决定了网站的订单转化率、网站的信用度。B2C 最重要的是产品图片的处理、美化，如果美工在这方面能力不行，将会导致整个网站订单率下降。企业可以招两个美工进行交流和工作交叉分配。

3. 策划(1 名)

一定要有策划人员，策划的主要工作是策划活动、网站布局，最好懂用户体验。

4. 编辑(3~5 名)

前期 B2C 网站在建设过程中需要大量内容的上传，即使平台进入正常运营阶段，也要配置多个编辑管理内容，根据不同频道或者板块由不同人员负责，自主建立平台一定要做到高质量原创内容，所以编辑岗位人员要招聘一些文笔好的人。

5. 客服(1~2 名)

客服的重要性就不言而喻了，客服实际上直接决定了公司的收入，客服最好是有售前电话客服经验的女性，能够在客户咨询的情况下，和客户达成合作。客服一般负责电话、QQ、E-mail 等方式的客户服务，在网站开发阶段一般不招募客服，有流量以后才上岗。

1.3.3　建立自有品牌策划方案

屈臣氏集团(香港)有限公司(A.S. Watson Group (Hong Kong) Ltd.)创建于 1828 年，是长江和记有限公司旗下屈臣氏集团以保健及美容为主的一个品牌。本节以屈臣氏建立自有品牌为例分析自有品牌策划方案。

1. 公司简介

屈臣氏集团起源于 1828 年，时至今日，集团已成为国际性的零售及制造业机构，业务遍布全球 36 个市场。集团旗下经营超过 7800 间零售商店，种类包括保健及美容产品、高级香水及化妆品、食品、电子、高级洋酒及机场零售业务。此外，集团还是历史悠久的饮品生产商，制造一系列瓶装水、果汁、汽水及茶类饮品，并透过其国际洋酒批发商及代理商，销售世界优质名酒。集团现聘用 98 000 名员工，是以香港为基地的国际综合企业——和记黄埔有限公司的成员。和记黄埔集团业务遍及 55 个国家，经营港口及相关服务、电信、地产及酒店、零售、能源、基建、投资及其他等业务。屈臣氏集团在欧亚两洲建立了名牌荟萃的零售业务，这些品牌蜚声国际，备受推崇，代表着集团以最优质的产品，为顾客带来更高的生活品质。

屈臣氏产品在亚洲集团拥有多个著名品牌和零售连锁店，包括屈臣氏个人护理商店、百佳超级市场、TASTE 美食购物广场、Great 美食购物广场、Gourmet 时尚美食购物广场、丰泽、屈臣氏酒窖和机场零售业务 Nuance-Watson。集团也是区内瓶装水及其他饮料的主要生产商，而屈臣氏蒸馏水的销量更是香港瓶装水的销量之冠，反映出市场对集团产品的认同。

2. 市场分析

1) 营销环境分析

自有品牌是一个国家品牌经营水平提升的标志，是品牌经营发展的必由之路。自有品牌作为一种服务于人的形象，反映了一种适合社会发展的服务理念，充分体现了以人为本的要求。我国企业的自有品牌处于刚刚起步阶段，适应着自有品牌全球化的一个趋势，目前我国自有品牌的零售企业仅在几个大都市出现，许多零售企业还没有意识到自有品牌的价值，还没有跳出传统的思考模式，缺乏自己的特色和创新思想，仍以代销制造商的品牌商品为主，自有品牌的销售在全国零售企业销售额中的比例太低，未来商业竞争越来越表现为品牌的竞争。创建成功品牌成为企业有效赢得市场竞争优势的有效途径，尤其是建立自有品牌已经成为一个不可逆转的趋势。

2) 顾客购买行为分析

屈臣氏的目标客户集中在 18～35 岁的时尚女性，女性无疑是冲动型消费的主力军。据日本一个专门研究消费者形态的机构统计，女性在冲动型购买中的比例为 34.9%，也就是说每 3 个女性消费者里面就有一个是冲动型购买者。有人说女人的钱是最好赚的。

冲动型消费还容易受到人为气氛的影响，当消费者光顾的门店在进行商品促销的时候，往往能够激发消费者的购物冲动。对于某些商品来说，可能消费者处于那种可买可不买的边缘，但促销折扣往往能够引起消费者的冲动购物。

纯冲动型：很多女性在买东西的时候都是由于一时的头脑发热，每当看到大肆宣传的自有品牌新产品，总是不由自主地想去尝试，加上店里的浓郁氛围，令你满心欢喜地把产品选购回家。

刺激冲动型：顾客在购物现场见到某种产品或某些广告宣传、营业宣传，提示或激起顾客尚未满足的消费需求，从而引起消费欲望决定购买，是购物现场刺激的结果。为了创造一个好的促销氛围，屈臣氏从不吝惜布置场地的成本。虽然有浪费之嫌，但舍得投入是获得回报的根本。

3) SWOT 分析

(1) 优势。

确定市场定位。细分消费者，成功锁定目标顾客为 18～35 岁的时尚女性，使新进入者在资本运作上难以抗衡。这是产品的优势，最大限度地满足目标顾客的需求。

产品多样化，自有品牌的魅力。美丽(beauty)、保健(health care)、食品类、生活杂货及日常用品，产品的种类非常多，自有品牌实现商品的差异化，让消费者有更多的选择。

成功的营销模式——提倡健康的生活方式，企业品牌口碑好、低价高值，在消费者心中的知名度高，同时吸引国内外知名厂商有意合作成为供应商，能及时准确地把握市场需求动态。

(2) 劣势。

自有品牌扩张缺少独立性和竞争性，自有品牌质量难以保证，随着消费者对个人护理用品品质要求的提高，在能力范围内他们更倾向于选择名牌产品。

自有品牌产品的宣传力度不到位，许多消费者不了解屈臣氏的自有品牌产品，也不知道其明星产品的特殊功效，单凭促销是无法增加消费者对其自有产品的了解和认识的。

产品具有极大的差异化，虽然可供选择的种类繁多，但对顾客来说不熟悉的品牌一般不会轻易尝试，无法产生首次购买冲动。

(3) 机会。

零售业连锁经营的蓬勃发展，爱美女性的增加，女性保养品的购买率高，因此这个细分市场发展潜力较大。

中小型制造企业生产的剩余。城市化进程加快， 市民消费观念提高，自从中国加入 WTO 后，市场快速开放且自由竞争，以往的市场以制造业为导向，现在则是通路型产业。

(4) 威胁。

消费者对品牌的要求越来越高，从消费者的角度看，企业品牌对于顾客来说不只是商店的一个名称，而是让潜在顾客相信的最本质的内容，也是影响消费者对商店的选择和购买行为的一个重要因素。

市场的竞争加剧，对于人才的需求急剧加大，促使企业创新经营模式，服务推陈出新，规模扩张，同时也导致质量难以保证。

行业威胁来源于在一线中心城市，强调“试用体验”的法国丝芙兰以及同样以自主品牌立足的香港莎莎，与屈臣氏在选址、人群定位、产品等方面多有交叉和类似之处；在二线城市，遭受到各区域龙头化妆品专营品牌店的顽强狙击。

3. 市场战略

1) 市场发展战略

(1) 自有品牌发展战略。

在中国市场，屈臣氏的自有品牌数量为 700 多种，相当于所销售总商品数量

的 20%；在销售价格上，比同类其他品牌便宜 20%～40%。作为世界性连锁集团，屈臣氏推出多款洗发、护肤、沐浴产品，以及部分食品和生活用品。这些商品在产品的开发和设计上都十分迎合都市年轻人。

屈臣氏在自有产品开发的时候，就进行了深入的市场调研，以确保生产出适销对路的产品，并特别建立了“模拟店铺”，用于了解各分店的销售趋势和顾客需求，确定发展的产品种类。这包括统计出店铺内每月最热销的代理品牌商品，然后复制出与该热销代理商品近似的自有产品，也包括满足消费者的特定需求，推出具有特色的独家产品。

屈臣氏自有产品不仅定位好，而且配有好的促销和优惠价格。相对于市场上其他品牌，屈臣氏自有产品以低于二～四成的价格和新潮时尚的包装吸引顾客，而且在推入市场之前先要由员工试用，再让员工向消费者宣传，这样员工就成了最好的代言人，能够进行有效的行销和口碑传播。

(2) 发展稳中取胜。

屈臣氏通过多年来对中国内地零售市场的深入研究和钻研，总结出品牌发展最适宜的定位和发展策略。长期以来，屈臣氏奠定了内地最大的健康和美容个人零售商的坚实地位，并且密切关注市场变化，适时把握时机，蓄势待发。不以发展的快慢衡量企业的发展，因为任何事物的发展都有其自身的规律，受时机和多方面因素的影响。多年来，屈臣氏始终以敏锐的触觉了解、研究和分析市场动向。在尊重市场规律、了解消费者需求和内地零售业各项政策法规的基础上，不断完善内部的管理，积极调整发展战略。

(3) 健康生活方式。

屈臣氏制胜的模式是独特的产品组合(日用品、美容及保健品、特色商品)+保证优质+每周新品不断+惊喜不断的购物环境。制胜法宝就是“要了解市场和顾客真正的需求”。作为一个成熟的国际零售品牌，屈臣氏不仅拥有市场先驱的品牌优势，还拥有全球布局、本土采购的强势搭配。屈臣氏在中国内地发展已有 15 年，其成功之处还在于对消费时尚的把握以及对健康生活方式的倡导。

2) 目标市场战略

(1) 开发自有品牌。

屈臣氏的市场定位是要做“个人护理专家”。同时，发展自有品牌也体现了屈臣氏在个人护理用品方面的专业性和创新性。屈臣氏计划根据消费者的需求，推出更多的自有品牌，以满足消费者不断增长的需求。自有品牌对零售商而言不仅仅是“重要，而且必不可少”。消费者光顾屈臣氏，不但选购其他品牌的产品，也购买屈臣氏的自有品牌新产品。它的增长将帮助公司增加和平衡利润，同时与其他独家代理的产品相得益彰，为顾客带来更多的选择空间。当零售卖场自己可控产品体系的销售量和种类达到一定比例时，商家在渠道中的话语权就会增强。

(2) 市场定位战略。

“我”是谁并不重要，关键是消费者认为“我”是谁。从提供药品到个人护理产品的嬗变，屈臣氏找到了自己在消费者心中的地位。屈臣氏以“个人护理专家”为市场切入点，以低价作为引爆点，围绕“健康、美态、快乐”三大理念，为消费者提供高性价比的产品、优雅的购物氛围环境和专业资讯服务来传达积极美好的生活理念，旨在协助热爱生活、注重品质的消费者塑造内在美与外在美的统一。

药品及保健品保留着创店以来的特色，倡导“健康”美容美发及护理用品所占比重最大，种类也最多，表达着“美态”的概念，独有的趣味公仔及糖果精品则传递着“乐观”的生活态度。

为了配合这三大经营理念，公司的货架、收银台和购物袋上都会有一些可爱的标志，“心”“嘴唇”“笑脸”，给人以温馨、愉快、有趣的感觉，分别象征着“健康”“美态”和“乐观”。

3) 市场竞争战略

屈臣氏采用的是差异化竞争战略，主要体现在以下几点。

(1) 专业化指导。

屈臣氏拥有一支强大的健康顾问队伍，包括 80 位全职药剂师和 150 位“健康活力大使”，他们均受过专业的培训，为顾客免费提供保持健康生活的咨询和建议。

(2) 特色化服务。

每家屈臣氏个人护理店均清楚地划分为不同的售货区，货品分门别类，摆放整齐，便于顾客挑选；在店内陈列信息快递《护肤易》等各种个人护理资料手册，免费提供各种皮肤护理咨询；药品柜台的“健康知己”资料展架提供各种保健营养配方和疾病预防治疗方法；积极推行电脑化计划，采用先进的零售业管理系统，提高了订货与发货的效率。如此种种，我们可以看到的是，屈臣氏关心的不仅仅是商品的销售，更注重对顾客体贴细致的关怀，充分展现了其“个人护理”的特色服务。

(3) 社会营销。

企业是社会的企业，“取之于民，用之于民”，屈臣氏深谙其道。2002 年，屈臣氏个人护理店与香港癌症基金会发动“粉红革命”，向市民传达预防乳腺癌的资讯，并筹募善款用于乳腺癌的研究。这些活动充分体现了屈臣氏的社会

责任感，取得了巨大的社会反响。当年商店的营业额获得 80%的增长，更重要的是为企业树立了良好的社会形象。

(4) 广泛开展电子商务。

2011 年 12 月 16 日，屈臣氏宣布正式进驻淘宝商城，开启官方旗舰店。自 1989 年创立至今，屈臣氏在国内线下零售实体店已经达到 1000 家，覆盖全国 100 多个城市。而屈臣氏淘宝商城旗舰店是屈臣氏在中国内地的第 1001 家店面。屈臣氏淘宝商城旗舰店不仅作为屈臣氏线下成功模式的延伸，更被屈臣氏看作是与消费者在网络时代更加亲密沟通的新联系点。

4. 营销组合策略

1) 产品策略

屈臣氏个人护理店经营的产品包罗万象，主要分为两部分：一是屈臣氏自创品牌，有化妆品类和个人护理用品类等；二是其他品牌的护理用品。产品是企业实施营销目标的最大载体，除了大量引进上游厂家品牌外，推出自有品牌是屈臣氏一大必杀计。用“屈臣氏”的标准与品牌冠名大量商品，使货品价格得以降低，吸引价格敏感的消费者。

屈臣氏正是通过自有品牌这一平台，把低价和差异化结合起来，在差异化的基础上实现低价，为顾客提供各种丰富的高质低价的商品，用高性价比满足顾客的需要，使顾客形成对产品和企业的双重忠诚，成为竞争对手难以复制的核心竞争力，将产品品牌与企业品牌合二为一，给屈臣氏的连锁经营带来成功。其中最重要的一点是，自有品牌增强消费黏性，降低消费者对自有品牌的认知成本，提高消费者的忠诚度，从而在同质化竞争中脱颖而出。

2) 价格策略

屈臣氏通过差异化和个性化来提升品牌价值，定价也相对较高。屈臣氏集团公共关系总经理倪文玲解释道，是“希望做到价格与市场需求一致”，而不是“具有竞争力的价格”。纵然如此，据个人护理店对 600 多位女性顾客的调查显示，有超过 85%的人认为屈臣氏产品丰富和精致是吸引她们来此购物的首要因素。由此可见，对日益同质化的零售行业，价格已不是吸引顾客的首要因素。

3) 渠道策略

(1) 渠道关系图。

渠道关系图如图 1-6 所示。

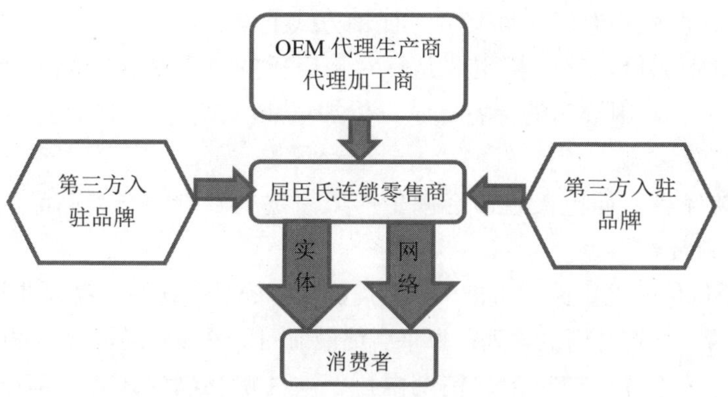

图 1-6

(2) 线下分销渠道——旗舰店与普通店并举策略。

屈臣氏的门店分布于不同区域，在各个省市设立了旗舰店，每家旗舰店的面积都超过 660 平方米。如此大面积足以展示所有的产品，实现消费者一站式购物。

为了接近更多的消费者，屈臣氏还将大部分的门店设在一些大型的购物中心内，这种旗舰店和普通店并举的策略大大唤起了消费者对消费品牌的认识。

(3) 屈臣氏自有品牌生产方式——委托生产。

屈臣氏的自有品牌产品利用其对目标客户需求的了解，大部分采用委托生产的方式。有自己的技术人员对商品的类型、包装、规格等方面精心设计。

订购的生产方式委托制造商严格按照技术标准和数量要求组织加工，最后将用零售商自有品牌推向市场。

4) 促销策略

(1) 系统化的促销。

根据国人“实惠才是硬道理”的消费习惯，精准消费群的定位，专业化服务，物美价廉的自有品牌产品，专业和系统化的促销等一系列环环相扣的精细经营举措，屈臣氏牢牢抓住了大量忠诚顾客，并有效避免了与购物中心、大型综合超市、便利店、专卖店和网店等零售形态的同质化竞争，有效地实现了自己的经营特色。具体促销策略包括以下几方面。

① 超值换购。在每一期的促销活动中，屈臣氏都会推出 3 个以上的超值商品，在顾客一次性购物满 50 元时，多加 10 元即可任选其中一件商品，这些超值商品通常会选择屈臣氏的自有品牌，所以能在实现低价位的同时保证利润。

② 独家优惠。

③ 买就送。买一送一、买二送一、买四送二、买大送小；送商品、送赠

品、送礼品、送购物券、送抽奖券，促销方式非常灵活多变。

④ 加量不加价。这一招主要是针对屈臣氏的自有品牌产品，经常会推出加量不加价的包装，用鲜明的标签标示，以加量33%或加量50%为主。

⑤ 优惠券。

⑥ 套装优惠。屈臣氏经常会向生产厂家定制专供的套装商品，以较优惠的价格向顾客销售。

⑦ 震撼低价。屈臣氏经常推出系列震撼低价商品，这些商品以非常优惠的价格销售，并且规定将这些商品陈列在每个店铺最前面、最显眼的位置，以吸引顾客。

⑧ 剪角优惠券。在指定促销期内，一次性购物满××元，剪下促销宣传海报的剪角，可以抵××元使用，相当于额外再获得九折优惠。

⑨ 购买某个系列产品满××元送赠品。

⑩ 购物2件，额外九折优惠。购买指定的同一商品2件，额外享受九折优惠。

⑪ 赠送礼品。屈臣氏经常会举行一些赠送礼品的促销活动，一种是供应商本身提供的礼品促销活动，另一种是屈臣氏自己举行的促销活动。

⑫ VIP会员卡。每两周推出数十件贵宾独享折扣商品，低至八折。

⑬ 感谢日。屈臣氏举行限期的感谢日小型主题促销活动，推出系列重磅特价商品，单价商品低价幅度在10元以上。

⑭ 销售比赛。

(2) 布线O2O营销。

屈臣氏与营销 App“i 蝶儿”联手，发布首款手机及移动设备游戏屈臣氏 i 蝶儿，把优惠券电子化并且娱乐化，让购物的过程变得生动有趣，从而为消费者创造更愉悦的购物体验。

Section 1.4 秘籍分享——常见的营销方式

本节主要介绍国内企业转型的途径和商业模式的设计。“转型是死，不转型也是死，等死不如找死。”这是在全球经济情况和互联网的现状下，企业面临的机遇和挑战。

1.4.1　国内企业转型的途径

1. 延伸式转型：按照 T 型发展模式，找准支点，进行延伸

企业发展到一定程度时，必然要在现有业务的基础上进行延伸，以保持业绩的持续增长，满足员工的需要、客户的需要和股东的需要。因为企业的成长速度一旦下降，员工士气首先会受影响，成长的机会受到制约，所以保持适度的成长是一个企业持久不衰的关键。如果一个企业已经在某个细分市场上站稳了脚跟，甚至成为细分市场的龙头老大，向相关领域延伸是自然而然的事情，也是最稳妥的一种扩张途径。盲目地搞多元化是很危险的。我们坚信没有几个中国企业是饿死的，大多数出问题的企业都是撑死的，是在多元化扩张的路上迷失了方向而陷入困境。首先我们谈一个概念，那就是业务延伸“T”型战略。英文字母“T”这一横代表市场，这一竖代表技术，企业在延伸的过程中可以沿着市场去延伸，也可以沿着技术去延伸。

2. 多元化转型：从单一业务转向其他行业或领域

在中国，多元化经营是很多企业追求的目标，因为很多人都认为要想做大，就一定要搞多元化经营，就一定要搞“集团公司”，似乎不搞集团就是小公司，搞了集团才是大公司。在中国，选择多元化经营的企业往往陷入两个误区，一个是机会导向型，另一个是避重就轻型。很多人往往看到哪个行业机会大，前景好，利润高，就往哪个行业走，也不考虑该行业与自己现有业务有无关联或者自己是否熟悉该行业，就只管跟风。其实，不管做什么行业都有机会成功，都有机会做大，关键是咬住牙坚持下去，明确品牌在行业里的定位，找准立足点。另一个误区就是避重就轻型。因为企业在现有的细分市场上无法成为老大，甚至无法进入前三名，而选择了逃避，既没有千方百计地成为细分市场老大，也没有决心和勇气退出去，于是只能勉强维持。

当然，多元化经营不是不可以运用，只要满足以下几个条件：第一，企业必须先成为某一细分市场的老大，成为消费者心目中的龙头企业，这样才有资格运作多元化；第二，要根据企业的战略规划与设计去打造生物链(产业链)，根据战略目标去配置相关资源，有些自己不具备的资源可以通过整合方式来获取；第三，各个业务之间必须存在逻辑关系，起到互相支撑、互相帮助的作用，而不是完全独立的、互不相干的多元化。

3. 聚焦式转型：从大而全、小而全，转化为大而专、小而专

大而全、小而全的思维与市场经济的游戏规则是背道而驰的，市场经济讲究的是平等交换(交易)。一家企业不可能什么都做，只要你专注于做一类产品，并做出与众不同的好产品，就会打动部分消费者，就可以用这个好产品去开拓市场，赚取利润，成为目标消费者心目中的首选。

聚焦，是中小企业起家时的最佳选择，也是大中型企业进入新行业、新领域时的最佳选择。因为不管是什么人，能力和资源都是有限的，再加上时间也有限，所以必须做出取舍，把有限的精力和资源放在一个点上，形成聚焦。军事上有一个说法，就是“伤其十指不如断其一指”。聚焦是为了在短时期内，在局部地区形成相对优势，尽管中小企业的资源有限，或者大企业刚刚进入一个新市场并没有足够的资源，但是可以在局部地区进行突破，成为小池塘中的大鱼，成为某一个细分市场的老大，这样就便于建立根据地，逐渐壮大自己，这就是典型的隐形冠军思维。

4. 兼并式转型：通过兼并其他企业提高竞争力

金融危机的时候，一些中国企业到世界范围内去兼并那些奄奄一息的外国企业，以为捡了大便宜，事实却并非如此。大家想想看，国外的企业家有经验，有资金，有本土优势，他们救不活的企业，凭什么中国企业就能救活？我们在哪些方面有优势？我们有什么灵丹妙药？

另外，当我们看到别人赚钱的时候，就认为我们不比别人傻，不比别人懒，只要努力去做，就一定能赚钱，这种过于简单的线性思维方式不知道害死了多少中国企业，不知道令多少人上当受骗。通过兼并来实现转型必须选准目标，不要去捡“洋垃圾”，要舍得花巨资有针对性地去买国外的优势企业，打造健康的生物链，尤其是那些在某一个领域居于领先地位的中小企业。这些企业都是当今世界的隐形冠军，它们已经专注于某一个领域几十年，甚至上百年，积累了大量技术、经验和客户资源。通过兼并这些企业可以迅速掌握核心技术，拥有核心专利，实现产品的升级换代。

5. 升级式转型：从低端产品为主转向中高端产品为主

当今的中国市场已经开始了从大众化向小众化的转型，中产阶级的数量在急剧增加。到 2012 年年底，中国的中产阶级总数接近 1 亿人，而 20 年之后中产阶级总数将达到 3 亿多。中产阶级需求不再是价格导向，而是价值导向，他们不是什么便宜买什么，而是什么有品位、什么有价值就买什么。但是，要想实现从低端产品向高端产品的升级转型，就必须解决 4 个问题。一是企业老板意识不到位，总认为低端产品容易做，销量大，总希望靠薄利多销来赚取利润。二是设计师的水平问题。如果设计师自身的生活水平和消费水平没有到达中高档的水准，那自然不可能设计出中高端的产品。三是公司的文化和制度不支持做高端产品。四是缺乏自信，不敢把产品定位在跨国公司品牌之上，不会往前看，根据目标去配置资源，总认为自己没有技术，没有人才，还没有开始就已经认输了。

6. 差异化转型：从大众化产品转向小众化产品

众所周知，差异化有什么好处，比如可以避开正面冲突，可以提高产品的价格，可以减少竞争的强度，可以突出品牌的个性，容易被消费者认知和记住等。但是如何才能实现差异化转型？我们可以从战略与战术两个层面来探讨转型路径。

在战略上，要设计与众不同的商业模式，有与众不同的品牌定位，与现有产品和品牌区隔开来，即要按照市场营销的逻辑去梳理企业的战略：首先是界定明确的目标客户群体，即企业为哪个小众化群体服务？为什么选择这个目标客户群体？这个群体目前存在哪些未被满足的需求？他们有什么独特的要求？竞争对手的产品在哪些方面存在不足？我们要如何解决客户问题？如果企业能清晰地回答这些问题，就能走出一条差异化之路，就能给小众化市场带来独到的客户价值，就能创造新市场，激发新需求。很多人都听说过蓝海战略，但是绝大多数人却不知道如何才能实施蓝海战略，核心问题就是没有小众化思维。

从战术层面上说，要想实施蓝海战略，各级管理人员要经常深入一线，定期走访最终消费者，观察他们的生活和工作，了解他们的疾苦、痛点和痒点，知道他们试图解决问题的瓶颈是什么，了解他们对某些产品的希望是什么，从而掌握未被满足的需求，设计出理想的产品。

7. 特区式转型：通过试验田来降低整体转型的风险

为了降低企业整体转型可能带来的风险，也可以走另外一条相对稳妥的道路——特区式转型，就是在企业内部划出一块“特区”，或者在另外一个地方建立相对独立的“特区”进行试点，等试点成功后再大面积铺开。

1.4.2　商业模式设计

1. 打开销路的 4 种模式

长尾模式。企业去中心化，形成类平台形式经营，使销售扁平化，让产品可以卖给更多的客户。传统渠道中获取小客户需要更多的成本，互联网为企业提供

了一个低成本接触最大数量潜在客户的可能性。在物流相对发达、崇尚社会资源共享的今天，部分产品的服务也不再成为障碍。

众包模式。互联网的发展使我们告别之前的“单打独斗”，适合资源互补型合作，让更多人参与到企业问题的解决过程中。互联网的出现，使远程资源合作成为可能，社会闲置资源可以通过互联网的方式得到充分配置，问题解决的过程也是企业产品营销的过程。

体验模式。结合互联网思维和移动互联网 5F 理论，让用户和企业共同经营产品和未来，重视客户的参与、感受和体验，部分产品通过线上难以进行销售，需要提供更加贴近用户的体验流程。因此需要通过线上线下相结合的方式为用户提供体验的机会。

定制模式。为用户提供定制化的产品生产和体验将成为趋势，大数据可以为用户需求研究奠定良好的基础。互联网工具使需求和信息传递的效率更高。

2. 不同产业链模式布局

产品模式。产品模式即企业就是生产或销售产品的，想通过全网卖得更好，或者想打造全网爆款。

对于全网品牌，顶层设计的确定无论是原有产品的互联网升级，还是打造互联网新品牌，都要进入基于全网的品牌策划，包括定位，即功能定位、价值定位、受众定位、市场定位等；品名，即展开头脑风暴，采用众包模式的分散式众包方案，群策群力解决问题；VI 系统，即重点包含标志图形设计及创意说明、中文标准字体、英文标准字体、公司中英文全称标准字、标准色、辅助色、名片设计(中式)、资料袋(大、中、小)、合同书封面、企划书封面、公司简介商标风格、产品简介商标风格、促销 DM 商标风格、产品说明书商标风格、海报商标风格等；超级符号，即视觉和听觉上的品牌符号系统；产品价格策略(要符合电商运营)；产品包装策略(要注意物流成本)；电商平台、推广、运营、渠道 O2O 等。

服务模式。服务模式即企业就是提供某类服务的，如家政美业、金融医疗、法律等，想通过全网更好地推广并打造 O2O 服务模式。当然也包含服务兼做产品。好的组织架构是决定企业全网商业模式布局成败的因素之一。公司架构，即是否单独设立电子商务公司或信息技术公司，税收政策优惠等；是否设立 VIE 架构；团队架构，即要开展全网、电商和 O2O 运营的基本团队人员配置；机制架构，即扁平化、内创业家模式、阿米巴模式(人人都是经营者)、项目股份制和股票池计划等；外包架构，即相信专业、规避短板，让专业人干专业事；在外包过程中，逐步培育和建设自主团队。

平台模式。平台模式即企业想针对本行业或进入某个行业，构建第三方电商或 O2O 平台，包括大宗商品交易平台、开展平台和生态圈运营。

Section 1.5 成功案例——传统企业由线下到线上的转型

本节导读

“穷则变，变则通，通则久。”在经济发展日新月异的当下，传统企业要想在新的历史时期完成转型，离不开经营模式、渠道整合、产品品类调整等方面的支持，需要企业从革新观念做起，协调企业上下，以实现飞跃式发展。

随着技术的发展和人类观念的革新，互联网普及率越来越高，企业开始进行 PC 端、手机端的网络布局，2015 年，“互联网+”计划在政府工作报告中提出，掀起新一轮的转型热潮，如何把概念转化成现实，现在又有哪些可以借鉴的成功案例呢？

1. 苏宁易购——充分发挥传统实体店的优势

苏宁是我国家电销售业的龙头企业之一，进入新时期之后，消费的主力变为 80 后、90 后，不仅在消费观念上有较大的变化，随着技术的进步，消费者的消费时间和消费场所更加灵活，越来越多的人采用即时工具进行消费，实体店消费者群体不断收缩。然而苏宁电器在过去 20 年中，建立起高达 130 亿元的品牌价值，在消费者中有一定知名度和美誉度，这对于其转战电商提供了较好的先决条件。苏宁推出了一系列强有力的措施，积极推进企业向“店商+电商+零售服务商”这一新型零售模式方向转型，2010 年 2 月，“苏宁易购”正式上线，在成立 3 年时间内同比增长 101%，实现了全渠道、多触点、一体化的零售服务升级。

苏宁电商平台的发展，离不开多年实体销售所积累的优势，包含丰富的供应商资源与多年积累的对于零售市场的敏感度，在销售时采用线上线下相结合的方式，重新定义了实体店和电商平台的功能，在实体店方面除了销售外，强调展示、体验、服务等功能，而电商平台更注重销售的便利性，建立起一个低成本高效率的传统销售转型模式。

2. 加多宝——全网联合的营销新思路

“互联网+”模式下，电子商务的发展给零售企业带来销售转型的契机，而多种网络传播模式的发展打开了企业宣传的新思路，“加多宝”的宣传方案在业内享有盛名，不仅广告创意引起不同行业竞相模仿，投放目光精准更是确保了传播效果的最大化。

2015 年 4 月 30 日，加多宝上线了“金罐加多宝 2015 淘金行动”，京东商城、滴滴打车等成为首批合作伙伴。10 天之后的 B 轮微信发布会，百度外卖、微信电影票、民生银行等都成为加盟加多宝“金彩生活圈”的第二批战略合作品牌。而此次加多宝的宣传策略就是通过一个小小的加多宝罐子作为便利生活的入口，消费者通过扫一扫进入互联网生活圈，可以建立与其他朋友的连接，改变快消品消费时的孤立状态，享受现代技术所带来的沟通便利。在这个长线互联网的推广方案中，加多宝利用在各行业应用广泛的二维码扫描为切入点，建立一个独特的生态圈引起消费者的兴趣，增加客户黏性，这种将不同网络平台连通的推广模式是传统企业针对“互联网+”做的创新性尝试。

3. 中国建设银行——金融业“互联网+”试水

“互联网+”这一概念不仅包含通过互联网这个平台将传统行业连接起来，还包含通过移动互联网、云计算、大数据、物联网等现代技术与行业充分结合，使现代科技的创新成果能够充分应用到经济社会各个领域中，“互联网+银行”就是这一模式下的成功尝试，利用现代大数据，银行能够对海量数据进行采集、归总、运算和分析，更好地了解商业信息，服务客户。中国建设银行是国内首家搭建 “金融云”的商业银行，锁定手机银行、网上银行、微信银行三大渠道，不断进行信息系统的重构和优化，降低信息成本和运维风险，突破传统模式，实现了大范围、多方式的业务扩展，逐步实现信息系统的重构和优化，对数据进行集中管理。

4. 冠宇工业——传统企业在新时期的蜕变

在“互联网+”的浪潮下，传统的生产型企业也在积极转型求生。青岛冠宇工业是一家传统的物流容器生产企业，从 2001 年开始通过网络手段进行产品推广，在百度搜索引擎上建立起网络影响力。随着技术的提高以及个人观念的变化，手机客户端市场不断扩大，冠宇开启了“秩序就是生产力”的宣传计划。在宣传上，进行移动端与 PC 端的全面互联网布局，借助微信平台，建立全网互通网站，以微信公众号树立亲民、开发、包容的网络形象，与微博、网站形成了立体的宣传网络；在销售模式上，加强网络销售与实体销售的联动，采用线下体验、线上购买的模式，优化了用户的购物体验；在产品生产上，针对当前客户多样化、个性化的产品需求推出了物流产品定制，按照不同客户的仓储需要量身定做物流容器，以实现仓储空间的最大化。

第 2 章

网店商品管理与发布

在商品发布之前，我们需要准备商品的实物图片与资料，然后逐步发布商品。为了更好地与买家进行沟通，卖家还应该掌握淘宝沟通工具的使用方法，以及编辑宝贝的工具的使用方法。

Section 2.1 淘宝网工具

千牛工作台，不仅是即时沟通工具，而且包括商品管理、店铺流量实时监控工具等，更适合有网站管理需求的卖家用户。淘宝助理是一款免费客户端工具软件，它无须登录淘宝网就能直接编辑宝贝信息，快捷批量上传宝贝。

2.1.1　下载并安装千牛

千牛是将以前的淘宝旺旺与阿里巴巴贸易通整合在一起的新品牌。它是淘宝和阿里巴巴为卖家量身定做的免费网上商务沟通软件。它能轻松地帮你找客户，发布、管理商业信息，及时把握商机，随时洽谈生意。与买家交流只是它的某项功能，卖家需要学会与买家沟通，在进行交易前，解答卖家的一些问题。

与其他软件一样，我们想要使用千牛工作台，首先需要下载并安装。打开千牛卖家版官网下载网页，如图 2-1 所示，在其下载页面下载后进行安装即可。

图 2-1

2.1.2　淘宝助理

淘宝助理是一款免费的、功能强大的客户端工具软件，它无须登录淘宝网就能直接编辑宝贝信息，快捷批量上传宝贝。淘宝助理是上传和管理宝贝的一个非常不错的店铺管理工具，如果使用得当，还可以省去一半的时间和精力。淘宝助理是可以在没有连接网络的情况下进行编辑的软件，编辑好以后还可以进行联网上传。

在官方网站进行下载即可使用淘宝助理进行编辑操作，如图 2-2 所示。

图 2-2

Section 2.2 在线沟通工具

本节导读

千牛—卖家工作台是阿里巴巴集团官方出品，淘宝卖家、天猫商家均可使用的在线沟通及店铺管理软件，包含卖家工作台、消息中心、阿里旺旺、量子恒道、订单管理、商品管理等主要功能，目前有两个版本：电脑版和手机版。

2.2.1 登录千牛

登录千牛的方法非常简单，下面详细介绍登录千牛的操作方法。

第 1 步 启动千牛卖家版，***1.*** 在登录界面输入会员名和密码，***2.*** 单击【登录】按钮，如图 2-3 所示。

图 2-3

第 2 步 通过以上步骤即可完成登录千牛软件的操作，如图 2-4 所示。

图 2-4

2.2.2 设置千牛的头像

登录千牛后，卖家就可以按照自己的操作习惯对千牛平台进行系统设置了。

第 1 步 在千牛卖家版页面中单击左下角的【更多】按钮，如图 2-5 所示。

第 2 步 弹出【系统设置】对话框，卖家可以在对话框中设置系统，如图 2-6 所示。

图 2-5

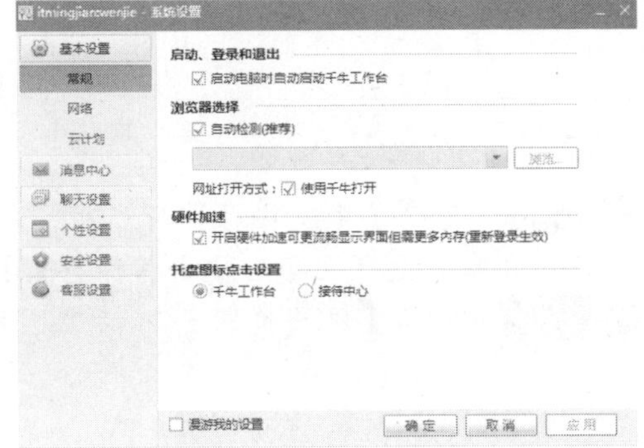

图 2-6

2.2.3 修改头像

推广是无处不在的，一点点小的积累都会成为大的收获，一个小小的淘宝头像也能帮你推广自己的网店，淘宝头像给别人留下看到你店铺和帖子的第一印象。

第 1 步 在千牛卖家版页面中单击左上角的头像，如图 2-7 所示。

第 2 步 弹出【我的资料】对话框，单击【修改头像】按钮，如图 2-8 所示。

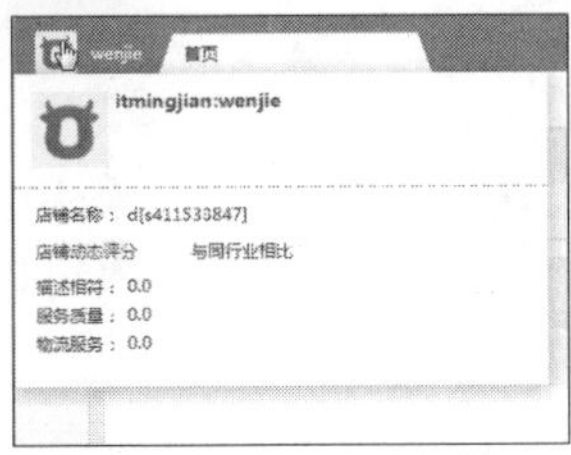

图 2-7

图 2-8

第 3 步 弹出【修改头像】对话框，在【普通上传】选项卡中单击【选择文件】按钮，如图 2-9 所示。

第 4 步 弹出【打开】对话框，选择准备上传的图片，单击【打开】按钮，如图 2-10 所示。

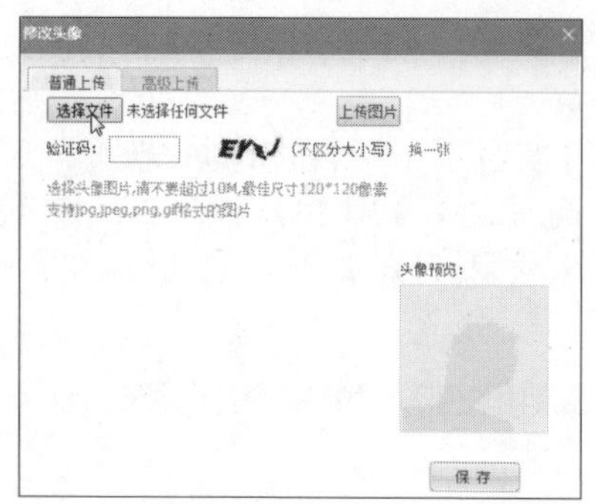

图 2-9

图 2-10

第 5 步 返回【修改头像】对话框，单击【上传图片】按钮，在头像预览中可以查看头像，没有问题后单击【保存】按钮，如图 2-11 所示。

第 6 步 返回【我的资料】对话框，可以看到头像修改完成，如图 2-12 所示。

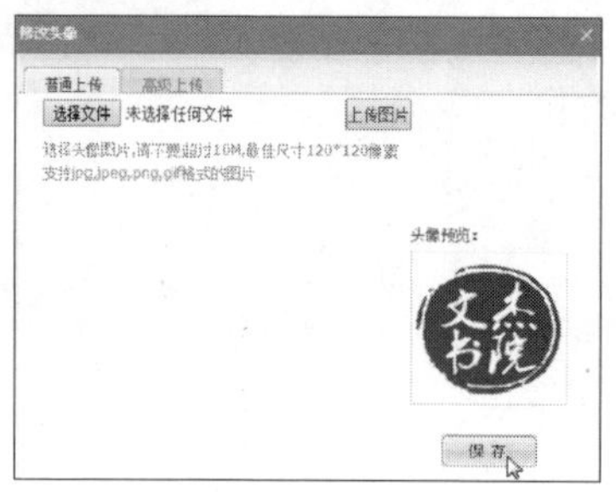

图 2-11

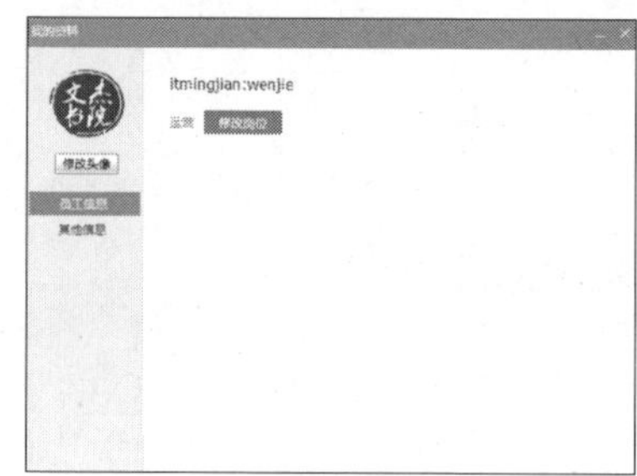

图 2-12

2.2.4 设置千牛自动回复

千牛功能比旺旺更强大、更全面。卖家离开计算机 5 分钟后，千牛会变为闲置状态。此时，使用千牛的自动回复功能，即使卖家不在电脑前，也可以及时回复客户信息，不丢失、错过任何一个客户。

卖家可以在【系统设置】对话框的【客服设置】选项卡下的【自动回复设置】选项中设置自动回复的内容，如图 2-13 所示。

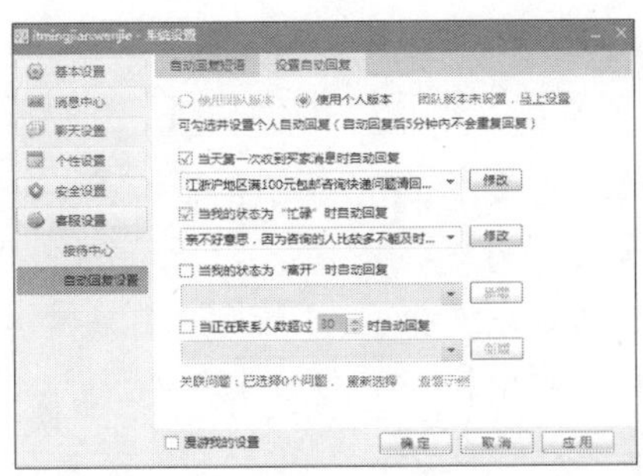

图 2-13

2.2.5　巧用千牛群推广店铺

在千牛中，卖家还可以自己创建群，并写好群的一些介绍信息。

第 1 步　在千牛卖家版接待中心页面中，在【我的群】选项下双击鼠标左键启用群，如图 2-14 所示。

第 2 步　弹出【启用群】对话框，在【群名称】文本框、【群分类】下拉列表框、【群介绍】文本框中输入内容，单击【提交】按钮，如图 2-15 所示。

第 3 步　弹出已成功启用群的提示信息，单击【完成】按钮即可，如图 2-16 所示。

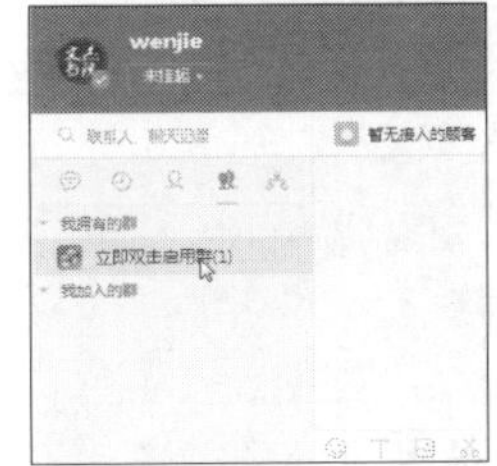

图 2-14

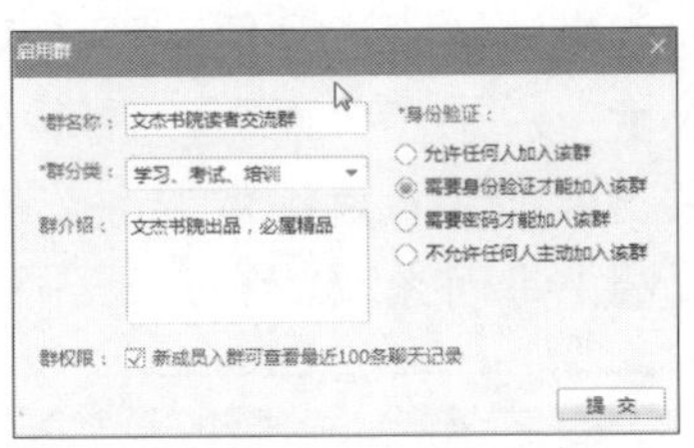

图 2-15

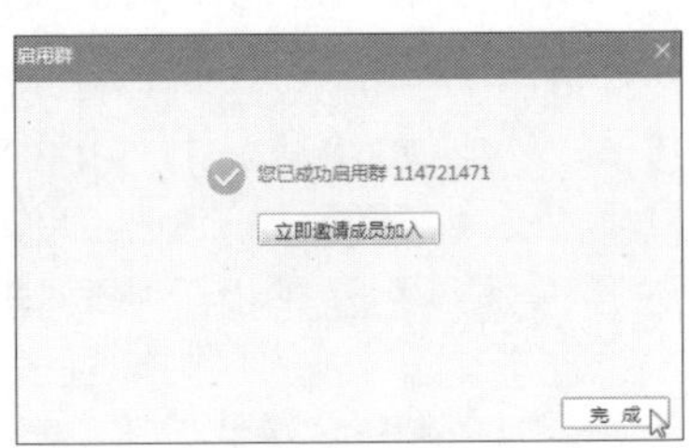

图 2-16

Section 2.3　了解与掌握商品信息

在商品发布之前，我们需要准备商品的实物图片与资料，然后逐步发布商品。为了使自己的商品更能吸引买家，还应该掌握设置商品规格的技巧，以及制定合理的商品售后服务。

2.3.1 准备商品的图文资料

我们在发布商品之前，首先需要准备好商品的相关资料，这主要包括经过处理后的商品图片、关于商品的介绍内容等。对于商品图片，建议保存为 JPG 格式，这里提示一点，就是淘宝详情页面默认最宽能够显示 750 像素的图片，如果全屏显示，可以显示 950 像素的图片，但一般情况下，都是采用左右双栏，所以在处理图片时，最好将宽度控制在 750 像素以内。

对于商品描述内容，可以先在记事本等程序中撰写并整理好，然后直接保存为文本文档，当发布商品时，打开文档复制内容就可以了。

另外，一个店铺中通常会发布数量较多的商品，为了避免商品资料混乱，还应该采用合理的结构进行保存，通常来说，要将不同商品的相关资料分类保存到不同的文件夹中。

2.3.2 设置商品规格

卖家需要输入商品的颜色、尺码规格以及库存信息。对于不同的商品，下面显示的属性也不同，如服装类商品，将显示“颜色”与“尺码”两个选项，在其中可以选择商品的颜色与尺码，选择颜色后，还可以自定义颜色名称。

最后根据颜色与尺码组合列表来设定不同颜色、不同尺码商品的库存数量，库存数量表示该商品的可销售数量，对于卖家而言，就等于该商品自己可以进货的数量，如开始进货 5 件，但供货商能够长期提供货源，那么这里就可以多填写一些，避免在网店中由于库存数量不足而无法销售。

填写商品信息的注意事项

智慧锦囊

在商品信息区域中，货号与商家编码两项内容可以任意填写，只要便于自己区分商品与商家来源即可。

2.3.3 商品售后服务

为了让网店生意更好，除了提供好的商品以外，还需要向顾客提供良好的售后服务。售后服务和商品的质量、信誉同等重要。因为有时信誉不一定是真实的，但是售后服务是无法作假的。贴心周到的售后服务会给顾客带来愉悦的心情，使顾客以后会经常购买你的商品，同时拉近了卖家与顾客之间的距离，增强了信任，顾客很可能会介绍更多的亲朋好友来光顾。

退货和换货在交易中经常发生，而退换货服务的好坏直接影响着顾客能否再次购买。如图 2-17 所示在商品页面中就制定了合理的退换货政策。

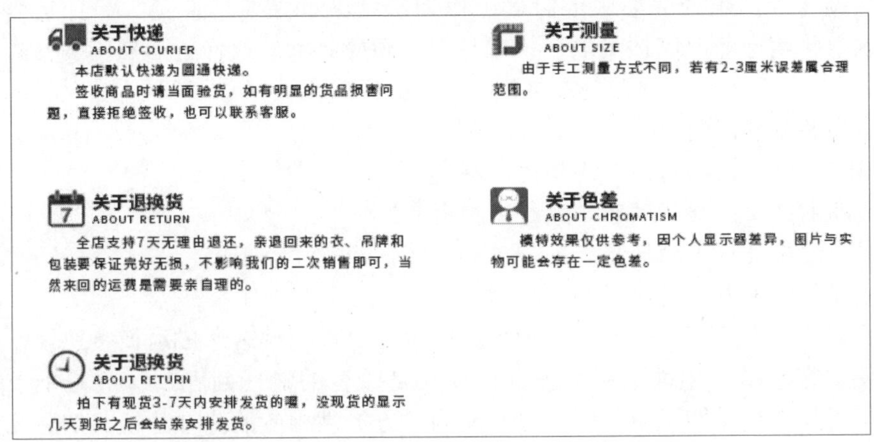

图 2-17

自动退换货的操作流程如图 2-18 所示。

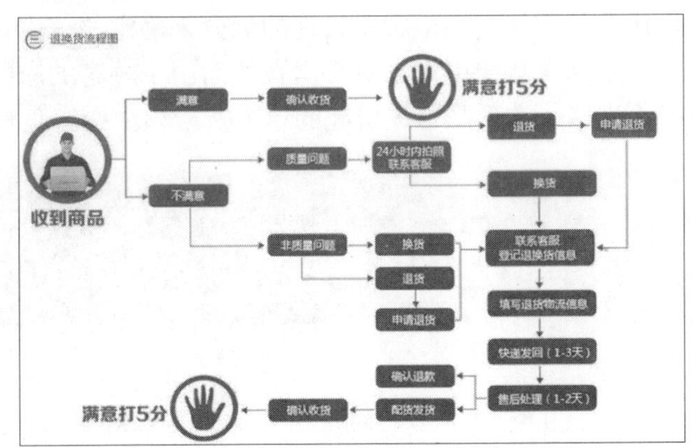

图 2-18

怎样才能制定出合理的退换货政策呢？

1. 先对退换货进行说明

能否方便地退换货是影响顾客购买动机的重要因素，所以卖家应清楚、明白地告诉消费者：在什么条件下可以退货；对于款到发货的情况，退货后多久可以将款退还给顾客；往返运费由谁来承担。这些问题不说清楚，往往会让不少顾客

犹豫不决。所以，店铺中最好能有退换货情况的说明。

2. 当顾客提出退货时应先了解原因

当顾客提出退换货要求的时候，作为卖家，首先要了解顾客为什么要退换货，确定是由谁的原因造成的，也就是责任归属问题。退换货的原因通常有以下几种。

商品的质量问题。

顾客收到的商品与图片或描述不符。

商品本身没问题，顾客只是想更换商品。

商品运输过程中的磨损。

顾客使用不当，引起商品损坏。

如果是卖家的责任，要勇于承担，同时要尽快同顾客达成退换货协议，否则容易使顾客感到失望而给商品差评；如果是顾客的责任问题，一般是不予退换的，但要向顾客详细说明原因，最好能为对方提供相应的弥补建议，切忌在沟通中冷言冷语。

3. 界定退换货运费归属问题

通常情况下，运费的归属问题是根据责任的划分来确定的，由于商品的质量问题、运输磨损等引起的退换货要由卖家负责运费，而由于顾客的原因，例如想换一种产品或顾客使用不当造成的商品损坏引起的退换货应该由顾客负责运费。

Section 2.4 在店铺发布商品

掌握了淘宝网工具的使用方法，并且对宝贝的详细信息有了准备之后，本节将详细介绍商品发布的流程、如何拟定商品的标题以及如何对商品进行准确而细致的描述等问题。

2.4.1 商品发布流程

在淘宝网卖家中心的左侧单击【发布宝贝】链接，进入发布宝贝页面，选择【一口价】选项，一次选择准备发布的宝贝类别，单击【我已阅读以下规则，现在发布宝贝】按钮，如图 2-19 所示。

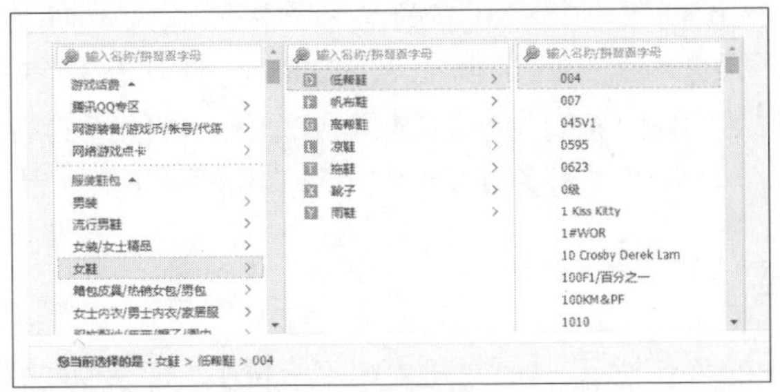

图 2-19

进入发布宝贝界面，详细设置宝贝的信息、图片、物流方式、售后保障等内容，设置完成后单击【发布】按钮即可完成发布商品的操作，如图 2-20 所示。

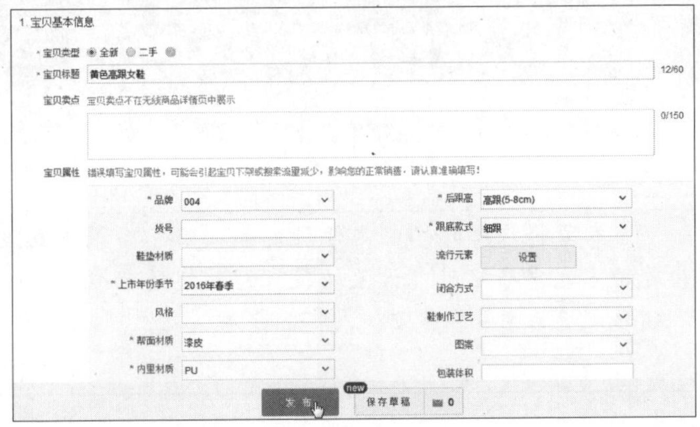

图 2-20

2.4.2　商品标题

众所周知，买家在购买网站中浏览商品时，首先关注的就是商品缩略图片与商品名称，一个诱人的商品名称，不但能增加商品的浏览量，还能激起买家的购买欲望。同时，淘宝针对卖家，要求发布宝贝的标题在 32 个字以内，这就更需要我们做好标题优化工作，用最好的标题来吸引买家。

根据经验，我们对商品的命名提出以下建议。

在商品名称前加上自己店铺的名称，树立自己的品牌形象。

知名品牌商品，建议在商品名称前添加品牌名称，从而通过品牌自身的影响力来吸引买家。

尽可能在商品名称中添加能表现个性、时尚、潮流等的词汇；季节性或者时

间性强的商品，也可以在商品名称中展现出来。

实时掌握热门关键词语，并将其与商品名称关联起来，增强买家的关注程度。

最后也是最重要的一点，就是商品名称的独特性，在购物网站中可能有很多商家都销售同类商品，那么我们为自己的商品赋予一个独特的名称，不但能够在同类商品中脱颖而出，而且可以避免买家通过商品名称与同类商品进行价格对比。

2.4.3 商品描述

商品描述是发布商品过程中最重要的一个环节，即销售的商品特色完全是在这里体现的，其中包括设置商品的缩略图片、具体的商品描述内容，以及全面的商品实物图片等。它是让自己销售的商品与买家面对面接触的地方，我们精心拍摄处理的各种宝贝图片，都会在这里展示，因此一定要引起足够的重视。

Section 2.5 秘籍分享——在线交流与商品发布技巧

本节将详细介绍制定合理的商品价格、设置物流信息、以拍卖的方式发布宝贝、设置快捷短语，迅速回复客户以及如何给店铺起个好名字等在线交流与商品发布技巧。

2.5.1 制定合理的商品价格

商品价格也是影响买家购买的重要因素之一，往往一件商品有很多卖家在销售，如果商品其他方面相同，那么价格低的卖家，就更容易把商品卖出去。这里我们并不是建议绝对低价，价格太低，反而会让买家对商品质量产生怀疑。针对商品定价，提供以下几条建议。

1. 产品的定价规划

一般来说，要有 5%～10%的产品用来引流，这些产品给客户的感觉就是超值加超值。而这些产品销量起来后，可以在里面设很多关联促销。或者，这些产品也可能是“孟不离焦”的产品，低价卖了这个，客户还得高价买另一个配套的产品。

同时，要有 10%～20%的产品是高一档价格的，这些产品是用来提升品牌店铺形象的，也是针对一些优质客户对高端产品的向往的，人的经济能力会提升，所以对产品的要求也会升级；当然也是吸引一批对高端产品喜好的客户的。

有一种权威的说法，每一个行业，第一名的企业占据了 50%的利润，第二名只有第一名的一半，即 25%的利润，以下每一名依次类推。那么依据这个规律，根据自己的实力，可以选择高中低端来细分市场，从而据此定价。

2. 产品的定价技巧

价值定价。价值定价就是双方情愿的定价，是所有定价的核心和重心，是一切定价的基础。价值定价是针对某一顾客群体所设计的大家认为应该值多少钱的价格。像市场上的一切高价畅销产品，都是基于这个原理定价的，如奔驰宝马轿车、名牌服装，成本可能不到价格的十分之一。

差异化定价。差异化定价是基于产品的差异化。

目标客户定价。对于高端客户而言，更重视品质，对价格并不敏感。

小数点定价。即产品价格后面带一个小数点，如 9、6、8 等数字的，一方面让人觉得卖家定价很精准，另一方面好的数字带来的吉祥寓意，让人更愿意掏钱。

2.5.2　设置物流信息

网上交易的商品，都是通过物流来进行的，常见的运输方式主要有平邮、快递和 EMS 三种，在这里我们需要根据自己商品的情况(主要取决于重量与体积)来设置相应的运费。先选择自己的所在地(商品发货地)，然后选择运费承担方，一般是卖家承担运费，如图 2-21 所示。

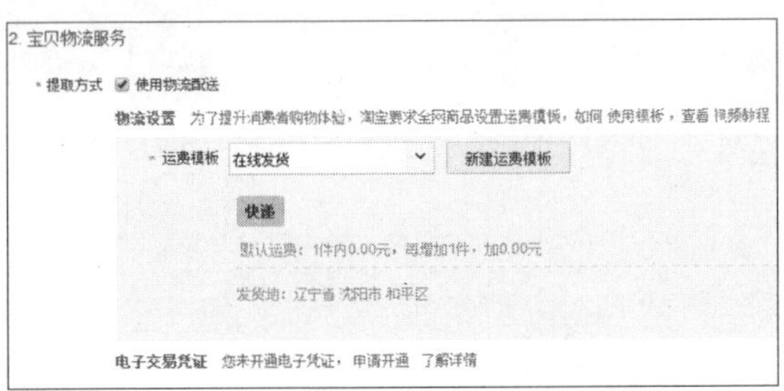

图 2-21

2.5.3　以拍卖方式发布宝贝

拍卖是指商品仅设置最低起拍价，让卖家竞价购买，在指定的拍卖时间内，出价最高的卖家可以购买到该商品。该方法一般在店铺搞活动促销时使用。

起拍价格一定要足够吸引人，越低越好；加价幅度可以选择系统自动加价，

也可以自定义每次的加价幅度；最后宝贝数量一定要填写正确，否则本来只是做活动赚人气，但由于数量设置失误，被买家拍下却不得不发货就得不偿失了，如图 2-22 所示。

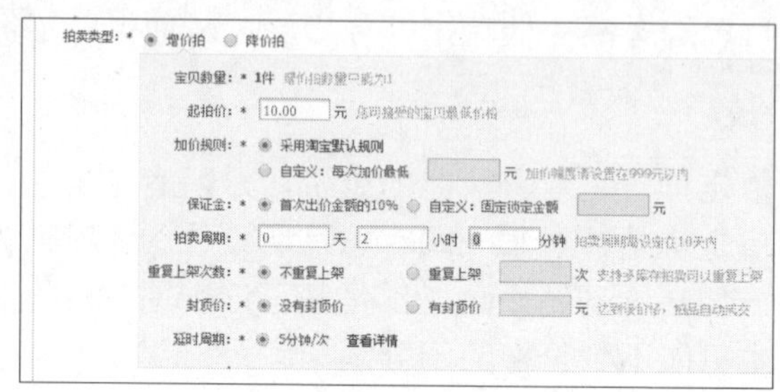

图 2-22

2.5.4 设置快捷短语，迅速回复客户

有经验的客服人员会发现买家咨询的问题有些回答内容是重复的，于是我们就可以选择快捷短语进行编辑。制作快捷短语的关键是要设计出好的快捷短语内容，并在恰当的场合发出适当的快捷信息。

第 1 步 在消息框窗口中单击【快捷短语】图标，如图 2-23 所示。

第 2 步 打开【快捷短语】窗口，单击左下角的【新建】按钮，如图 2-24 所示。

图 2-23

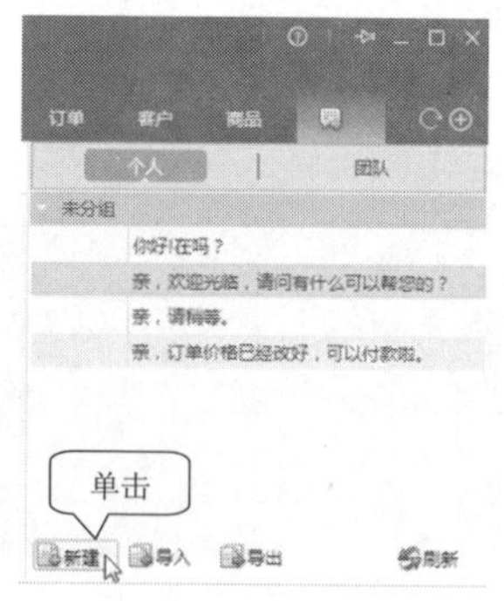

图 2-24

第 3 步 弹出【新增快捷短语】对话框，输入内容，单击【保存】按钮即可完成设置快捷短语的操作，如图 2-25 所示。

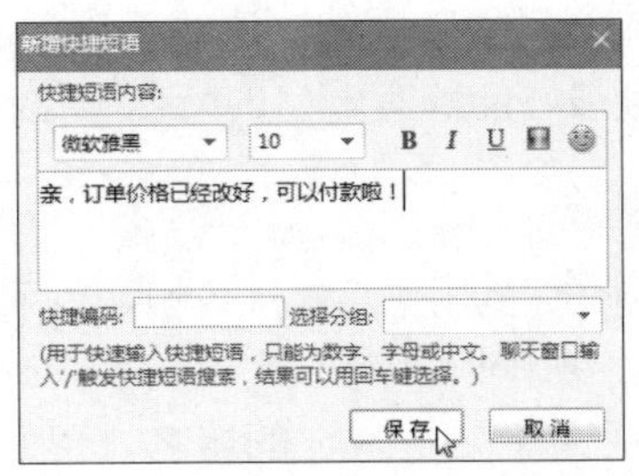

图 2-25

2.5.5 给店铺起个好名字

店名是商店的“眼睛”，对于宣传经营特色、扩大商店的知名度、促进业务开展以及提高经济效益都是有显著作用的。有一个创意好的店铺名字会吸引更多的流量。在网络销售中，给店铺起一个好听的名字，可以让浏览店铺的买家过目不忘，从而经常光顾自己的小店，达到生意兴隆、财源广进的目的。

对于新手卖家来说，取名字是一件很难的事情，有的人想要取一个好听又好记的名字，有的人想要取特别时尚的名字，还有的人想要取比较古怪的名字，无论取什么样的名字，卖家都希望自己的店铺生意红红火火。下面是笔者咨询多位卖家的取名经验总结的相关资料。大家可以通过下面的资料结合自身的情况来取一个适合自己的店铺名字。

1. 数字和字母最好不要用

因为淘宝网所针对的群体大多是中国人，而中国人对于数字和字母并不敏感，所以想要让别人记住你的店铺，最好在取名字的时候不要用数字和字母，当然如果你的淘宝店铺面对的群体是外国人，那就另当别论了。

2. 店名要和店铺商品挂钩

店主取名字的时候一定要注意不要取太过高深的名字，最好能够让别人看到你的店名就能够知道你所卖的产品是什么，这样才能够增加你的店铺被别人查到和点击的概率。用户在进入淘宝网搜索的时候，他们输入的名称大多数都是自己想要购买的产品名称。如果你的店名包含他们所搜索的关键字，这样你的店铺才有可能被别人搜到。

3. 店名要和以后的发展吻合

例如有的店主现在卖的是儿童服饰，但是后期想要卖一些和儿童相关的玩具或者儿童箱包，这时可以取范围广泛、通俗一些的名字如“儿童小屋”之类的。店

主所取的名字如果只是单纯地局限于服饰，这对于后期的发展是很不利的，所以取名字还是以中性为主，而且最好能够有一定的特色，这样才能够引起别人的注意。

4. 店名要好记好读

很多年轻的店主想要让自己的网店独树一帜，这种想法没有错，但是如果你所用的网店名字含有生僻字或者很多人不认识的字，这对于以后网店的推广是很不利的。试想一下，有些买主想要搜索你的店名，可是不知道店的名字应该怎么读，或者想要向别人推广你的店铺，但是不知道该怎么说，这些情况都有可能导致店铺的搜索量下降。

5. 店名能够体现你的优势

我们在淘宝网上购买产品的时候多是选择好评率较高的卖家或者皇冠级别的卖家，所以如果网店信誉很高，店主不妨在店铺的名字上体现出来，这样在搜索的时候相对于其他信誉较低的卖家来说，皇冠卖家更加吸引购买者。

名字是店铺的标签，所以取名一定要慎重，通过上述几点介绍，相信朋友们在给自己的店铺取名字的时候都能做到心中有数，希望所有卖家的成功从取名开始。

Section 2.6 成功案例——不会打字开网店年入千万元

隆回县七江镇石背村，年近七旬的刘克纯，正在打包 1000 千克准备销往马来西亚的玉竹饮片。这名曾经连电脑拼音打字都不会的农民，如今却通过网站开店将隆回当地种植的中药材玉竹俏销于国内外，实现年销售额 1.2 亿元。

2013 年，有着精明商业头脑的刘克纯发现玉竹销售效益可观，便在街上开了家玉竹收购店，收购鲜玉竹加工后再销售，生意很不错，但屡屡往返娄底、邵阳、长沙等地送货，很辛苦。一位朋友对他说：“你可以把玉竹拿到网上卖呀！”一句话点醒了刘克纯，如图 2-26 所示。

图 2-26

2016 年，刘克纯把产品挂到网上后，没想到有很多人来联系，经过电话沟通，陆续有客户找上门来验货。当时，每销售一千克玉竹，刘克纯就能赚 4～5 元。记得有一天，他在七江镇贺家冲、大虎坪、平南、枫木冲等村收购了 14 吨玉竹，一转手就赚了 7000 多元差价。

在网上赚钱，不会电脑寸步难行。刚开始，刘克纯对电脑操作一窍不通。但他没有气馁，经常晚上跑到网吧，拜网吧老板或身边上网的人为师，专心学习。学电脑初期，妻子常常笑他，总是满键盘地找字母，半天才找到一个，像是捉蚂蚁。水滴石穿，刘克纯终于学会了电脑，并在淘宝等网站注册了会员，开始正式发布自己的产品信息。

刘克纯的网店生意越来越火，由于买家需要大量的货，单靠个人的能力已远远满足不了客户的需求。刘克纯一拍脑袋，干脆邀请了本村 50 余家农户一起成立了玉竹种植专业合作社，采取“合作社+基地+种植户+统一回收+网上销售”的产业化发展思路运作，不断更新技术，引进品种，争创品牌。同时在七江镇石背村建立了隆回县首家玉竹科技合作基地，组织玉竹种植户按规模化、标准化的要求进行开发、生产、加工和销售，实现小生产与大市场的无缝对接，实现合作社与农户互利双赢，带动了当地农民一起致富。

网络为媒，如今已是隆回县七江镇玉竹种植专业合作社负责人的刘克纯，带领社员实现了栽培技术、产品销售跨国“联姻”，合作社的玉竹，除远销广州、深圳、香港等地外，还时常跨洋过海，出口美国、加拿大、韩国、马来西亚等国。

2017 年，七江镇成品玉竹通过刘克纯的网站，售量突破 1 万吨，实现产值 1.2 亿元，种植户每亩获纯利 6000 多元。刘克纯富了，也带领广大玉竹种植户走上了致富路。

第 3 章

维护客户与管理员工

客户资源是展开一切营销活动的前提。虽然老资源占有重要的地位，但新客户资源的开发和维护老客户同样重要，而要挖掘新的客户资源，必须培养客户对你的信任感，并能够洞察客户的潜在需求，主要是学会换位思考，推演客户需求。

Section 3.1 挖掘客户资源

潜在需求是什么？如何将潜在需求转化为实际需求？潜在需求都有哪些特征？如何判断前来咨询的客户是否为具有潜在需求的客户？如何针对客户的潜在需求进行营销？本节将详细介绍挖掘客户资源的方法。

3.1.1 挖掘消费者的潜在需求

潜在需求，又称间接需求，是指由于主客观原因未能表达出来的隐藏于现象内的需求。潜在需求经过量的累加或外部因素的刺激可以转化为现实需求；而现实需求一般情况下不会再转化为潜在需求，它只在不被满足或服务人员未发现的情况下而又转化为潜在需求。

潜在需求与现实需求之间的转化，也受客户情绪的影响。比如，你每一次去拜访零售户李某时，李某都非常热情，对你的工作也非常支持。有一次在交谈中李某反映零售 10 元的 A 品牌动销率很低，而你当时因其滞销带有普遍性而未引起重视，当下一次你再去拜访李某时，发现李某的态度有些冷淡，对你推荐的新品牌也一口回绝，这让你有点“丈二和尚摸不着头脑”，不知哪个环节出了问题，这就是客户的现实需求在特定环境下又转化成了潜在需求。作为微商，我们不仅要努力挖掘客户的潜在需求，而且要尽可能地避免客户的现实需求再次转化为潜在需求，给我们的服务带来被动和不必要的麻烦。

1. 潜在消费需求的特征

潜在需求都具有哪些特征？

1) 时效性

潜在需求的时效性，是指潜在需求并不是长期保持不变的，它是随着环境的异同、客户情绪的变化或时间的推移而发生改变的，它可能转化为现实需求，也可能化为乌有，还有可能演变成客户的抱怨或投诉。作为微商，我们应在客户产生潜在需求时，通过细心观察和分析研究，及时挖掘客户的潜在需求并提供服务。

2) 隐蔽性

潜在需求的隐蔽性不言而喻，它是潜在需求区别于现实需求的主要特征。潜在需求的隐蔽性也正是我们微商难以发现和挖掘的主因。我们在挖掘客户的潜在需求时，不仅要提高自身的观察能力，更要不断提高逻辑推理能力、分析判断能力，透过现象看本质，才能真正抓住零售客户的潜在需求。

3) 差异性

这里的差异性是指不同的客户具有不同的潜在需求。客户性格决定着客户潜在需求的差异性。如有的客户性格内向，不喜欢话多的人，在对这类客户进行沟通时，就要言简意赅，不要啰唆，否则会引起客户的反感；而对那些性格开朗、喜欢交谈的客户，在沟通时，可以延长交谈时间，无论工作内还是工作外的，只要客户喜欢就行。微商应对不同性格的客户进行细分，并针对每个细分客户采取不同的服务方式。

4) 客观存在性

潜在需求的客观存在性是指潜在需求是客观存在的，是能够通过观察、分析和研究，而被服务人员发现和挖掘并实施服务的。

5) 相对稳定性

客户的潜在需求具有相对稳定性，是指它在一定时期内或一定条件下是稳定的，是不会发生转移的，但这种稳定性又是相对的，过了某个时效或条件发生改变时，客户的潜在需求也会发生变化或转移。我们微商应在客户的潜在需求处在稳定状态下进行挖掘，才能实施有效服务。说到底，也就是在客户潜在需求尚在的情况下及时挖掘，才能提高服务的时效性和服务质量。

面对前来咨询的客户，如何快速判断对方是不是我们的潜在客户，对于卖家而言这是一个非常重要的环节。如果对方只是随便地跟你聊聊，根本没有购买的意向，那么你和他的沟通其实是在浪费时间。当然对方现在不买也不代表他以后不买，或者他会推荐自己的朋友来买，那你就可以花上一些时间和他进行沟通，解答他的疑问，并给对方留下良好的形象。在这里我和大家分享几个快速地判断潜在客户的技巧。

第一个是抛砖引玉法。先试探对方，给对方抛出一个话题，问对方之前是否购买过同类的产品，如果对方说之前买过，我们就可以接着问之前买的是什么品牌，质量、价格、售后怎么样。这个时候如果对方能详细阐述之前的消费感受，那么这样的客户就可能是潜在客户，我们也可以根据对方的使用感受向其推荐相关产品。如果对方说之前没买过，但是现在想买，我们可以问对方购买的理由，如果对方说不出真实的理由，那么他可能只是随便聊一聊，还有可能是我们的竞

争对手假扮成客户跟我们进行沟通。

第二个方法是价格询问法。不是所有人都会成为我们的客户。在跟客户沟通的过程中，对方一上来就询问价格，我们就要做好应对的策略，我们可以根据自己所卖的产品定位一个目标群体。在跟客户沟通的过程中，判断一下对方属于什么类型的消费群体。如果产品定位是中高端的，那么低端的消费群体就不是我们的精准客户了。在与客户沟通的过程中，我们尽量不要直接谈价格，而要谈我们产品的价值对客户的好处，如果对方一味地看重价格，那么也很有可能不是我们的精准客户。因为我们可以看到在通过微商销售的很大一部分产品的价格中，其实比淘宝或者天猫的价格都要高出一些，只是顾客对我们整个做微商的人有认可，通过这层信任的支持微商才能进行销售的。

第三个是侧面追击法。有的客户本身不是最终的购买决策者，或者自己不是最终的产品消费者，购买决策可能掌握在其家人或者是朋友或者是上司的手里，此类客户本身对产品并无需求，而是他们家庭成员的需求。这个时候我们可以从侧面询问，客户对产品有什么需求，如果客户拿不准的话，我们可以建议直接和做最终决策的人进行沟通，这样可以让客户感受到我们的专业，也可以让我们的订单快速地达成。

微商应当撇开概念，来谈论现实中与客户实际的、日常的交流。人们购买你的产品或服务有多种原因，了解这些原因可以让你了解人们购物时的不同动机。你的工作就是尽可能地在问询和谈话中发现事实，确定对方的动机。

提问的动机常常会影响你得到的答案。如果你提问的原因是获得信息，以便理解客户的需求和他们想要满足这些需求的原因，你就会真诚地去交流。当你真诚地提问，真正想要理解客户的需求时，你就向客户传达了这样的信息——你尊重对方，想要了解他的需求。以这种方式交流，使自己与客户达成一致，建立信任，或是形成某种情感联系。只有真诚地帮助客户考虑他们的处境，让他们得出一个你想要的结论时，你与客户之间的询问过程才能以最佳的方式进行下去。

2. 消费者的心理

在跟微商朋友的沟通中发现，很多伙伴的引流不错，每天能有几十甚至上百个精准客户来加他们的微信，可是让他们头痛的是加了这么多，聊下来没有一个成交的。显然问题就出在沟通上，那么微商如何挖掘客户潜在需求？掌握以下这10个消费者心理，让你的成交率翻番！

1) 面子心理

中国人有句俗语：给别人面子就是给自己面子。微信也好，还是独立的网页也好，你的面子就在于你的店铺的整体布局、整体风格是不是与你的整体形象、内容、服务相匹配。

2) 从众心理

中国人喜欢热闹，在网上的气氛怎么烘托，就是以数字说明，这样才能达到从众的目的。比如，为什么每个微商都要做爆款，就是要引起顾客的从众心理。消费者看见身边的人购买某款产品的时候，对该产品的购买意愿也会剧增。

3) 权威心理

什么是权威？国字号、有认证、国外授权、媒体专家提到的。先是权威鉴定，权威不权威，肯定往下看，那就是机会。例如，一个简简单单的刮痧板会有五种认证，仅仅是检测性质的认证就可以有许多，如专家说、明星说、知名人物实例之类的。

4) 占便宜心理

占便宜心理并不是将价格尽可能卖得低廉的意思。而是说把 10 元的东西包装成价值 100 元的，再给他减掉 50 元，让他感觉享受了五折的优惠。这就有人会提问，难道消费者没估价能力？通过额外附加卖点，产品就是你独有的，就没有可比性，价格也不是透明的了。

5) 朝三暮四心理

这个心理不好把握，或者叫后悔心理，买过之后感觉不值怎么办？主要靠增值服务，在做产品的时候要有针对性，特别是销量比较好的单品可以添加包退包换服务，或者规定一个时段内销完就没有了。运用得再好一些的话，可以根据数据制定活动。

6) 价位心理

这也就是定价的艺术了，要注意以中间线为基准线，上可升下可降。上升价格要突出一分价钱一分货、好货不便宜，下降要突出物美价廉、价格下降品质没有下降，服务依然有保障。在产品同质化的情况下，其附加值的确是销售的重点。对于消费者而言，在看重产品的同时，更注重它的附加值。就目前而言，附加值除了带给客户的名誉、荣耀、自信外，更多的就是售后服务。

7) 炫耀心理

把让顾客炫耀的资本罗列出来，你炫耀的资本也就是顾客炫耀的资本，顾客不知道炫耀的点在哪里，你就要教给顾客。这个在社交媒体上很容易做到，可以鼓励买家贴出自己的产品，并给出一定的奖励。

8) 草根心理

我们都是普通人，都有想成为明星的梦想，你需要把他的潜质激发出来。如何让人消费了还成为其他人关注的焦点，两个字：分享。

9) 攀比心理

攀比心理，其实就是跟身边的人比较，在微商卖产品的同时要有一种攀比心理，我家的就是比他家的贵，但是我家贵的就是质量好。或者是说我家便宜不假就是性价比高，贵有贵的道理，便宜有便宜的益处。

10) 懒人心理

每个人都很懒，电子商务的消费者尤为突出，因此对于电子商务购买支付要简单，退货要简单，所以这才有了货到付款，衣服可以试穿，不合身直接退货、免费退换等。

3. 注意事项

除了抓住以上几点消费者的心理外，还有以下几点需要微商注意。

1) 不说批评性话语

新手开始做微商的通病，有时讲话很随意，脱口而出伤了别人，自己还不觉得。常见的例子有很多。比如看见消费者第一句话便说，“这件衣服真难看，你怎么喜欢这个款式。”又或者“你不要买××产品，那个货特别烂。”这些脱口而出的话语中通常都包含着批评和指责的含义，即使想 180 度大反转，消费者都会在第一印象中对你失去好感，接下来的推销工作就会变得非常困难。人们常常都渴望得到对方的认可，也都喜欢听到好话。做微商经常要做一些推销工作，每天都与人打交道，赞美性的话语应该多说，不过也要适量。不适量的赞美容易出现什么问题呢？消费者首先对你就失去了信任感，其次你再说什么都是虚伪造作的，更有消费者对你的评价就是缺乏真诚。与消费者说话很有讲究，即使是赞美也要适量且出自你的内心。要知道不卑不亢的自然表达，才能获得人心，让人信服。

2) 杜绝主观性的议题

在商言商，有些微商朋友加入很多 QQ 群或者微信群，里面有朋友谈论政治、宗教等涉及主观意识的问题，最好不要参与讨论，无论对错与否，对于你的生意都是没有实质性帮助的。很多微商朋友缺乏经验，在与消费者的交涉中，缺乏的就是控制话题的能力，那么往往讨论一些带有主观色彩的议题就很容易与他人发生分歧，争得面红脖子粗，即使自己在某些问题上面取得“占上风”的优势，但争完之后呢？对方对你早已经嗤之以鼻，一开始你要做的事情全都会毁于一旦。有点销售经验的朋友在处理此类问题时就会使用成熟一点的招数，起先会随着对方的观点一起展开讨论，但是争论中会适时引向正轨。总之，避免讨论主观议题是最好的。

3) 少用专业性术语

不是每个人都是专家，之前提及了做微商要对自己的产品有所了解，也要了解产品的所在行业。能够成功吸引到顾客的就是接地气又不失专业顾问的销售手段以及接地气的说明方式。专业术语过多只会让消费者听完之后云里雾里，反感心态由此产生，拒绝你也是顺理成章的。

4) 不说夸大不实之词

一般微商产品有被夸大了功效，消费者一开始还相信你，买回家之后才发现其实根本没有宣传中的效果，那么你作为商家就涉嫌了欺诈。到这一步其实往往都是可以避免的，要是产品不够好，那么一开始就千万别接，现在的消费者精明得很。产品的好坏可以站在客观角度看待，对于护肤美妆之类的产品，往往要记住一句话“甲之蜜糖乙之砒霜”，有时功效好坏的判断不是依靠你一个人吹牛夸大来定的，而是由消费者自己作判断。请记住这样一句话，任何欺骗和夸大其词的谎言都是销售的天敌，它会致使你的事业无法长久。

5) 禁止用攻击性话语

微商内部竞争很激烈，也很容易看到这样的场面，有些人会使用带有攻击色彩的话语去攻击竞争对手，甚至把对方说得一钱不值，严重影响了整个行业的形象。请各位微商朋友在说出这些攻击性话语的时候多多思考，其实往往这样说话会引起消费者的反感，他作为旁观者只会对你的人品感到反感，就算你的产品真的比对方好，消费者也会放弃。面对一些话题的时候表现得太过于主观，这样反而会适得其反，对于自己的销售也只能是有害无益。这种不讲商业道德的行为，相信随着时代的发展会越来越少。

6) 少问质疑性话题

微商在销售过程中，可能很担心对方听不懂自己所说的内容，所以不断地询问对方“你懂吗？”“你知道吗？”“你明白我的意思吗？”从消费心理学的角度来讲，一直质疑消费者的理解能力，会使他们产生不满，让他们感觉不到起码的尊重，逆反心情也会随之产生，可以说是销售中的大忌。如果你担心消费者可能不明白你的讲解，可以采取提供帮助的口吻询问对方，“有没有需要我帮助的地方？”这样会较容易让人接受。一般来说，消费者不明白时也会主动对你说，要求你再作说明。在此，给广大微商一个忠告，消费者往往比我们聪明，不要用我们的盲点去随意取代他们的优点！

3.1.2　针对客户需求进行营销

针对客户的需求制定营销策略是店家必备的技能之一。营销策略是企业以顾

客需要为出发点，根据经验获得顾客需求量以及购买力的信息、商业界的期望值，有计划地组织各项经营活动，即 4P 原则：产品策略、价格策略、渠道策略和促销策略，为顾客提供满意的商品和服务而实现企业目标的过程。市场营销战略计划的制订是一个相互作用的过程，是一个创造和反复的过程。下面详细介绍几个营销策略。

1. 情感营销策略

情感营销就是把消费者个人情感差异和需求作为企业品牌营销战略的核心，通过借助情感包装、情感促销、情感广告、情感口碑、情感设计等策略来实现企业的经营目标。在情感消费时代，消费者购买商品所看重的已不是商品数量的多少、质量的好坏以及价格的高低，而是为了一种情感上的满足、一种心理上的认同。情感营销从消费者的情感需要出发，唤起和激起消费者的情感需求，诱导消费者心灵上的共鸣，寓情感于营销之中，让有情的营销赢得无情的竞争。情感营销策略适合数字营销策略的第三个阶段“增强用户黏度”，比如之前在微博上火热的百事可乐“把乐带回家”微电影，用情感抓住用户，一般在节日推广时经常使用。

2. 体验营销策略

体验通常是对事件的直接观察或参与造成的，不论事件是真实的，还是虚拟的。体验会涉及顾客的感官、情感、情绪等感性因素，也包括知识、智力、思考等理性因素，同时可以是身体的一些活动。体验的基本事实会清楚地反射于语言中，例如描述体验的动词：喜欢、赞赏、讨厌、憎恨等，形容词：可爱的、诱人的、刺激的等。其实体验营销的重要性体现在：消费者的情感需求比重在增加；消费需求的日趋差异性、个性化、多样化；消费者价值观与信念迅速转变；消费者关注点向情感性利益转变。对于现代消费的观念转变，微商必须在品牌推广上下足功夫，对此企业品牌联播可有效地提高企业品牌知名度，让体验式营销更深层次地了解消费者需求。

3. 植入营销策略

植入营销通常是指将产品或品牌及其代表性的视觉符号甚至服务内容策略性融入电影、电视剧或电视节目各种内容之中，通过场景的再现，让观众在不知不觉中留下对产品及品牌的印象，继而达到营销产品的目的。我们经常在众多电影、电视剧中看到不同品牌的植入。微商经营中一样可以借用，比如微视频的火爆，广告植入可以直接照搬到网络平台，在各种以内容输出的平台上均可以实现，比如网络游戏、微博段子、长微博图文，甚至小说之中。

4. 口碑营销策略

口碑营销是指微商努力使用户通过亲朋好友之间的交流将自己的产品信息、品牌传播开来。这种以口碑传播为途径的营销方式，称为口碑营销，成功率高、可信度强。从微商营销的实践层面分析，口碑营销是企业运用各种有效手段，引发企业的顾客对其产品、服务以及企业整体形象的谈论和交流，并激励顾客向其周边人群进行介绍和推荐的市场营销方式和过程。口碑营销策略基于社会化媒体平台，强调关系与兴趣，激发大家分享正向口碑的兴趣，为品牌正向引导助力。

5. 事件营销策略

事件营销在英文里叫作 Event Marketing，国内有人将其直译为事件营销或者活动营销。事件营销是微商通过策划、组织和利用具有名人效应、新闻价值以及社会影响的人物或事件，引起媒体、社会团体和消费者的兴趣与关注，以求提高企业或产品的知名度、美誉度，树立良好的品牌形象，并最终促成产品或服务的销售目的的手段和方式。简单地说，事件营销就是通过把握新闻的规律，制造具有新闻价值的事件，并通过具体操作，让这一新闻事件得以传播，从而达到广告宣传的效果。我们常因为新品牌、新产品知名度不够高而苦恼，在新品上市阶段，很多企业希望有一个引爆的事件发生，将媒体、公众的目光聚集过来，这都是希望品牌迅速爆红的心理，不过事件营销也是一种营销策略，并不是万能的，也就是说火爆与否与很多因素有关。

6. 比附营销策略

比附营销是一种比较有效的营销手段，能让目标受众迅速完成对我们的产品从认识到感兴趣甚至到购买的过程。其操作思路是想方设法地将自己的产品或品牌与行业内的知名品牌发生某种联系(即攀附知名品牌)，并与其进行比较，但承认自己比其稍逊一筹。

7. 饥饿营销策略

饥饿营销是指商品提供者有意调低产量，以期达到调控供求关系、制造供不应求假象、维持商品较高售价和利润率的目的。饥饿营销就是通过调节供求两端的量来影响终端的售价，达到加价的目的。表面上，饥饿营销的操作很简单，定个叫好叫座的惊喜价，把潜在消费者吸引过来，然后限制供货量，造成供不应求的热销假象，从而提高售价，赚取更高的利润。但饥饿营销的终极作用并不是调节了价格，而是对品牌产生的附加值，这个附加值有正负。谈起饥饿营销，大家最先想到的就是苹果手机，这世界上越难得到的东西越是令人着迷，乔布斯就深

深了解其中的道理，雷军领衔的小米手机也学到了乔布斯的精髓，小米的饥饿营销同样做得有声有色。这种策略在一些有竞争力的产品推出时可以尝试使用。

8. 恐吓营销策略

恐吓营销是指营销者通过广告等方式，向目标客户告知某种现存的或者潜在的威胁、危害，以达到销售其自身产品的目的的一种营销方式。但当营销者提供的事实或者数据存在夸大或者虚假时，这种行为一般不列入恐吓营销的讨论范畴。恐吓营销在逻辑上的表述为：分析产品→列举提出问题→渲染问题的严重性→从心理上恐吓→采取措施→潜在购买成为现实购买。这种策略适合一些对身体有益的健康类产品或服务、人身安全的产品或服务，比如空气净化器、安全座椅、保健品、药品、母婴用品、儿童教育……这类产品在使用此策略上效果很明显，但是不要夸大事实，甚至捏造谣言危害竞品，比如微波炉有害的传言，全行业销售量同期相比下降了40%左右，遭受了巨大的损失，微波炉行业老大格兰仕更是深受其害。这方面需要营销者在运用时格外注意，然而此策略运用得当，效果甚好，比如螨婷这个品牌，当时九鑫集团耸人听闻地提出了螨虫概念，通过传播让用户知晓螨虫的危害，立刻使许多女性恐慌起来，纷纷掏钱抢购。利用恐吓营销，只要摸准心理，详尽列举，巧妙实施，恐吓适度，准能让你的顾虑对号入座。

9. 会员营销策略

会员营销是一种基于会员管理的营销方法，商家通过将普通顾客变为会员，分析会员消费信息，挖掘顾客的后续消费力，汲取终身消费价值，并通过客户转介绍等方式，将一个客户的价值实现最大化。会员营销方式与传统营销方式在操作思路和理念上有众多不同。

Section 3.2 维护客户关系

网店的客户服务是非常重要的。客户服务首先需要重视任何一个客户。不管他是否已经购买商品，都应该重视他，让客户感受到满意的服务。这样不但可以留住原有客户，也可以发展潜在客户。

3.2.1　如何培养客户信赖感

网店经营中，卖家与顾客虽然不能直接面对面，但是与顾客打交道的时候，必须更加注意技巧。实体店面中有效地处理关系的基本方式，也可以作为网上开店经营模式的一种借鉴。沟通是双向的，买家中什么样的人都有，素质、个性、修养等都有差别。唯有做好自己，热情有余，不卑不亢，不断积累总结经验，练就自己良好的素质与沟通技巧，才能在生意中游刃有余。

1. 将心比心，换位思考

与买家的沟通过程中，卖家不要把自己摆在“我是卖家”的位置上，要把自己当作一个买家，或者把自己当作买家的朋友，这时你的思路才能真正贴近买家，才知道怎样去介绍商品。只有站在买家的角度来考虑问题，才能知道怎样来吸引买家，你的观点、你的讲解才能得到买家的认同。多一些宽容和理解，以和为贵，做好沟通才是双赢。

常见的问题是遇到新手零信用的买家，他会问很多问题，而且有的还不是一天就能成交，让人怀疑他是否真心想交易，对此应报以宽容的态度。

2. 礼貌先行，微笑服务

要想得到别人的尊敬，首先要尊敬别人。礼貌先行是交朋结友的先锋。与买家沟通时要给买家留下好的印象，让买家愿意与你沟通。所以，卖家必须表现得谦虚有礼、热情积极，建立和谐友好的气氛。

如在最常用的旺旺交流中，回复第一次来店里的买家的第一句话时，要使用客气用语并可添加表情——微笑的脸或者一朵玫瑰等；如果暂时离开旺旺，应设置好旺旺留言信息，且留言中要把尽快回来回复的意思表达出来；回来后首先第一时间回复买家，并说句道歉的话，谢谢买家的耐心等待。

3. 预先考虑买家的需求

每位买家的需求虽然不一样，但作为买家都有一个共同的购买心理，有共同的规律可循。

在网店经营中，要从商品图片的拍摄、商品说明，以及信息回馈等方面为买家考虑。必须保证快速回复买家提出的问题，这样就要求卖家经常到网店来维护，如果实在有事不方便上网，也应该留下别的联系方式以及相关说明，以免让买家感觉受到冷落。

为买家服务不仅要为买家解决问题，而且要给买家带来愉快的心情，将买家

购买活动的过程变成一个享受快乐的过程。

4. 善听善解，领会意图

要成为一个沟通高手，首先要学会成为善于聆听的卖家。当买家未问完时，不要去打断，对买家的发问，要及时准确地回答。这样对方才会认为卖家在认真听他说话，觉得自己被尊重，也才会对店铺的商品感兴趣。同时倾听可以使对方更加愿意接纳卖家的意见，卖家在说话的时候，更容易说服对方。

领会意图，抓住顾客心理，还可以在交谈中去看看买家的信用评价或者发的帖子，一般从评价以及购买的商品和交流中，大致能了解对方是个怎样的买家，然后针对不同对象做出不同的反应与服务。

5. 为买家着想

现在是一个快节奏、高效率的时代，时间很宝贵。因此，在为买家服务的时候，首先要考虑如何节省买家的时间，为买家提供便利快捷的服务。设身处地地为买家着想，以买家的观点来看待商品的说明、商品的种类、各项服务等，才会让买家感到方便满意。事实上，许多人并不了解买家的需要和期望，不了解买家迫切需要的是什么样的服务，所以交易结果往往不理想。

比如非自己的失误，买家买到的商品不如期望的那么高或者不合适，此时卖家也应该为买家想想。买到一件不太适合自己的或不喜欢的商品谁都不会高兴，此时不应一口气就回绝或者用理直气壮的语气与买家理论，否则有可能导致买家的情绪激烈，以至退款或直接给出差评甚至投诉。如果此时引导他，说出症结并给出买家合理的建议，相信买家也能心平气和地接受。

6. 满足买家的尊荣感和自我价值感

要赢得买家的满意，不仅是被动式地解决买家问题，更要对买家的需要、期望和态度有充分的了解，把对买家的关怀纳入自己的工作和生活中，发挥主动性，提供量身定制的服务，真正满足买家的尊荣感和自我价值感。不仅让买家满意，还要让买家超乎预期地满意。

7. 尊重买家

得到别人的尊重是较高层次的人类需求，买家的购买是一个在消费过程中寻求尊重的过程。买家对于网上购物活动的参与程度和积极性，在很大程度上取决于卖家对买家的尊重程度。只有对买家信任和尊重，永远真诚地视买家为朋友、给买家以可靠的关怀和贴心的帮助，才是面对买家的唯一正确心态，才能赢得买家。

8. 理性沟通，避免情绪

网上开店会遇到各种各样的买家，有的过于挑剔，问几天也没买；有的对卖家不太尊重，连问话都是质问式的；有的拍下就消失了，这些都有可能在沟通过程中让卖家的情绪爆发。如果买家的行为真的很让人生气，此时需要的是理性与冷静，不理性只会产生争执，不会有结果，更不可能有好结果，所以，这种沟通无济于事。

在有情绪时不要作决定，情绪中的沟通常常无好话，既理不清，也讲不明，也很容易做出情绪性、冲动性的决定，这很容易让事情不可挽回，令人后悔。

9. 对买家的差评要接受

网店经营最具有特色的一个环节就是完成交易后，买家可以为卖家评分。如果卖家感觉对方的服务不好，或者沟通不顺畅，就会给卖家评个中评或差评，卖家店铺的总积分就会被扣去一分。卖家都很注重自己的积分，因为积分高了才能让店铺的等级上升，这样就可以吸引更多的买家。一旦有了差评，首先要客观对待买家的批评。如果确实是自己做得不够好，一定要虚心接受，然后改正自己服务中的缺陷。只有这样，网店的服务才会更好。买家也会觉得你经营有方，对他足够重视，不过对于恶意差评要除外。

10. 提升职业化素质

买家必须熟知商品的专业知识，客服人员不但要卖商品，更要卖文化、卖知识、卖艺术。客服人员必须了解商品的相关知识，并在合适的时机把顾客需要的信息传达给顾客，这样才能提高成交率。

要了解产品所用的材质和制造、加工技术，这样才能体现产品的特色和精工细作。

了解产品的功能、用途。

了解产品耐久性，商品使用的时间长短。

了解产品使用方法、保养方法。

了解产品经济性，与定位相同的竞争对手相比的价格优劣。

了解产品设计、色彩、感性，商品的设计风格与特色。

了解产品流行性，即商品处在它的生命周期的哪一阶段。

了解产品包装、商标、形象，由商品本身开始向外包装延伸。

各类活动、赠品，现在购买有没有什么优惠活动。

售后保证，消除顾客的后顾之忧。

通常在与买家问答交流时，会遇到一些意想不到的或者比较难回答的问题，

此时要体现出专业化的职业素养，给出专业的意见，使买家感到信任、可靠。

3.2.2 如何提高客户忠诚度

21 世纪是网络的时代，随着电子商务技术的深入开发与广泛应用，零售业正逐步向网络化方向迈进，网上购物迅速发展。忠诚顾客的培养与维护变得日益重要，特别是“二八定律”的发现，提高顾客忠诚度也成为网商成功的关键，如何提高淘宝客户的忠诚度也成为网络背景下网店保持竞争优势必须解决的重大问题。

顾客忠诚度指的就是顾客对某一企业的产品或服务产生感情，形成偏爱并长期重复购买该企业产品或服务的程度。从顾客的角度来讲，只有其对网店感兴趣，并愿意与之建立稳定的关系，也就是建立“顾客忠诚”时，才会重复访问网站并购买产品。

由于网络具有虚拟性、易变性和多样性，企业或网站品牌的顾客忠诚有着更难建立管理和更易建立管理的既矛盾又辩证统一的特征。

第一，由于顾客在网络市场中的选择较多，网络链接速度快。另外，网上市场是一个虚拟的世界，这使人们在交流中既看不到实在的店面和服务人员，又触摸不到真实的产品，很难使顾客产生亲切感和归属感。因此，在网上建立和保持顾客忠诚度比传统商业模式困难。

第二，由于网络技术给网上商品提供了技术支持，有利于企业对客户进行数据管理。另外，企业可以在任何时间和任何地点进行沟通、交流。在这方面，建立和管理网络时代的顾客忠诚将比以往任何时候都更加容易。

在我们知道了网店和客户忠诚度的概念后，我们对如何提高网上商店的顾客忠诚度有了初步的认识，总结下来，主要有以下几个方面。

第一，顾客满意一直是网上商店忠诚度的最重要影响因素，满意是商店忠诚的先导因素。在态度忠诚方面，满意引起重复购买意愿，也能向他人推荐产品和服务，并能提高忠诚度和利润水平。商店环境、人员服务、商店价格、广告促销、购买便利等因素影响着顾客满意，顾客满意进一步促进商店顾客忠诚。

第二，信任起决定作用。在网上，信任是尤其重要的。因为网络的虚拟性使企业与顾客在相互无实际接触的情况下进行交易，也就意味着顾客承担着很大的风险。因此，顾客会与他所信任的企业保持长期的关系。

第三，内在的价值影响着顾客的忠诚。企业只有使顾客在激烈的竞争市场中选择的产品和服务，获得比竞争对手所提供的产品和服务具有更大价值，才会保持顾客忠诚。内在价值包括质量、服务和价值。

第四，感情维系的程度决定顾客忠诚。企业与顾客建立起牢固的联系，并对这种联系的维持进行投资和管理，使顾客对店铺产生感情。商家和顾客感情维持得好，那么店铺的效益也会随之提高。

为了提高网店对客户的忠诚度，我们可以采用以下策略。

1. 控制产品质量和价格

产品质量是网上商店开展优质服务、提高顾客忠诚度的基础。通过一些品牌产品的发展历史，我们了解到顾客对品牌的忠诚在一定意义上也可以说是对其产品质量的忠诚。只有高质量的产品，才能真正在人们的心目中留下深刻的印象，从而受到人们的喜爱。当然仅有产品的高质量是不够的，合理地制订产品价格也是提高顾客忠诚度的重要手段。

2. 诚信经营，建立可靠的信誉

诚信是企业信誉的一个重要方面，在整个交易过程中积极实现透明化，做到诚实守信，向顾客传递真实的信息，保证交易双方的合法利益是赢得顾客信任的前提。要时刻为顾客的利益着想，注重提高产品质量和服务质量。一个好的网店，有良好的信誉做后盾，才能吸引更多的忠诚客户。

3. 提高顾客满意度

顾客满意度对网店经营有保障作用，是顾客再次购买产品的主要因素。通过对客户满意度调查可以了解顾客最需要的是什么，什么对他们有价值，让顾客对店铺的产品质量和服务质量得到满意，从而提高顾客对网店的满意度。顾客的满意程度越高，购买次数就越多，会对店铺产品更加忠诚。

4. 提高网店的整体服务质量

网上商店不应一味地采取降低商品价格的策略，应该着重于整体服务质量的提升、核心竞争资源的培植，才能提高客户的忠诚度，进而增加购物网站的收入，以及创造电子商务的价值。网上商店要保证产品质量和信息的质量，优化购物流程和系统流程。

5. 利用网络优势，满足顾客个性化需求

网络商店要将顾客的需求转化为对自身的要求，让顾客在购物中感受网络消费所带来的便捷与安全。首先，针对目标顾客精心布置网络店铺，突出所经营产品的个性价值，使店铺在第一时间吸引顾客的眼球，赢得顾客的认同感，有利于忠诚度的培养。其次，为顾客提供个性化的服务，利用各种机会获得顾客更全面

的情况，包括分析顾客的语言和行为。通过与顾客即时、持续地交流，进行感情培养，从而建立忠诚度。

6. 建立网络社区群落，加强与顾客沟通

网络社区能达到顾客相互沟通的目的，这一点是培养稳定顾客群的有效方式，运用网络社区能让顾客具有一定的相同感，聚在一起很容易产生亲近感，可以有效地培养相互的感情依赖和凝聚力，提升忠诚度。网点为顾客提供信息，满足顾客的需求，同时赢得他们对店铺的忠诚。

7. 实行会员制度，采用促销手段

可以向会员提供免费礼品、免费送货等，增加顾客对店铺的回访率，从而提高顾客忠诚度。在节假日进行打折等促销活动，也可以对回头客实行打折优惠等。

总之，当今时代是一个竞争的时代，经济全球化和信息化加剧了市场竞争。而网上商店竞争力的根本取决于有没有高质量的服务、有没有忠诚的顾客。顾客忠诚度是企业竞争力的决定因素，更是企业长期利润的根本源泉。网上商店经营的成败，不仅关系到电子商务能否真正发挥作用，而且关系到电子商务的生存与发展。因此网上商店应提高顾客忠诚度以稳定市场的地位，进而使我国的电子商务快速发展。在网络营销模式下，顾客忠诚为网上商店创造的价值是显而易见的，顾客忠诚度能够直接带来收入和市场份额的增加，节约成本，从而给店铺的长期效益和持续发展带来良好影响。忠诚的顾客会向周围的人宣传和推荐网店信息，提高店铺品牌的知名度，增加无形资产价值。他们还会积极地给店铺中的产品或服务提出建议，使其能够改进管理水平和提高产品或服务质量，来增强网上商店的竞争力。

3.2.3 如何做好客户资源维护

1. 重视客户忠诚度

《广州日报》上曾登过一篇文章，内容是对顾客购物习惯进行的调查分析，结论是绝大部分顾客购物无定性，即顾客难以“忠诚”。单从顾客的“不定性”上看，表面上似乎对商家不利，但应该一分为二地看待，或许正是因为顾客的“不定性”才有众多卖家“机会均等”地分羹，才有竞争活跃、激烈、欣欣向荣发展的市场。“不定性”追根究底也是由客观原因积累造成的，这需要有心人去发现，去“破解”，运用自己的聪明才智、个性魅力去改变这一现状，事物是死的，人是活的，心诚为开，懂得用心“培养”顾客的人，才会比别人多分“一

杯羹”，才有“资本”培养起属于自己的“忠诚”顾客。

2. 真心推荐

不少顾客面对五花八门的商品经常提出要卖家为他(她)们选择的要求，推荐其实是买家在考验卖家的专业程度和用心程度。站在顾客需求角度，给顾客搭配提供真诚选择意见，才能让顾客心服口服，有时更会增大购买量。但是，推荐范围无须太大太杂，数量无须太多，建议要真实、客观，否则只会起到反作用。也有的卖家认为推荐不重要，他们觉得顾客心理难以揣摩，是否推荐对他们没有太大影响，倒不如让顾客自己决定，买得不好还不会把责任推给自己。每个商家都有自己的服务特色，服务的人性化会越来越受到顾客认同，顾客买的是商品，也买的是商家的真诚态度、服务理念。

3. 敢于承诺

对于看不见摸不着的网店，顾客更希望得到商家更多的承诺，比如包邮、包退、包换、包修等；敢于承诺的商家当然会给顾客更多一重体贴、信任和放心，不过承诺的前提一定是商家高度的诚信，不轻易承诺，而承诺的东西则坚定信守，如此，顾客才有“动容”之理，人心需真情换得，而卖家也只能靠比生命还要重要的诚信维系这种承诺关系。不愿意承诺的人一般有两种心态，一种是对自己的产品没有信心，另一种就是不想由此生出不必要的麻烦，是的，承诺做到很难，不承诺也并不是说明你就是很差，但这也算是竞争的一部分，做卖家的只有想顾客所想、急顾客所急，才能争取到比别人多一份的信心、从容和资本。买家不承诺没关系，但不要去埋怨顾客的多疑，当然也可以选择性地承诺，什么该承诺什么不该承诺，这其中的把握程度在于经营者的智慧程度。

4. 货品包装认真

货品包装代表商家另一面形象的展露，做得好的卖家是非常讲究的，不仅整洁、牢固，还要漂亮美观，有的在外面还贴上自己设计打印的店标形象和温馨提示，处处展现的是卖家专业负责的服务品质。当买家看到自己购买的物品被包装得很好的时候，虽然拆开的时候有点麻烦，但心里是十分温暖的，在无形间也就增加了买家的满意度。有的卖家随便使用废报纸一裹了事，但这恰恰是网店经营的大忌，网店其实非常脆弱，方方面面都需要你倾注心血、踏实认真、细心呵护。你做好了这没做好那，一样得不到顾客整体的品质认可。

5. 具备沟通技巧

绝大多数交易可以说是通过沟通交谈完成的，这就要求卖家掌握一定的语言

技巧，掌握沟通技巧也就是掌握顾客心理，这种沟通技巧包含推荐技巧、讲价技巧、拒绝技巧、承诺技巧等方面，需要卖家有一定时间的经验积累，得心应手非一日之功，拥有自己特色的经营服务技巧会使顾客觉得贴心、专业，自然会使顾客再次回头。也许有些人觉得做生意讲的是“顺其自然”，你情我愿的事，用不着煞费苦心，顾客问什么答什么，有时觉得烦还懒得搭理，更无从说费时间与顾客交谈其他，一成不变的语气和态度，让顾客感受不到商家丝毫的“人性温情关怀”。市场竞争其实就是这样，产品需要竞争，服务更需要，这是市场规律不是家庭游戏。

6. 礼物情结

尽管利润微薄，不少卖家为给顾客留下好印象以期下次购买会奉送小礼物，这也算是一门顾客服务“技巧”，能够让顾客留下好感和深刻印象，自然回头概率较不送礼物的高。虽然只是免费赠送行为，也要注意产品质量，同时也最好注意一些性别针对性；让“送”促进而不是损毁你的形象。不少卖家说，现在的“上帝”已经被“宠坏”了；很多人已经习惯了卖家的“奉送”，甚至有的“麻木不仁、理所当然”起来，送得再好也得不到他们的感激，有的还出现不少以礼物送得不够好而差评；这样说还不如不送。所以个人认为：认真、踏实地把服务工作中的每一步做好，做到问心无愧就是给顾客最好的礼物。

7. 售后服务

顾客愿意买东西，是因为网店的信誉、产品还有服务特色打动了买家，网店那么多，竞争那么大，聪明甚至“挑剔”的顾客绝不会“一棵树上吊死”，所以对于想真正做大做强的网店来说，专业口碑的售后服务必不可少。产品质量、维修退换、顾客抱怨、顾客“关怀”等方面，靠的是卖家细心负责地把一件件事做到实处，如此，才能让顾客产生再次购买的欲望。没有好的售后服务，网店只有死路一条。

8. 顾客记录

当来过店里咨询或购买过的顾客再次登门时，卖家是否知道他(她)问过买过什么吗？是否还知道他(她)们的购物脾性？特殊尺寸需求？购买内容？这些信息的记录其实只是反映一个卖家的用心程度。卖家可以在旺旺备注里对每个人做记录，当交谈时卖家报出买家所在的城市或者身高或者购买过什么东西时，他们由衷地惊喜、开心和佩服；一个人觉得受到重视，特别是觉得在不可能的情况下得到温情关怀时，当然会心存感动且记忆犹新。但是很多卖家都觉得这是多此一举，记录虽然对成交并无甚多影响，但别人不做你这样去做了，确实比别人多了

一份用心、一份真挚，顾客的“眼睛”既犀利也雪亮，时间会证明一切。

3.2.4　掌握主动权主动出击抓住潜在买家

对于网店卖家来说，如果一个店铺只靠引入新客户来维持店铺成交，那么这个店铺永远不会做得很好，因为网上的新客源是有限的，不可能有无限的新客源让你引入。所以要把那些购买过的客户发展成店铺的老客户，这样店铺才会有源源不断的成交量。维护老客户有什么用？

第一，提升店铺回头率，客户第一次购买之后对产品的质量、性价比等都有了一定的了解，所以吸引客户重新关注店铺的难度会更低一点。

第二，提升店铺的 DSR(店铺的动态评分)。刚刚也说到了，如果老客户对你店铺出售的产品有了一些认知，对店铺的服务也满意，那么多次购买之后，评论基本上不会给差评，这样是不是可以提升店铺的 DSR 呢？

第三，提高店铺的流量价值。卖家会拼命用淘宝直通车、钻石展位、淘宝客等一系列消耗工具去引流，引入的新流量价值和转化率都难以保障，但老客户就不同了，老客户进到店铺可能是因为你发的促销而进入的，既然来了，就说明他们确实是有需求的，所以成交概率比新引入的流量要高得多，而且老客户还可以为你的店铺介绍新人，无形中又引来一批免费的新流量。

当然，除了以上几点，还有一个比较重要的原因，那就是成本。为店铺引入流量无非是利用淘宝直通车、淘宝客、钻石展位等手段，但成本很大，有时投入与产出都不成正比。如果维护好了老客户，那么店铺的成本会降低很多。

所以，如果要你去开发新客户，你要费很大的精力，投入也大，成本高，但如果维护好老客户的话，你就可以利用现有的资源来给店铺带来回报，而且老客户还可以给你免费带来新的买家。另外，淘宝越来越重视买家体验这一块，店铺的转化率高和买家体验高的话，淘宝系统会认为店铺的服务做得好，此时系统就自然而然地提升了你的店铺权重。

为什么老客户的重要性更大？

第一，维护一个老客户的投入远远小于开发一个新客户的成本。目前大部分卖家开发新用户都是依靠直通车、钻石展位等烧钱的形式，总之，引流太花钱，新客户增长太少。对比老客户维护的投入就少很多，卖家可以通过旺旺群、淘宝帮派、掌柜说，以及免费邮件和廉价的短信营销进行定期的维护，主要是给客户在第一次留下一个好的印象，这样由于对店铺已经有了一定的信任和认知，重复购买的老客户会很多。相比于通过直通车、钻石展位、焦点图开发新用户的高费用来说，老客户的维护非常廉价。

第二，老客户对店铺的贡献占店铺总营收的 80%以上。网店吸引新客户的成

本至少是保持老客户成本的 8 倍，而这些老客户几乎创造了店铺 80%的收入和90%的利润。

第三，开发老客户赚取的利润要高于从新用户身上获取的。老客户对你的商品质量、商品价位都有一定的认知。所以当他需要下单的时候不会去担心质量不过关而只敢买一件商品，只要他有这个需要，肯定愿意一次性买下需要的多种商品，这一点是新用户比不了的。

第四，留住老客户还会使成本大幅度降低。目前大部分卖家热衷于参加各种秒杀、促销、试用等优惠活动。以低价或者赔本的方式去获得大量的新客户，大家都很清楚这第一单是完全亏本的，卖家是希望客户再来消费第二单才能赚取到一定的利润。而事实上，再次下单的比例是很低的，卖家忽视了一个最重要的问题，那就是这批客户是完全冲着低价而下单的，质量非常低。

第五，老客户会自发替您进行口碑宣传带来新客户。通过对老客户的维护，他们得到了我们优质的商品和服务。自然在他们的心目中，我们是可以信赖的店家和选购商品的最好去处，他们向他们的朋友和亲人推荐我们的店铺，只要我们的店铺有他们需要的商品，他们肯定首选我们。

如何维护老客户呢？既然要开发老客户，那么必须有一批新的客户在您店铺里成功购买，并且对你店铺的服务都比较满意才能有后续的维护，还有就是买家提出的问题要及时处理，这样买家在你店铺的体验才会好，也会对你店铺的好感大大上升，所以第一步就是提升我们店铺的整体服务质量和产品质量，让买家满意，让他们促成二次购买。

在维护之前我们要先搜集这些客户的资料，以方便后面我们店铺针对这些客户不同的特点和不同的风格做出相应的活动。搜集买家的资料大家可以在客户关系管理(下面简称 CRM)里面去找。

进入 CRM 在首页点击“管理会员”，进入之后标签搜索你想要的会员等级，不过这个会员等级需要提前设置好，这样后面你搜索的时候就可以直接看你想要的客户，然后你就可以看到客户的信息，当然一开始看到的只是一些简单的上次成交的时间、交易笔数和金额等，如果想知道更详细的信息，我们可以点击右边的详情，点击之后就可以看到更详细的客户信息，除了这些信息之外我们还可以收集他们的联系方式、购买时间、地域消费能力等，这些对我们有很大的帮助。

比如，如果搜集了老客户的每次购买时间的话，那么我们就可以算出这个客户的购买周期，后面等到了这个周期，就可以给买家发一些信息之类的，这样可以让他们对店铺有印象，最后收集好了之后我们可以用 Excel 做一张表记录起来，这样也可以方便我们查找和管理。怎么利用手上的资料开始维护这些客户呢？

第一，我们要利用搜集好的资料把你 QQ 或旺旺上面加了的老客户分类，可以按买家的消费层次、风格、会员等级等一些信息来做好分类，这样既能方便管理，又能有针对性地给这些客户制定一些特殊活动。

第二，我们可以建立一个 QQ 群或旺旺群，把这些客户都拉进去，建立一个互动平台，平时可以在群里让这些买家沟通一下，而且时不时地可以在群里做一些活动，活跃一下群里的气氛。

第三，我们可以利用短信的方式给这些老客户发送一些信息，当然这个时候就有人说了，我店铺老客户有很多，要每个都发到位的话，那么得花多少时间花多少成本呀，其实你可以不全发，主要是针对一些中高级的会员来发送，当然了，我说的发送信息并不是说发送店铺的广告，这样的信息买家只会当成是垃圾信息，这样是一种错误的做法。

老客户在于养，在于维护，维护的意思就是去管理，我们的老客户就相当于鱼塘里的鱼，平时多去喂一喂，多去关怀一下，这是维护老客户重要的一个方法，把关怀放在首位，而不是每次都给他们硬性地推送一些广告，平时我们要多去关心他，让他对你的店铺有一个印象，那等到年终大促时你给他们发个广告，客户就会想起原来是你这个店铺在做活动，就是说平时主要的是关怀，等到店铺有活动的时候再给客户发送一些广告，我们说只是给营销找了一个理由而已，我们平时去关怀他们，让他知道我们，让他对我们的店铺有印象，那我们找到一个理由比如说“双 11”、“双 12”，对他们进行推送，这个时候买家不会觉得这个店铺比较烦，不会觉得你发的广告是垃圾广告，那么具体要怎么做呢？

首先我们要做到关怀问候，在平时节日的时候可以给他们发一些祝福信息，比如说客户生日的时候可以给他们发送一些生日祝福，春节、情人节的时候可以给他们发送一些节日祝福，还有就是特殊纪念日的时候也可以发送。当然除了发信息问候，我们还可以利用电话、邮件、旺旺和寄送礼品等方式来进行问候。

然后就是传达我们的活动，在你平时问候的动作中，这些买家就自然而然地对你的店铺有了印象，要是以后我们店铺上新产品了，那我们就可以找一个特殊的日子告诉客户，我们有新产品上架了，而且会员有折扣，甚至我们还可以做一些只有会员才能购买的会员专享的活动，让这些老客户的心里有存在感，从而使这些老客户每隔一段时间就会去你的店铺看看，这样整个店铺流量中老客户的占比就自然而然地多起来，老客户的流量多起来了，那成交率怎么可能不上升呢？

最后还可以发送会员卡，当然会员卡也是要做一些折扣的，还有就是为了更好地管理和维护以及和他们互动，我们可以建立一些互动平台，平时在上面多和他们互动一下，可以建立的平台主要集中在图 3-1 中的几个平台上。

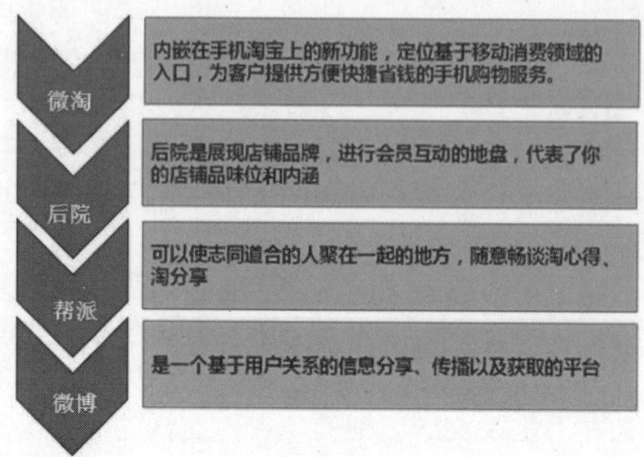

图 3-1

Section 3.3 管理员工

在人力资源管理中，用人和留人也许是最让管理者头疼的两个环节，而恰恰正是这两个环节左右着店铺的命运。实际上，人用好了，留人则是成功了一半。

3.3.1 怎样找到合适的员工

在招聘人员的时候不能任人唯亲、不能任人唯熟，但这仅仅是最低要求。要想在合适的位置安排合适的人，需要花费很多时间。明白要招聘什么样的人，还必须透过应聘人员的应聘技巧，看到真实的他。然后花大量的时间，对尽可能多的人进行考察，这样才能找到真正合适的人。

1. 培育高绩效员工

这种员工通过观察期的引导和磨合，会很快适应工作环境，充分发挥自己的聪明才智，全身心地投入该职位的工作中。在此情况下，店主应制订培养计划，并助其做出与店铺相匹配的职业生涯规划，在满足物质需求的基础上增加精神激励，用有价值的个人目标和组织目标促进其成长，使其认同企业文化，逐渐把店铺的发展等同于自己的事业。

2. 指导平庸者

面对细化该职位却因为能力问题无法取得高绩效的员工，店主应侧重于工作技能的培训，甚至和该员工一起深入一线，找出实际操作的不足和偏差，因为现场培训和指导的效果要远远强于事后总结。

3. 培养忠诚度和向心力

有些员工具备取得高绩效的能力，但个人发展愿望与志向可能与所在职位存在差异，所以该类员工总是这山望着那山高，只是把现有职位当作通往高薪的跳板。如果一个店铺出现太多的这类员工，那么应该反思一下薪酬制度及企业文化等是否出现了问题。

4. 淘汰不可救药者

招聘面试的目的是挑选具备任职资格又拥有升迁潜力的人选，如果观察期后被鉴定为既不投入工作又没有能力的员工，则应该立即调动岗位甚至辞退。因为这种员工在工作态度和行为上，会给其他员工带来不良影响。

3.3.2　对待员工要恩威并施

优秀的领导人必须大公无私，心怀天下者才能安天下。领导人既要掌握领导的艺术，也要懂得现场的管理，平时工作要多到现场巡视，身先士卒，率先垂范，甩手不干的领导人一定不称职。不过，面对中基层干部与员工，如何才能做到恩威并施呢？如何提升下属的忠诚度呢？

恩威并施是对下属同时实施恩惠与威严的行为，既要关爱员工，又要严格管理。严师出高徒，严格就是大爱，大爱才是大善。如果只有恩惠，员工就容易安于现状，缺乏斗志，不利于培养经营人才，更不利于企业发展；如果只有威严，员工就容易产生怨恨，缺乏安全感，不利于凝聚人心，难以提升士气，团队就会缺乏活力。单方面实施的恩与威，都不利于团队的成长，不利于企业的成长。只有真正做到恩威并施的领导人，才能出色地率领部属完成任务，可见恩威并施的重要性。

给下属员工恩惠的时候，一定要从小到大，从淡薄到浓厚，这个顺序很重要，把握好火候与度量也很重要。如果一开始就很多，后来由于力不从心而越来越少了；或者一开始很浓厚，后来越来越淡薄了，员工们就会忘记过去的恩惠，总是感觉你对他们越来越差了。这就是人的本性，也不应该责怪员工，关键是自

己对恩惠的度没有处理好。员工接受领导的恩惠越来越多是正常的，越来越少就感觉不正常了，这也是人之常情。有些卖家在分配机制方面没有做好，刚开始网店经营顺利的时候经常发放福利奖金，后来网店经营出现困难的时候停止发放福利奖金，就导致很多员工离职，这就是缺乏施恩艺术的表现。

与施恩有无不一样，你可能会想到好心没有好报。管理网店团队就像治理国家和军队，必须从严治企，树立领导人的威信。新官上任三把火，老官治企也必须严格要求，提高标准，严格管理，树立领导人的威信。树立领导人的威信与实施恩惠是相反的，领导人对属下应该从严到宽，刚开始就要严格要求，到训练有素的团队带出来了，我们可以适当宽厚一点地对待员工，这样的员工才懂得感恩。如果我们先宽厚对待员工，后来再想严厉管教员工，就容易遭到大家的怨恨，觉得你冷酷无情，在团队工作中一点快乐与幸福感都没有，哪里还有什么忠诚度？哪里会有凝聚力？做不到严格要求的团队，不仅领导人缺乏威信，员工也不懂感恩。相反，越严格要求，员工得到快速成长，他们越会真正感恩公司、感恩领导。

人力资源管理的方法有很多种，每一种都有不同的成效。如果企业的管理者能够在员工的心中树立威信，就可以得到员工的尊重，然后在树立威信的同时，满足员工的合理需求，就会在威信之上再添温暖，这样的做法就是恩威并施。

在企业中，每个人都有自己的个性。有些人不需要别人的监督和责骂，就能自觉自发地做好工作，不出差错。但是大多数人都是好逸恶劳，喜欢挑轻松的工作，拣便宜的事情，只有别人在后头随时督促，给他压力，才会谨慎做事。对于这样的员工，就需要在管理方面更加严格。所以，企业的管理者应该在管理方面宽严得体。

有一次，索尼公司一家生产随身听的分厂出现了产品质量问题，总公司不断收到来自消费者的投诉。经过调查后发现，是这一批随身听的包装上出现了一些瑕疵，但是并不影响产品的内在质量，分厂及时更换了包装。尽管问题解决了，可是盛田昭夫觉得这件事情仍然没有结束，他立刻召开了一次董事会，并把这位厂长叫到会议上进行了严厉的批评，同时他还要求全公司的员工要以此为戒。这位厂长在索尼公司工作了几十年，还是第一次在众人面前受到这么严厉的批评。盛田昭夫的盛怒让其他董事都感觉他做得有些过分了。

会后，董事长的秘书邀请这位厂长一块儿去喝酒。厂长觉得自己是被总公司抛弃的人，亏得秘书还这么瞧得起他。秘书却告诉他，这一切都是董事长的指示，在董事长心里，根本就没有忘记你为公司所做的贡献，董事长这样做只是想让大家记住，产品质量对一个企业的重要性，有功则赏，有过则罚，这样才公平。当这个厂长回家后，刚进家门，妻子就立即迎了上来对他说：“你真是受总

公司重视的人！”原来，索尼公司的人事机关对职员的生日、结婚纪念日这样的事情都有记录，每当遇到这样的日子，公司都会为员工准备一些鲜花礼品。只不过今年有些特别，这束鲜花是盛田昭夫特意订购的，并附上了一张他亲手写的贺卡，感谢他为公司做出的贡献，也勉励他继续为公司奉献自己的热情。这位厂长看见卡片之后非常感动，从此便把不愉快的事情忘在脑后了，并且更加尽心尽力地工作了。恩威并施的管理方法可以树立企业在员工心中的形象。

恩威并施强调在对员工实施控制的同时，既要施以恩惠，用感化赢得员工的信赖；又要施以威严，权衡每个员工为企业所作出的贡献，奖优罚劣，让员工产生敬畏心理的同时，还要对企业心存感激。只有管理者在员工心中的形象是值得信赖时，这个企业才有成功的希望，才会有无限的发展空间。

Section 3.4 秘籍分享——网店管理技巧

本节将详细介绍把网店回头率做到百分之百的秘诀、如何制造口口相传的品牌效应、找到网店生意冷清的原因以及怎样打造优秀的网络销售团队等网店管理技巧。

3.4.1　把网店回头率做到百分之百的秘诀

想把店铺做大，拥有100%的回头客，要做到商品好、服务好、回访好。

1. 要熟悉本店商品的专业知识

顾客问你关于商品的问题时，卖家千万不能用“大概”“可能”“也许”等词语来回答，这样会给买家不信任的感觉。

2. 不要在生意好的时候降低服务标准

网店逐渐走上正轨，每天都有固定的流量和成交量，此时卖家容易疏于管理，会容易降低商品的质量或者服务标准，不要认为顾客无法察觉这一点点的变化，这样做会流失很多顾客。

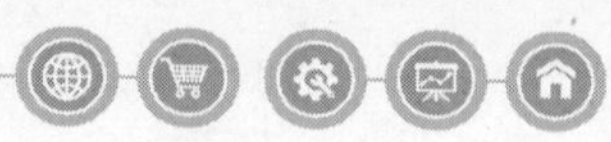

3. 改变消极懈怠的思想

无论多么艰难，都必须保持乐观。人们只愿意与那些充满自信的人做生意，店主坚定不移的信心也会使顾客对你的生意信心倍增。更不能理所当然地认为顾客在你这儿购买过一次就成为你的终身客户。一旦你懈怠下来，其他的竞争对手就会将你的顾客拉走。

4. 不要有意损害竞争对手的声誉

如果对顾客说竞争对手的坏话，只能让你的顾客认为你是小人，产品竞争不过别人，就在背后说人家坏话。

5. 要不断地学习

在淘宝市场飞速发展的今天，如果不主动求发展进步，就会落伍。所以店主一定要不断学习，对行业了解得越深，顾客对你就越有信心，当然赚的钱也就会越来越多。

6. 打包要认真

不要小看了打包，细心的买家会从打包中看出这家店有没有诚心做这笔生意，因此卖家无论多忙都应该仔细做好打包工作或者聘用专门人员负责打包工作。

7. 不要为自己的错误找借口

有了失误很正常，但是千万不要为自己的错误找借口，因为买家只会记得你承诺过的没有做到。与其找借口还不如老老实实地承认自己的过失，然后尽力补救，哪怕是再给予顾客优惠。当你承担了所有责任，并改过了错误时，本来一件不好的事情，反而可能会让你赢得顾客的好感和信任。

8. 货源一定要可靠，让买家可信

不管怎么样，卖家对自己所出售的货源都要很清楚，同买家保证自己的货是什么档次，不同档次的货有不同的价格。

9. 细节的处理

不是所有的买家对自己购买的商品都很满意，有些买家收到货之后不满意，要求退货。针对这种情况，卖家要有自己的一套应对方案，不能说当顾客要求退货或者换货的时候再想办法。

3.4.2　如何制造口口相传的品牌效应

网店卖家的终极阶段是把产品做成自己的品牌，通过品牌的优势完成封疆划地，建立自己的“专属领域”。很多人单纯地认为在淘宝做品牌，只要凭借好的商品让消费者购买，然后再刺激他们重复消费，买多了自然就能形成品牌了。这样的想法是非常错误的。

事实上，如果你想要使自己的淘宝事业有一个突破，为自己的店铺和产品制造出口口相传的品牌效应，那么除了为消费者提供需要的产品和服务之外，还需要制订一定的品牌推广计划，让消费者自动传播公司产品和服务的良好评价，从而让人们通过口碑了解产品、树立品牌、提高市场认知度，最终达到为产品增值、为店铺营利的目的。在淘宝中，在完成品牌的逐渐建立和打造这条路上，你应该遵守以下几个原则。

你制定的一切政策和制度都需要围绕“一切从客户的角度出发”这一原则。不论是产品的生产、营销还是售后服务，你都应该以客户的需求作为自己的最大追求目标。你不能为了利润一味地降低产品的质量，这样做在短期内可能你会赚到很多钱，但就长期而言，不仅大大影响信誉度，你的老客户也会逐渐流失掉。这样不但不会形成品牌效应，而且会导致生意最终走向灭亡，所以，将利润控制在合理的范围内是非常重要的一点。

要确定产品最大的卖点和优势。比如你的产品是业内同类产品价格最低的、质量最好的、功能最特殊的、时间做得最久的等。一定要有一个记忆点能够让你的客户记住你的店铺。

还需要一个好名字，首先是要容易让人记住，其次需要有一定的含义。关于取名的问题，之前的章节都有涉及，这里就不详细展开了。

通过客户服务的规范来对品牌进行打造，这一步是非常重要的，因为买家对你店铺的感觉大部分来自客服人员，这是他们真实接触和体验到的。严格规范客服的言行和话语是比较关键的一步。

店铺的装修也是打造品牌的非常重要的一环，你需要不断地在装修中突出你的店铺不同的特点和风格。你也可以在宝贝描述中，告诉客户你的产品和店铺曾经取得过的荣誉，比如你的店铺曾经获得过××荣誉称号，得过××奖励，产品通过了行业的××认证，获得过××推荐等。

你还可以在产品包装上下功夫，不一定要多精美，但是一定要突出你店铺的特色。你也可以做一些精美的小卡片或者小册子来增强你的客户的黏度。在设计的时候要有创意，要让客户收到你的小礼物之后能够收藏起来，甚至作为摆在电

脑旁的装饰。

把你自己塑造成这个领域的专家，你能够为你的客户提供大量信息，并且指导他们如何去做，这也是一种品牌效应。

需要定期举办一些特殊的促销活动来增加客户的记忆点，同时能获得更多口耳相传的机会。比如开店 1 周年活动、感恩大回馈活动、换季甩卖等。

还需要有强大的售后服务，你可以安排专人负责为已经购买了的客户答疑惑解。如果一旦出现需要换货、退货等情况，你需要及时处理。并且你需要制定无懈可击的退换货服务，让你的客户感觉到在你这里购物是没有任何风险的。比如，“7 日内无理由退换货。对于超出 7 天的产品，客户依然可以申请退换货”“有质量问题的产品包换货的来回快递费用，非质量问题的产品也可以包单程的快递费用”等。

细节决定成败，只有努力和付出才会有收获。按照以上品牌建立的原则，兢兢业业，一步一个脚印地去经营自己的店铺，一定能够获得最终的成功。

3.4.3 找到网店生意冷清的原因

有的卖家在淘宝发布商品后很久，生意一直冷清。这是开店新手经常遇到的问题，甚至一些信用相对高的卖家也会遇到这样的问题。问题出在哪里呢？

1. 所选项目是否属于“偏门”，市场需求不大

如今，网店销售的品种五花八门，只要有厂家存在的商品，无论多么罕见的东西你在网上都能找到相应的卖家。总体来说，比较热门的还属女性用品，化妆品、衣服、包包、饰品等。要了解自己所选择的项目是否有关注度、需求度，若较高，当然成交概率就高；比如艺术品(大件玻璃/雕塑类)、家具、药品、五金工具、家用电器、乐器、插花、文具等，相对来说属需求偏少的门类，虽也有做得好的，但毕竟较热门来说成交概率偏低，所以经营“偏门”商品需要付出更大的耐性和毅力，需要有等待被发现、接受、积累的持久战心理准备，如果你没有这样的耐心可随大流，如果选择了偏门，就不用过多烦恼为什么生意清淡，少人询问，给自己耐心和时间，让自己理性地度过正常的萧条阶段。

2. 商品价格是否定得合理

价格是买家购买商品时最敏感的话题。一般而言，买家总希望花最少的钱买更多的东西。不少店铺因为商品定价不合理而失去了大批的客户。商品定价时要参考淘宝上其他店铺的价格行情，然后根据自己的利润确定。

3. 商品的照片有没有问题

网络销售第一感观就是图片，一张好的图片胜过千言万语，但不少网店的图片有的长短不一，有的灰暗阴沉，有的背景杂乱，有的仅有一张图片，没有其他细节介绍，如果你都不能被自己的图片吸引，那么顾客的眼球就更吸引不到；这些或许你觉得不要紧，但这些说不定就是影响你成交的绊脚石，试着多找找这些看似不起眼却非常重要的原因。

4. 商品功能文字介绍是否过于敷衍

有了好的图片再加上详细明了的文字，买家看了后才会有购买的欲望。所以把商品的功能、特性、型号、质地、风格、保养方法等尽数表达清楚，是促进成功成交的前提。

5. 销售的商品是否存在单一不灵活的状况

比如开始时，网店销售仅限于女装，随着买家询问的需求的增加，不断丰富其他产品，如箱包、饰品、围巾、帽子等关联品种。这也满足了一些顾客一次购买多件商品的需求，既节省时间也节约费用。

6. 在线时间是否有保障

生意好坏与旺旺在线时间长短有很大的关系。保持足够的旺旺在线时间是网店成功经营的起码条件。

有很多买家都会看店主是否在线。如果不在线的话，买家就不会进入店铺，宁愿去其他店铺，因为旺旺不在线就无法对商品进行咨询了。

7. 宣传手法是否实用

琳琅满目的宣传方式中卖家只需选择几个重点，进行长期不懈的积累，才能厚积而薄发。这是因为卖家的精力和能力有限，觉得与其蜻蜓点水什么都做，不如专攻一两个擅长的能力范围内的。宣传并不是你只做一次或只做某一个方面就立竿见影，日久才见人心；所以无须所有方式面面俱到，找几个适合自己的，能应付自如、如鱼得水的宣传途径会事半功倍。

8. 是否每天都有新品上架

是不是每天、每时都有新品上架？也就是时刻都有新品下架？这样顾客才能更多地搜索到你的商品。

9. 是否经常关注橱窗推荐

每天要多次关注橱窗推荐。每天只关注一两次是远远不够的。如果店铺的推

荐商品不断下架，就要多次推荐。只有推荐的商品才更容易被顾客搜索到。

10. 服务水平是否欠人性化与灵活

服务是一门学问，从服务中顾客可以感受到你的性格、态度、品性和专业度，要做到服务恰如其分，不仅仅要有好的态度，而且要熟悉店里的每一件产品。如果卖家不了解店里的产品，怎么向买家介绍呢？没有说服力，买家是不可能买的，有说服力才有吸引力。

3.4.4 怎样打造优秀的网络销售团队

如今的网店，单打独斗已经越来越难以生存下去。一方面，电商的变化发展太快，个人能力根本赶不上电商发展的速度；另一方面，传统行业纷纷布局电商，加剧了行业的竞争。因此，成立团队做电商，让专业的人做专业的事，分工明确，这样的网店才更有激情和活力。

销售团队，是一个团队中最直接和客户交流的群体，也是一个团队中的关键组成部分。支撑一个公司能走很远的，一定是销售团队。只有把产品卖出去，让客户满意，网店才能盈利。那么如何打造一支优秀的销售团队呢？

1. 比客户更懂产品

只有比客户更懂得产品，才能胸有成竹地和客户交流沟通。就是客服要总结关于产品本身顾客会问到的各类问题有 50 多个，并且背下来。最好的问题总结方法是查看客服每天的聊天记录，从聊天记录中找到客户的疑虑和问题。当客户觉得你够专业，回答的问题能令他满意，才会下单购买，毕竟谁都不想花冤枉钱买实用性不强的宝贝。

2. 在销售中找到乐趣

我们经常说，一笔交易，一个朋友，但是有多少销售客服能够做到这一点呢？能真正主动打电话给客户，询问购买情况，产品体验呢？能用电话沟通的，尽量用电话沟通。电话沟通固然会增加销售成本，但是能让客户觉得你重视他，更能直接倾听客户的想法和意见，更有机会促成买家的成交。就算暂时不能成交，一次电话访问，也会让客户深深地记住你。试问，现在还有多少客服会主动打电话和客户直接沟通呢？不管是千牛聊天，还是电话沟通，能让客户敞开心扉和你聊天，信任你，这本身也是工作的一种乐趣。

3. 合理的利益分配制度

目前越来越多的 90 后进入电商行业。相比于 70 后、80 后，90 后的人更加

注重当下的利益。因此，合理的利益分配制度更是打造优秀销售团队的利器。就好像没有利益的合作不是长久的合作，要让销售团队觉得做这份工作有价值，那就要给他们动力。只有销售更多的产品，才能获得更多的利益，公司的销售额与个人利益息息相关。只有这样，才能让销售团队安心做销售。

很多人都在说管理、说做事，其中最核心的便是人，管理的是人，做事的也是人，只有将人放在适合的位置上，才会发光发热。

Section 3.5 成功案例——网上卖种子，一个月卖出一万包

本节导读

电子商务的兴起，为缺少资金和经验的年轻人提供了创业平台。然而，低门槛并不意味着容易成功，要获得成功需要付出更多。本节讲述了年轻人开网店的门道，创意、勤奋、坚持这些创业者成功的要素在他们身上不可或缺。

2013 年，全职妈妈小娟刚来北京不久。面对三鹿奶粉等一系列食品安全案例，人人自危，小娟也担心孩子吃不上放心菜。网上的偷菜游戏让小娟眼前一亮，何不自己种菜呢？小娟和丈夫阿毛开始琢磨。家里空间不够大，“能不能利用阳台呢？”尝试之后，他们发现这个想法很靠谱。进而他们又盘算，可不可以在网上开这样一个店呢？一番调查后，他们发现：“对城里人来说，让种子发芽是件新鲜事。”更重要的是，他们发现当时市场上的园艺店只有卖花草种子的，卖蔬菜种子的特别少。

2013 年年初，阳台种菜网店开张。小店初开，“只是零零散散地卖，很艰难。”一系列现实难题找上门来：不知道去哪上货，没客人进店，发货效率低下，库存不会管理等，一番折腾后，小娟和阿毛明白了有钱大家赚的道理，他们找到了供货伙伴，由别人送货上门，供货的多赚点，自己少拿点。他们还租下间毛坯房专门放存货，小店经营慢慢走上了正轨。

“就是坚持！”阿毛把小店后来的成功，归因于夫妻俩单纯的坚持，创业不是一蹴而就的，需要积累和坚持。为了增强竞争力，夫妻俩进一步明确了“阳台种菜”的定位，一点点优化销售方法和服务方法。到第二年春天，“阳台种菜”越来越受欢迎，种子每月销售量突破 1 万包，种子店迎来了收获季节。

为配合销售，小两口又想了一个新点子，“只是卖出去还不够，还要教会人种植。”开办“阳台种菜”论坛被提上日程。“一开始是出于兴趣，就是想有个

公益平台让菜友们分享种菜的乐趣和经验。”阿毛说。后来，越来越多的人发现了论坛，这也给网店带来了巨大的流量和销量。看到论坛起到了如此良好的效果，夫妻俩又动起了其他心思，建立 QQ 群和新浪微博。目前论坛的注册人数已近十万，QQ 群也在迅速增长，已有 100 个交流群。

目前，小店的“菜友”们已经形成了一个圈子，并且不断有新人进来。小店购物，到论坛分享，再上 QQ 交流，随时关注微博信息，这个圈子里的人群形成了巨大的消费黏性。这也是虽然模仿者众多，但小店依然火爆的原因。“别人卖种子是卖一件商品，我们是卖服务、卖乐趣。”阿毛说。

“阳台种菜”的创意带来的不仅是财富，还有快乐。更重要的是，夫妻俩所倡导的“阳台种菜”带给了城里人一种舒缓压力的方式，正如菜友说的“我们种的不是菜，是生活”。

第4章

在淘宝免费推广网店

淘宝网为众多卖家提供了免费的推广方式。这些推广方式可以帮助淘宝网店提升搜索排名，进而吸引流量。本章将详细介绍使用阿里旺旺进行推广、发精华帖子、淘宝大学与淘宝商盟等常见的推广方式。

Section 4.1 巧用阿里旺旺免费推广

开淘宝网店是一件容易的事，但是卖家想要取得销量，就必须先对店铺及商品进行推广。淘宝网内部提供了不少免费的推广方法，卖家只要善于利用这些免费资源，就能获得一定的流量。

4.1.1 设置阿里旺旺状态信息为店铺做广告

登录旺旺后，在操作界面可以看到联系人及其状态信息，很多卖家运用自定义状态来宣传店铺的优惠活动或热销商品，下面介绍具体的操作方法。

第 1 步 启动千牛工作台，进入接待中心界面，单击【未挂起】下拉按钮，在弹出的选项中选择【自定义】选项，如图 4-1 所示。

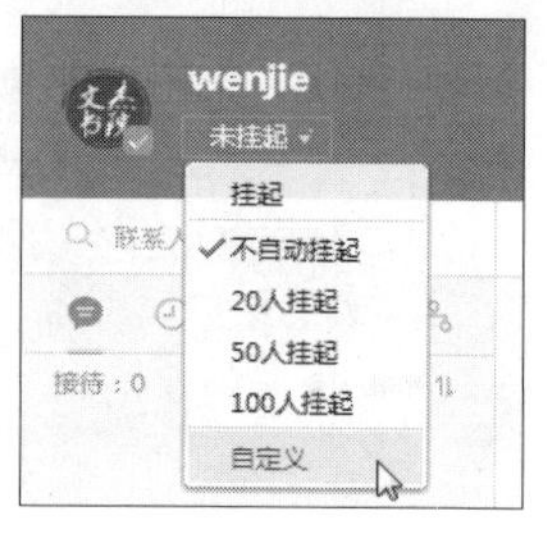

图 4-1

第 2 步 弹出【系统设置】对话框，在【个性签名】选项中单击【新增】按钮，如图 4-2 所示。

第 3 步 弹出【新增个性签名】对话框，在文本框中输入内容，单击【保存】按钮，如图 4-3 所示。

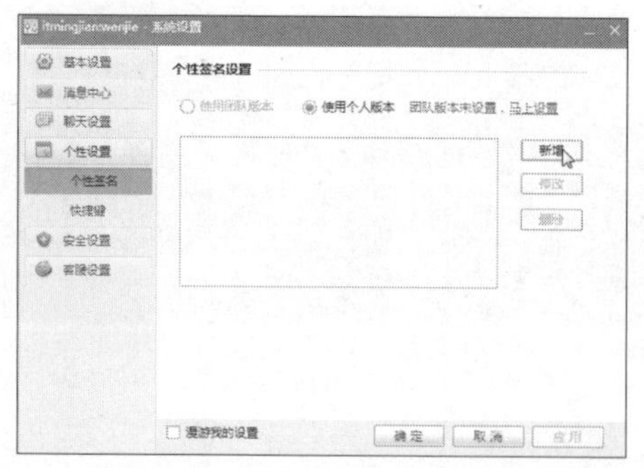

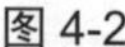

图 4-2

图 4-3

第 4 步 返回【系统设置】对话框，单击【应用】按钮，如图 4-4 所示。

第 5 步 单击【保存】按钮即可完成设置旺旺状态消息为店铺做广告的操

作，如图 4-5 所示。

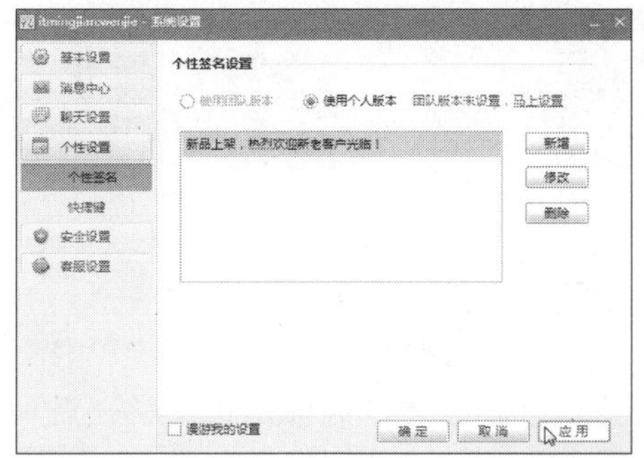

图 4-4

图 4-5

4.1.2　使用阿里旺旺增加流量的技巧

阿里旺旺是一个非常好的交流工具，现在有很多交易都是通过阿里旺旺达成的。利用好阿里旺旺是淘宝开店的基本功。潜心研究阿里旺旺的功能，可以获得很多经验，下面是应用阿里旺旺提高流量的一些技巧。

设置开机后自动登录功能，可以及时看到所有信息，免除忘记开阿里旺旺而错失生意的遗憾。

开通移动阿里旺旺功能，将阿里旺旺和手机绑定在一起。当店主外出或者不能上网时，阿里旺旺的消息就会以短信方式发送到店主的手机上，店主也可以回短信给对方。最重要的是，店主不用总在电脑旁看着，可以适当休息一会儿。

在我的好友中建立顾客群，留下所有交流过的买家的阿里旺旺名。卖家多同买家交流，询问买家对于店铺商品的意见，这样就留住了老顾客。

加入人气比较旺的阿里旺旺群，多交友，多交流。朋友多了，就可以互相帮忙顶帖，提高人气，交流买卖经验。若遇到谈得来的好友，还可以相互建立个人空间的友情链接，这样别人到你店铺的机会也会大大增加。

在不能安装阿里旺旺软件的情况下，可以使用阿里旺旺网页版同客户交流。

设置好阿里旺旺的自动回复功能。当店主有事需要离开几分钟，计算机处于闲置状态时，如果刚好有客户来咨询，可以设置自动回复，这样就可以挽留住客户。

不定期检查聊天的历史记录，这样可以避免漏掉一些客户的留言。

有空多摸索一些阿里旺旺的其他功能，很有用处。

在阿里旺旺名后面显示店铺的最新优惠信息可以大幅度增加店铺浏览量。

建立阿里旺旺群，邀请朋友、买家以及和生意有关的人到群里，增加群的人气。当人气达到一定程度时，阿里旺旺群中有了“黄金旺位”就可以提高店铺的访问量，进而达到提高销售量的目的。

Section 4.2

怎样发精华帖

本节导读

论坛是目前网络中非常热门的交流平台之一。作为卖家，我们可以在不同的论坛中发布一些宣传店铺的帖子，卖家可以将自己的店铺链接或商品图片设置为论坛签名，这样不论发帖还是回帖，都会留下自己店铺的相关信息。

4.2.1 让自己的帖子成为人见人看的热帖

什么是热帖，顾名思义，热门帖子。那热帖是用什么去衡量的呢？就是热度，达到了一定的热度，就可以成为热帖，在帖子标题旁边会有标志 去凸显该主题是不是热帖。凡是带有“火”的标志，那就说明这个帖子是热帖。

当然，大家也看到了，热帖分为三个等级的热度。第一等级：，当帖子热度达到 35 的时候，就会出现这个标志；第二等级：，当帖子热度达到 50 的时候，就会出现这个标志；第三等级：，当帖子热度达到 70 的时候，就会出现这个标志。

那什么是热度呢？主题帖热度按照参与人次进行计算，网友对某一个主题帖进行回帖、点评、收藏、评分、分享、推荐等操作都算作一个热度，以天为单位，15 天内同一个网友对该主题帖的多次操作只算作一个热度。那怎样才能让一篇帖子成为热帖呢？不同的人对一个帖子进行回帖、点评、收藏、评分、分享、送花等操作，就可以增加该帖子的热度。

智慧锦囊

热帖与精华帖的区别

一个帖子是热帖，但不一定是精华帖。当某一个主题帖达到系统设置的要求后，会自动添加热帖图标，但是由管理员根据帖子的参与情况以及内容等方面综合评价后才会成为精华帖。所以，热帖不一定是精华帖，精华帖也不一定是热帖，希望大家不要搞混了。

4.2.2　精华帖是如何"炼"成的

1. 选择一个合适的题材

这点无须太多的文字去说明了，一篇精华帖子必须有一个合适的题材，跟你申请加精的成功率也是直接有关系的。你的帖子首先要成为精华帖，才有可能出现在各个热门的页面。选择题材要考虑以下方面。

1) 与自己的专业知识或熟知的行业有关

只有你自己在行的，你才能写得得心应手，而且字里行间都能够体现你的专业性，从而加深访问你店铺的访客对你专业的肯定！

2) 迎合大众，题材要合大家的胃口

记住写让人喜欢的好帖，这一点是非常重要的！只有大家都喜欢的，你的帖子才更容易被大家所接受，从而提升帖子的点击率和回复率。

3) 帖子要实在，能对看帖人起帮助作用

那些只知道浮夸的帖子，短期内可以聚合一定数量的人气，但是久而久之，别人也许就会反感那样的帖子。一篇好的推广帖子，内容是最为关键的。内容真实、有效，会有很多人将你的帖子收藏并反复查看，甚至主动分享给自己的朋友。

2. 标题要吸引人，要有一定的煽动性

别人在点击你的帖子之前，是通过什么？唯有标题！标题的好坏，直接影响到帖子的点击率。标题，首先是对内容的浓缩。将长篇的帖子浓缩成短短的一句话，是非常有学问的。

建议大家多研究一下那些点击率高的精华帖子，标题是怎么写的。但是强烈建议大家不要把标题写得太过于狗血，标题写得太过，点击进你的帖子看了一部分之后会觉得你的帖子华而不实，浏览者就会随手关掉的。

怎样写出精华帖呢？

1) 行文要简练

论坛一般是大家互相交流、学习的地方，大家发表帖子的目的就是要把自己的经验、感受、教训、心得告诉大家。所以，你只要用简洁明了的语言来表达就行了，不必让你的帖子变得多么深奥。在社区里，"通俗唱法"比"美声唱法"效果更好，更受大家欢迎。精华帖切忌叙述烦琐，废话较多。

2) 行文尽量规范

在社区里发表帖子最好用规范的汉语，网络语言尽量少用。因为你不知道会有谁来光顾你的店，不知道会有谁来看你的帖子，"新新人类"喜欢网络语言，

而其他人未必也喜欢，很可能你的一个“偶”就让别人关掉你的帖子，进而不想浏览你的网店。网络上人来人往，各色人等都有，就像我们在现实中和人交往尽量说普通话一样，在网络上写帖子也要做到语言规范，规范的语言大家都懂，懂了才想看，看了以后才有可能出现你想要的结果。精华帖切忌追求新奇，“网”话连篇，语言怪异，看后让人摸不着头脑。

3) 叙述清楚

清楚表达你想说的意思，让别人能看明白。特别是介绍操作程序之类的帖子时，最好用精练的语言把每一个步骤都说得清清楚楚，如果需要配插图，在插图上也要标明具体操作位置，并按顺序为插图编号。精华帖切忌叙述条理性不强，表达混乱，图片序号等标注不清。如果别人按照你的介绍能顺利完成操作，还愁帖子没人顶吗？

4) 注意细节的处理

细节表现态度，不管帖子长短、内容是否吸引人，细节地方都不要马虎。这里所说的细节是指标点、分段、字号、间距和背景颜色等。

在文章中正确使用标点符号是很重要的，别小看了这一条。有时标点用错位置或用错标点，可能会使句子的意思表达不通顺或做出错误的表达。不要吝啬标点符号，该断句的地方一定要加标点，该用引号的地方要引起来，让人知道特指的对象。一些超长句式的帖子，看后的感觉就是一个字：晕！准确地说是没有看完，因为太费劲，看到句子的中间就忘了前边说的是什么，看完整个句子，脑子里什么印象也没有。还有就是要注意适当分段，除非比较短的帖子，否则别“一竿子到底”，多分段，每段的意思清清楚楚，看了就让人感觉作者也一定是位思路清晰、做事井井有条的人。

字号大小也要注意。字太小，让人看着费劲；字太大，视觉上不舒服，眼睛里充满着大大的文字也会感觉疲劳。除非字数很少，否则别用较大的字号。行间距也是，要做到疏密适中。还有的朋友喜欢用彩色文字或是给文字加上彩色背景，以起到注目的作用。这就要注意，添加色彩的原则一定要使文字部分易于认读，不能只追求整篇帖子的色彩绚丽，使得文字被美丽的外衣所掩盖而难以辨认。精华帖切忌文不加点，字体过小或过大，疏密不当，色彩掩盖文字。

5) 风格朴实，别故弄玄虚、哗众取宠

有人喜欢用一些抢眼的文字来装饰帖子的标题，想以此来吸引更多人的眼球，如“秘籍”“必读”“宝典”之类。运用这类字眼不是不可以，但最好你的帖子言之有物，别是徒有其表，否则可能还会起反作用，经常发这种风格的帖子会让人怀疑你的信用。大家可以观察一下，那些被加精的帖子，少有用惊心动魄的标题的，主要是其充实的内容赢得了令人羡慕的浏览量。所以新手们偶尔用帖子忽悠一下还可以，但不要频繁使用。精华帖切忌标题夺目，内容空洞。

6) 语气平和，态度诚恳，不卑不亢

写帖子是为了和他人进行交流，所以写帖过程中也要遵守与人交往的基本礼节，语气要平和。不管帖子有多么好，也不能用盛气凌人的口气来说话，像和朋友谈心一样，会为你赢得更多的人缘。在写求助类帖子时，做到态度真诚、语气诚恳就可以了，会有热心人出来帮助你的，不必用什么“跪”“可怜可怜吧”等过激的字眼，要知道你是来寻求帮助而不是来乞讨的。精华帖切忌：洋洋自得、好为人师，或低三下四、虚情假意。

7) 推敲不可少

社区发帖不是什么严肃的创作，但在帖子写好后最好从头至尾看一下再发，起码要检查一下有没有错别字、句子描述是否准确等。如果一篇帖子里面错字很多，经常要读者边看边猜才能知道在说什么，这种水平的帖子是不会有多少人看的。精华帖切忌马虎应付，漏洞百出。

8) 标题：激发强烈的点击欲望

标题，就好比一部电影的预告短篇，应该短小而精悍，充满悬念和冲击力。可以毫不夸张地说，有一个让人充满点击欲望的标题，帖子便已成功了一多半。现在论坛资讯堪称海量，好的标题就可以保证让帖子脱颖而出，极大地提高被网友点击的概率。

9) 正文：言简意赅而言之有物

如果帖子篇幅过长，即使内容再好、观点再独特，也很难有网友耐心地看完。因此帖子应该注意控制篇幅，言简意赅，不要让网友看得辛苦。帖子内容虽然简短，但要言之有物，空洞泛泛的帖子只会对论坛人气造成负面影响。

10) 配图：图片是最好的调剂品

只有文字的文章会使读者看得很辛苦，所以加上一两幅与主题相关的图片，会产生更好的阅读效果。当然，某些主题的帖子可以全篇以图为主，配以少量的说明文字，效果同样很好。

11) 语气：轻松化、通俗化

如果不是写给专业人士或探讨专业性极强的话题，帖子比较适宜用轻松、通俗的语言来书写，这样写出来的帖子更符合绝大部分网友的阅读习惯，而且更容易引起大家讨论的氛围。

12) 排版：段落分明方便阅读

将帖子适当分段，不仅方便网友阅读、引用，自己修改起来也很方便。

Section 4.3 淘宝大学与淘宝商盟

淘宝大学是阿里巴巴集团旗下的核心教育培训部门。淘宝商盟是隶属于淘宝大学官方的非营利性卖家自发形成的网商联盟。商盟有标准的入盟规则、审核流程、监察体系。

4.3.1 淘宝大学

淘宝大学官网是阿里巴巴集团对外唯一的电子商务在线培训服务平台，也是淘宝大学为网商打造的 24 小时电商加油站。无论是淘宝掌柜、电商从业者还是电商企业主，都可以通过在线学习平台学到一线实战卖家分享的各类干货内容，如图 4-6 所示。

1. 线下培训

淘宝大学线下培训注重深度挖掘各阶段网商的瓶颈、问题，在发展中逐渐形成针对未来网商(学生、电商求职者)的“电商创业系列课程”；针对在职网商(淘宝、天猫平台的网商为主)的“电商精英”“电商经理人”课程和针对网商企业主(TOP 网商、传统转型电商企业)的“网商 MBA”这三位一体的课程体系。

图 4-6

2. 教学体系

1) 淘宝大学手机 App

淘宝卖家随身的成长工具，也是专为移动端卖家群体打造的在线教学视频产品，随时随地可以看到精品优质的课程。

2) 淘宝大学互动直播培训

为卖家提供与老师在线沟通、学习、成长的路径，在听课中产生的问题能在课堂上得到直接、快速的解答。

3) 电商创业系列课程

基于淘宝天猫平台店铺实际运作状况，帮助零起步的卖家轻松完成电商入门，从 0 晋升到 1 的培训课程内容包括开店、装修、引流、服务等，旨在帮助入门级卖家在最短时间内掌握店铺运作技巧。

4) 电商精英

构建网商人才体系的一门标准化的岗位驱动课程，为企业新入职的客服、美工、推广员工带来高标准的实战干货，切实帮助新员工提升岗位适应力，寓教于练，让学员在训练中提升技能。

5) 电商经理人

淘宝大学培育网店经营者最重要的项目之一，课程帮助电商经营者避开盲目的店铺操盘行为，改变大多数产品驱动型店铺的现状，回归商业零售的本质，实现整店的经营突破。

6) 网商 MBA

针对高端网商的研修班，学员汇聚淘宝网年交易上千万元，淘品牌或是类目排名前列的网商企业或品牌商家的负责人，课程整合阿里巴巴集团及淘宝网高层、专家、成功网商、知名培训师，从消费洞察、策略与规划、团队塑造、管理与执行、影响力传播五大模块入手，通过现场授课、圆桌会议、课题答辩、校友会、系列方向班等方式，全力打造最具领导力的网商。

4.3.2　淘宝商盟

淘宝商盟是具有营业执照的不同等级或同等级的淘宝商家之间就某一领域进行的商业联盟。让上下游商家结成同盟伙伴，共同面对市场风云，可根据行业、地区、合作类型 3 种主要方式来进行结盟。淘宝商盟需每月都有一定的费用给淘宝进行广告拓展等活动，如图 4-7 和图 4-8 所示。

图 4-7

图 4-8

1. 加入要求

发起人必须是三星以上，有 50 件以上的商品，发帖数量超过 1000 帖。原则上发起人即为网盟盟主。盟主与商盟管理者(不少于 10 人)不可以有任何差评、警告等信誉问题，若因为与顾客发生争执而留下不良记录，可与顾客商量再行定夺。地方商盟要求是城市商盟或地区商盟。不支持非实质性商盟申请(如 90 年代商盟、大学生商盟、学雷锋商盟、摄影爱好者联盟等)，暂不接受行业商盟的组盟申请。一个卖家最多只允许加入两个商盟。

2. 组盟流程

符合以上组盟发起人规定的淘宝会员，向淘宝相关人员发邮件索取组盟申请表。填写完毕经淘宝同意后，该商盟就临时成立，有一段时间的考察期，这时盟主即获发帖权限去论坛发帖征集商盟伙伴。未经允许而擅自征集的帖子将被锁定直至批准完成。考察期结束，经审查通过，商盟正式成立并开通。正式成立后，将由商盟掌门负责把商盟注意事项以及征集帖整合进入整体帖，长期招募。

商盟成立后，该商盟成员的店铺前一位要加上该商盟的名称。商盟事务由盟主与淘宝指定管理员直接联系。所有的正式商盟成员，在店铺页面、旺旺页面、商盟首页等处均挂有正式盟员标识。

3. 盟员的权利

(1) 商盟成员可以自愿参加本商盟组织的各项活动，并在活动中得到提升。

(2) 商盟成员可以享受商盟提供的各项服务。

(3) 盟员成员可以在淘宝商盟论坛进行交流分享经验，参与论坛活动，并有机会获得推荐。

(4) 盟员对商盟的工作有批评建议和监督的权利。

(5) 商盟不向盟员收取任何加盟费用，盟员入盟自愿、退盟自由。

4. 日常规范

商盟为淘宝用户在线非正式的松散沟通群体，其所有行为须遵守中华人民共和国法律。商盟不得在论坛上公开指责其他商盟，被认定违规时发站内信件告知；商盟不得介入盟员的个人恩怨；商盟不得以商盟的名义参与对商品真假伪劣的讨论。出现上述情况将给予违规者不同程度的处罚。

每个商盟每天推荐的商品必须超过 20 件，以确保盟中有更多的好商品被买家找到。盟员有义务向盟主要求推荐商品，盟主有义务对商品审核并筛选。商盟的推荐商品需保证其时效性与竞争力。每隔两周，盟主必须调整推荐商品，以保证最佳销售状态。各商盟不允许有任何形式的收费行为。

所有正式盟员不允许有任何不良状态，如遇警告应立即协商解决撤销，直至撤销完成方可再申请成为正式盟员，否则只能列入预备盟员中，不享受任何推荐。

盟主必须每个月至少两次针对盟员情况进行检查。有任何盟员出现不良状况将列入预备盟员名单中，直至不良状态解除。如遇连续两个月仍未处理情况，将对此商盟做相应的处罚。商盟不可以任何方式收取加盟费。

5. 任免规则

盟主要求：注册一年以上，信用评价 3 星以上，不得有交易瑕疵，对于本站规定具有相当深入的了解，本身绝对能遵守淘宝各项规定。有充足的时间，每天至少登入 3 小时作商盟内部管理。具有积极的心态、相当的个人魅力与精力体力。具有相当的领导能力与执行能力，具有能凝聚盟友的向心力。对于地区(或者行业)有较高的专业度与了解程度、极高的政策配合度。耐性佳，要能辅导与排解盟员在各方面产生的纠纷及矛盾。心态端正不偏不倚，有绝对把握可以做到中立。

盟主在淘宝论坛上原创必须达 100 帖以上，有质量回帖必须达 300 帖以上，本身具有相当高的曝光度。定期组织商盟推荐活动，提升盟员营业额以及参与意愿。按时与淘宝管理员沟通，并积极发言，全身心投入。自身完全遵守论坛与商盟规则。

6. 盟主任期

新上任盟主，试用期为 2 个月，若未达标则卸除盟主职务。原则上盟主任期为一年，但依实际需要以及其表现可延长至一年半(18 个月)，若盟主表现非常出色，则可延长任期。

7. 盟主任免

盟主任期内，若遭盟员发起罢免，公开投票，如 2/5 通过，则立即撤职。以自身权限损害淘宝会员利益以及他人名誉者，立即撤职。以自身权限以及方便性，牟利会员或他人者，立即撤职并提交。盟主任期内若未能尽到上述各种责任或不能配合论坛管理员的要求，淘宝官方以及论坛管理员一致通过，可直接替换盟主。

8. 解散规则

盟主辞职并且在半个月内未选出新的并符合商盟要求标准的负责人；连续两个月未推出网上促销活动；商盟成员出售违规商品造成较大的不良影响；商盟或其成员出现严重的网络信誉问题；商盟成员决定解散；商盟首页一个月内无任何推荐变动，包括推荐商品未达 20 件，或推荐的商品所属店铺低于 5 家；商盟人均支付宝交易量半年内持续走低；商盟论坛分版连续两个月发帖数低于 300 帖；其他淘宝网认为应当解散的情况。

Section 4.4 其他常见的推广方式

酒香也怕巷子深，做淘宝更是需要广而告之。如果淘宝店不做推广，很难被买家搜索到，那就不会有流量。所谓推广，即让更多的买家看到、知道你的店铺，从而为店铺引入流量。

4.4.1 互相添加友情链接

淘宝网上的卖家可以组成互助共进的联盟，要尽量争取和其他卖家，特别是与一些交易量比较大、信誉度比较高的卖家交换友情链接。通过交换店铺链接，形成一个互助网络，扩大彼此的影响力。在其他卖家的店铺首页，卖家只要单击友情链接，就可以直接访问相应的友情店铺。

第 1 步 在淘宝网卖家中心页面左侧单击【店铺装修】链接，如图 4-9 所示。

第 2 步 进入淘宝旺铺装修页面，在【模块】选项下的【基础模块】中单击并拖动友情链接至页面中，如图 4-10 所示。

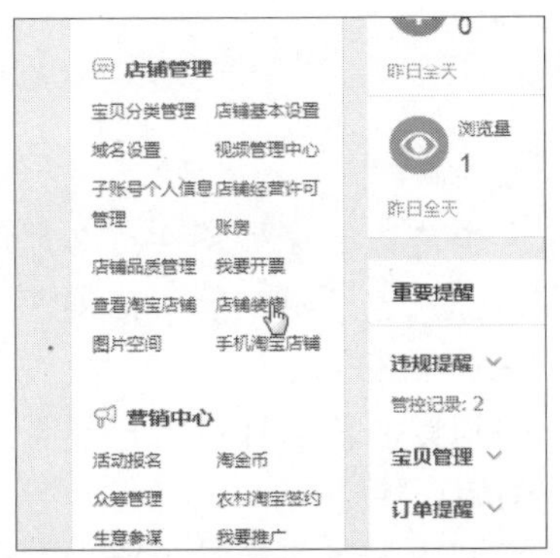

图 4-9

图 4-10

第 3 步 将鼠标移至新添加的模块上，单击【编辑】按钮，弹出编辑对话框，在其中设置友情链接的内容，单击【保存】按钮即可完成操作，如图 4-11 所示。

图 4-11

4.4.2　相互收藏店铺

网店卖家都希望自己的网店获得一个好的排名，这也是卖家后续优化工作中要攻破的第一站。那么收藏店铺对我们的店铺排名有没有作用呢？阿里官方在人气搜索排序规则中是这样说的，“很多买家会先收藏自己喜欢的产品或者店铺，后续或许会购买，收藏量侧面反映了产品的欢迎程度。”人气搜索排序也是默认的排序方式，分为综合、人气、销量、价格 4 种排序方式。收藏店铺是影响排名的一种，但是起不了主要作用。

虽然起不了主要作用，但这仍不失为一个免费提高排名和进店率的有效方法，卖家可以多和交易量大、进店率高的网店沟通交流，和他们成为联盟，互相

收藏彼此的店铺，提高自己店铺的排名。

4.4.3 灵活运用信用评价

在淘宝上，可以免费做广告的地方很多，广告可以说无处不在。多加探索，就可以发现有很多地方都可以为商品做免费宣传。就连给买家的“信用评价”，也可以成为宣传展示店铺及商品的阵地。

网店信用等级的提高，靠的是一个个好评的积累，信用评价除了能带来高信用等级之外，若能灵活运用，还可以做免费的网店广告。

淘宝开店，用心呵护每笔交易的评价，让它们成为店铺最具说服力的广告，如图 4-12 所示。

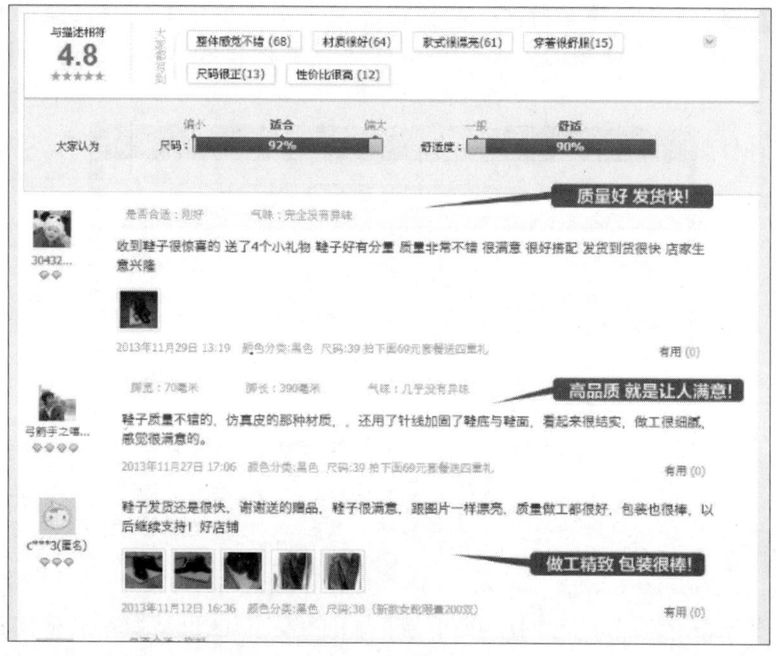

图 4-12

1. 信用越高，排名越靠前

买家在淘宝网上挑选商品时，喜欢按照“信用从高到低”的方式排列同类产品。这样一来，信用高的卖家的商品自然就排在了前面，从而被买家挑选到的概率也就会更高，等于无形之中帮卖家做了广告宣传。

2. 买家都有从众心理

买家按照信用高低排列方式挑选到了自己喜欢的物品之后，为了增加自己购买商品的信心，通常会选择查看买家的评价记录，看看之前的买家对该宝贝的评价。在网络这个看不见摸不着的交易平台，其他买家的评价直接影响着购买者的心理。

3. “评价管理”展示完美售后

卖家如果充分利用淘宝网“评价管理”这一模块，对买家所做的评价文字回应一个温馨的解释，那么买家在看商品评价的同时，也感受到了店铺完备的售后服务，这无形之中也增加了买家的购物信心。

4.4.4　店铺优惠券

店铺优惠券是一种虚拟电子现金券，是淘宝网在卖家开通营销套餐或会员关系管理后开通的一种促销工具。买家购买了带有该功能的宝贝以后，会自动获得相应的优惠券，在以后进行购物时可以享受一定额度的优惠。

卖家如果需要使用优惠券，首先需要为自己的店铺开通这项服务。登录到淘宝网卖家中心，在【营销中心】选项下单击【我要推广】链接，在【营销工具】区域单击【优惠券】选项，如图 4-13 和图 4-14 所示。

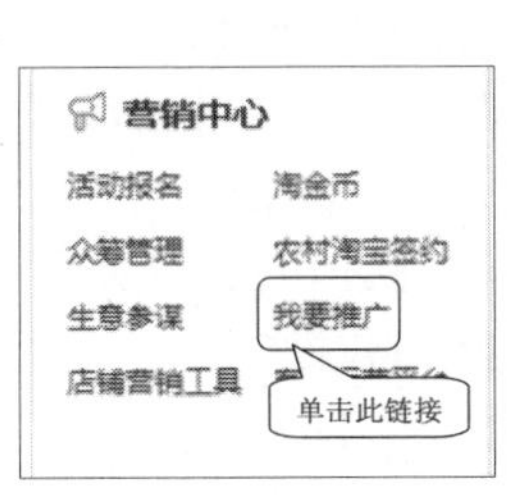

图 4-13

图 4-14

进入优惠券订购页面后，选择服务周期进行订购即可完成操作，如图 4-15 所示。店铺优惠券服务订购以后，卖家可以根据自己的需要来创建优惠券类别，如店铺优惠券、商品优惠券、包邮券等。

图 4-15

4.4.5 多用拍卖拉人气

将店里的几样宝贝描述好，将有优势的宝贝拿出来拍卖，要真实，至少包邮，诚信对于小店是很重要的，可以 1 元起拍，9 元起拍，荷兰拍，几种产品，几种方式一起试下，这样把各个渠道的各种顾客都收进来。一般来说，收藏你宝贝的人、参加竞拍的人都是有意向购买的顾客。

描述里面可以添加你店铺里其他产品的链接，最好有图片，这样别人觉得好就顺便逛逛，看中了自然就会询问，心急的直接就拍下了。发布的时间很关键，最好是星期日，星期六晚上的 7 点到 9 点半。当然，可以主要集中在这个时间，其他时间段也撒些网。在描述里可以说明同时购买其他宝贝不加邮费，鼓励多购买。

在拍卖快要结束的时间要保持在线，这时很有可能参加竞拍的买家会问你问题，问清楚放心了再考虑是否出价，这个时候就是表现自己的时候了，你的几句话可能让他感受到真诚，他可能最后没拍下，但购买了店铺里的其他宝贝。

你的店铺要有其他类似的产品，比方说，你拍的是皮带，但你店里一口价的宝贝都是衣服，这样的话效果会差些，参加拍卖的都是冲着皮带来的，想买的时候你都没的卖了。

拍卖可以说是一个突破口，但要量力而行，不能一下子就把店铺的宝贝全部拿来拍，单件产品的数量开始不用太多，不是数量越多越好。还有像有些贵重的东西，类似玉器，要自己把握，先了解下同行怎么拍，太贵重的东西不一定适合拍卖。

注意，拍卖的宝贝就要做好亏钱的准备，你不亏别人直接往皇冠店买去了，还来你这干吗，不赚点小便宜会来吗？小亏只是为了大赚，但这个成本是可以控

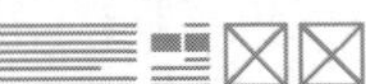

制的，你发布的数量和成本价格要心里有数 。

如果一个拍卖的宝贝发布时间好，图片够吸引的话，可以达到一百多的浏览量，20 个左右的收藏，有的还不止这个数量。如果买卖双方都划算，顾客同时购买了其他的宝贝，只要买的其他宝贝里面有利润，那么亏的钱就下降了。而且，没有拍到的朋友可能会问你怎么卖，还有没有？这样你介绍得好，赚少些，生意自然就有了。运气好的时候反而会赚回来，相当于免费推广还有钱入账。

4.4.6　橱窗推荐

橱窗推荐宝贝会集中在宝贝列表页面的橱窗推荐中显示，每个卖家可以根据信用级别与销售情况获得不同数量的橱窗推荐位。

因为当买家想要买东西时，直接到淘宝网首页去搜索或在淘宝网上点“我要买”，就会出现橱窗推荐位所推荐的宝贝(因为默认出来的只有橱窗推荐的商品)，这样就能让您的宝贝有更多的被人浏览的机会并能提高点击率。

橱窗推荐位的个数是按照以下几方面计算的。

按开店的时间计算：在新开店的 3 个月内，系统会自动给 10 个橱窗推荐位扶持，3 个月后就不再扶持，自动去掉这 10 个。

按信用评价分计算，信用分=卖家信用分+买家信用分的一半，根据不同分数，奖给不同个数。

根据成交金额(以买家付款到支付宝为准)的基线奖橱窗推荐位，不同产品的基线不一样，这种是按周统计的，如这周超过基线，就奖给 5 个，下周没有就会撤销；如果排在前 50 名，还有特别的奖励。

在淘宝网卖家中心页面左侧的宝贝管理区域中单击【橱窗推荐】链接，如图 4-16 所示。

进入设置橱窗页面，在页面中设置准备推荐的宝贝即可，如图 4-17 所示。

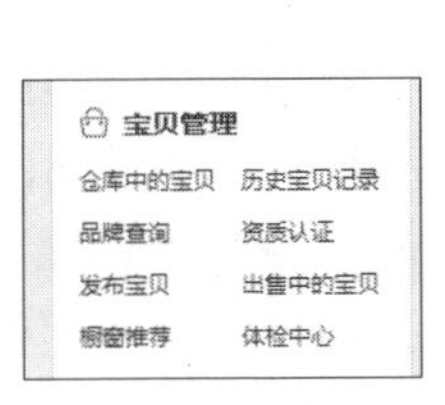

图 4-16

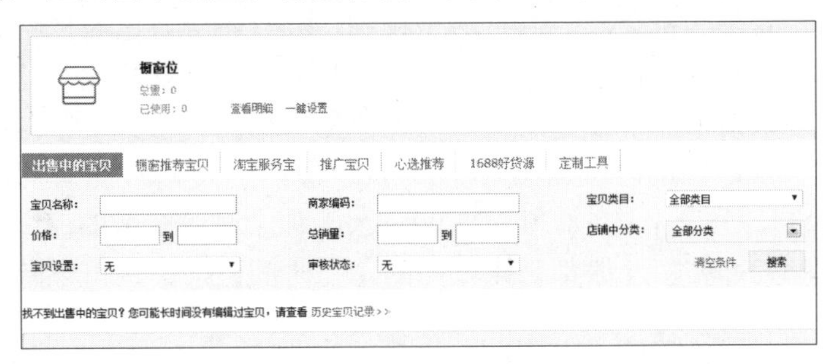

图 4-17

一般来说，淘宝网会依据卖家店铺中宝贝的数量、月成交量、买家卖家的信誉指数、交易额度等发放给卖家有限的橱窗推荐位。

Section 4.5 论坛发帖推广

本节将详细介绍如何高效地在淘宝论坛发帖推广产品，如何抢沙发、在帖子回复中加入自己店铺的信息或优惠活动以提升浏览量，以及让自己的帖子永远有火爆回帖顶帖的技巧。

4.5.1 高效地在淘宝论坛发帖推广产品

淘宝论坛里有自己的规则，其中有明规则也有潜规则，很多技巧，如果别人不告诉你，你是永远不会知道的。

首先你需要在发表帖子的时候找对版面，只有选择了正确的发表版面才能让潜在客户更准确地找到自己所关注的帖子。如果你选择的发帖版面不对，别说帖子不会加精，就算是最基本的流量也会非常少。

和网站的站长、版主们搞好关系。如果你发了一个帖子觉得比较好，不妨就直接推荐给版主们。版主们每天都很忙，这么多帖子他们看不过来，所以自荐的这个方法是很好的。他们的旺旺都每天 24 小时显示在社区板块的右上方，你随时都可以把帖子发给他们。让他们单独帮你看看你这个帖子是否有资格获得加精甚至置顶的机会，他们有这个权利，并且不会吝啬看你帖子一眼。

你也可以自己申请当管理员，加入一些特殊的群，这些群一般都掌握着一些特殊权力，能够让你的帖子优先获得加精的机会。

在最好的时间段发帖。一天中最好的发帖时间有两个。一个是在 12:00～13:30，另一个是 18:30～22:00。因为那个时候社区的流量最高，你在那个时间段发帖，回帖率一般都是比较高的。在时间上，你还可以特别注意在节假日发帖。

4.5.2 如何抢“沙发”，提升浏览量

在社区里发帖，有主帖和跟帖之分。主帖是发起话题的帖子，一般是符合论坛要求的原创文章。主帖文章写得好，一般会被社区管理员和版主推荐置顶，会

在社区引发不小的轰动，被大家关注。跟帖就是跟随在主帖后面对主帖加以评论的帖子。跟帖跟准了，点击量也会水涨船高，同样会被关注。

抢到“沙发”位置等于抢到了“黄金铺位”，凡是看帖的网友，几乎都能看到在“沙发”位置的店主名称、头像等，店铺的点击率也会因此上升。要想抢到“沙发”的位置，为大家介绍以下技巧。

首先要随时刷新每个论坛首页，这样你才能准确、及时地发现哪些帖子是新发的、哪个“沙发”的宝座还留着、哪些帖子的回复已经快到第 14 楼了，这样才有可能抢到沙发的位置。

其次要眼疾手快。经常刷新论坛，发现还有“沙发”的位置，就要快速锁定目标，进入帖子，在回复栏内先留下你的痕迹。要以最快的速度发表回复，抢占先机。

很多新手任务，抢到“沙发”就万事大吉了，接下来又风风火火地去抢别的“沙发”了。其实这样做的结果是费力不讨好，事倍功半。可以先对自己刚才在“沙发”中的“废话”进行重新编辑，把自己的独特见解写进去，一定要尽量使自己的发言有足够的吸引力，这样才能真正发挥“沙发”的作用。

4.5.3　让自己的帖子永远有火爆的回帖顶帖技巧

帖子是论坛推广的重中之重，软文经常被比喻为一个网站的血液，所以软文的写作一定要兼顾搜索引擎和用户体验两个方面。我们不能为了发帖而发帖，信手转载，直接复制别人的文章，或者随手写几个可读性很差的文章，这是一种很消极的态度。下面分享一些游火爆回帖的技巧。

1. 积极参与互用

1) 积极回帖

我们发布的帖子最好每隔 15 分钟或者每隔 3～5 个人评论就要把帖子顶上去，以提升人气，可采用引用楼上的评论进行回复。注意回帖时千万不要用简单的几句话去回复(如：谢谢，感谢大家支持，谢谢围观……)，千篇一律的客套话，就显示我们对评论者不太重视，只是敷衍或者误认为是骗回复。多一些创意或人性化的回复可以加深对方的印象。记住 3Q 大战时的那十万水军也不全是乌合之众，大多是写作的枪手，他们的顶帖骂战技巧我们偶尔也要学一学。论坛推广是一个循序渐进的过程，切不可一时宣传太猛。很多人在做论坛推广时喜欢疯狂地发帖回帖，这会使人反感，一味单方面地推广自己的网站而不形成互动互助的局面很容易让人感觉这是广告帖。适时并且适当的把握度，持之以恒的话则会

有意想不到的营销效果。

2) 踊跃顶帖

如果我们到别人的帖子中进行顶帖，不可为了外链而顶帖，特别是一些垃圾文章我们得到不是外链暴涨就是外链骤减，不要去做垃圾链，应当选择一些比较好的文章进行顶帖。可以选一些刚发的新帖进行点评，幸运地抢到沙发或板凳，比你去回复火帖更有效! 在权重高的论坛的热帖、质量帖若能抢到沙发，会给你网站引来无数流量，由于是高质量帖子，当蜘蛛爬到这个帖子并收录帖子时，它就会把你的外链也收录起来了。一般论坛中的帖子在百度收录周期的生命力既快又短，可能被秒收，但一周之后就被删除。所以我们选择顶帖时最好选一周内发布的帖，因为蜘蛛喜新厌旧，偏好新鲜的东西。

注意顶帖时不要回复如好贴、路过、打酱油、支持等一系列评论。这些帖被管理员发现以后直接删除了，你顶帖越多，并且处于持续被管理员删除的状态，由于外链慢慢往下掉，持续的时间越长，最终造成的结果就是网站降权。

2. 给人解答

给人解答可以增加经验值或者得到积分，有时需要我们花费很长的时间进行问题解答，如果太短了可能不被人采纳为最佳答案，根据自己的体会，可以用另一种省力的方法来进行解答，先在论坛的咨询区中找出一些自己比较熟悉的问题作为解答对象，然后把自己曾经写过的一些文章复制过来作为你的答案，如果你复制的是论坛内的文章，可以增加文章的被关注度，如果站外的话也可以为自己的站点引来一些流量。

3. 申请原创加精

好的金子也需要有人挖掘，论坛之中的文章数不胜数，如果你自认为你的文章可读性很强，观点独特，不妨毛遂自荐，去找版主申请加精、标红点亮等，如果文章能得到版主青睐，说不定给你首页推荐。你的人气如涌而至，一路飙升。

4. 申请奖章晋级

我们可以根据自己的积分申请如美女帅哥徽章、原创先锋、论坛达人、SEO水平认证等奖章。如果你有能力的话也可以申请版主，虽然各类虚拟的头衔在现实之中并不值钱，并不代表你的真正水平，但有些头衔、徽章在论坛中无形之间给人一种错觉，菜鸟与高手的区别。如果你的积分等级很高，各类奖章一大堆，在一些新手题中就会觉得你是一位高手，无形之间会对你产生一种敬重之情。

Section 4.6 成功案例——舌尖上的土特产摇身一变成为网红产品

本节导读

早在 2009 年，农产品电商意识还未兴起的时候，海伶山珍店铺就走上了土特产的细分道路：食品中的土特产，特产中的青川野生土特产。把“山里人的货”搬到线上，目前已经做到了 3 皇冠，2012 年的年销售额达到 350 万元。

在人们越来越重视食品安全和品质的今天，土生土长的特产美食确实能够打动人心。但是，蜂蜜、竹荪、花菇、木耳这些靠天生长的特产，要把控好它们的产量、采集成本、物流成本可不是一件容易的事。在爆款经济大行其道的时代，土特产品卖家似乎也只能暗自唏嘘了。

海伶山珍能够走到今天，很大一部分原因来自口碑的传播。店主赵海伶专门开通了博客，她把每次进山取货的照片一一拍下来，把进山取货的经历和图片放到博客中，同时也放在店铺的首页和宝贝详情页，所有照片都让客户感受到现场的真实感，如图 4-18 所示。博客开通没多久，点击率就超过了 30 万，客户对这些信息的敏感度可想而知。此后，海伶山珍的官方微博、赵海伶的个人微博也常常会出现进山取货的照片和内容。

图 4-18

赵海伶较早地给店铺注册了商标，对店铺产品进行统一包装，并在店铺中放上食品流通许可证、产品生产许可证等，无形中让客户感受到店铺产品品质的保障。这在一定程度上提高了竞争门槛。销售额增长也许并不算特别快，但店铺目前已经拥有 23 万老客户，店铺的热卖产品农家土蜂蜜已经累计售出上万斤。

第 5 章

全网免费推广网店

卖家除了通过淘宝网内部进行店铺引流之外，还可以使用其他一些网络方式进行引流推广。目前网络上有各种各样的免费推广网店的方法，如将网店提交到各大搜索引擎、网络营销引流、即时聊天工具推广以及邮件推广等。

Section
5.1 利用搜索引擎宣传

搜索引擎推广是通过搜索引擎优化、搜索引擎排名以及研究关键词的流行程度在搜索引擎的结果页面取得较高排名的营销手段。当客户在搜索引擎中查找相关产品的时候，通过专业的搜索引擎优化页面可以取得较高的排名。

5.1.1 将网店提交到各大搜索引擎

搜索引擎(Search Engine)是指根据一定的策略、运用特定的计算机程序从互联网上搜集信息，在对信息进行组织和处理后，为用户提供检索服务，将用户检索相关的信息展示给用户的系统。目前国内最流行的搜索引擎是百度，我们要做的就是打开百度搜录网址，然后根据提示进行网址收录即可，如图 5-1 所示。

图 5-1

网上开店，使自己的店铺让更多人知道是开店成功的关键。网店页面的搜索引擎优化是一种免费让网店排名靠前的方法，可以使网店在搜索引擎上获得较好的排名，让更多的潜在客户很快地找到你，从而实现网络营销效果的最大化。

5.1.2 如何让搜索引擎快速收录自己的网店

怎样让网店被搜索引擎快速收录呢？首先搜索引擎必须知道有你这么一个网店，然后它才会访问你的页面并把你的页面抓到数据库里，才有可能被访问者搜

索到。那么怎么让搜索引擎知道你的网店呢？可以采用主动向搜索引擎提交的办法，还有一种有效的做法是在已经被搜索引擎收录的网站上发布网店链接，让搜索引擎通过链接来找到你的网店，你发布链接的页面越重要，搜索引擎对它的访问越频繁，网店就被收录得越快。那么，有哪些可以发布链接的地方呢？

1. 可以免费发布网店信息的网站，尤其是和网店有相关性的网站

搜索引擎认为首页是一个网站中最重要的页面，也是它访问最频繁的页面，尤其是大网站的首页，一个链接抵得上内页的几十个链接。所以首页是做链接的首选，其他类似的还有自助友情链接、交换友情链接、免费广告发布等。

2. 论坛发帖

选择一些大论坛，如支付宝社区、百度贴吧、淘宝社区等，在合适的板块发一些有价值的信息，同时注明你的店铺链接，这样对于搜索引擎的收录，同样有很大的价值，注意不要发垃圾广告，因为容易招致人的反感并被删除。

3. 网摘

网摘是一个不错的推广办法，这里推荐和讯，因为他们的 RSS 被很多网站引用，一次发布可能就会把你的页面传播到很多地方，由于网摘的发布者非常多，因此你发布的内容页沉得快，需要隔段时间就发布一次。

4. 博客

在自己的博客上为网店做一个链接，甚至把自己的宝贝发布到博客上是不错的做法。选择一些知名的博客，理由很简单，因为它的域名在搜索引擎眼里等级非常高，搜索引擎对它们的更新也更勤快。

5.1.3　认识与了解百度 SEO

搜索引擎优化(Search Engine Optimization，SEO)是指为了从搜索引擎中获得更多的免费流量，从网站结构、内容建设方案、用户互动传播等角度进行合理规划，使网站更适合搜索引擎的检索原则的行为。SEO 有利于将网站中的高质量内容更好地呈现给搜索引擎，SEO 和搜索引擎是良性的共生关系。

SEO 自从 1997 年左右出现以来，逐渐分化成两类 SEO 行为。

一类被称为“白帽 SEO”，这类 SEO 起到了改良和规范网站设计的作用，使之对搜索引擎和用户更加友好，并从中获取更多合理的流量。搜索引擎鼓励和支持“白帽 SEO”，为了帮助网站更好地进行白帽 SEO，百度发布了《百度搜索引擎优化指南》，建议按照指南来优化网站，可以获得更好的效果。

另一类被称为“黑帽 SEO”，这类 SEO 行为利用和放大搜索引擎的策略缺

陷(实际上完美的系统是不存在的)获取更多用户的访问量，而这些更多的访问量，是以伤害用户体验为代价的，所以，面对黑帽 SEO 行为，搜索引擎会通过一些策略进行遏制。如果你的网站使用了一些黑帽 SEO 的手段，会影响网站在搜索引擎中的表现，严重的会从百度中消失。

SEO 是一项重要且复杂的工作，聘请正规的白帽 SEO 顾问或者 SEO 公司可以更好地优化网站。但是，有一些不道德的 SEO 会采用一些夸大的宣传欺骗站长，或者使用黑帽 SEO 手段获取流量，最终导致优化达不到预期效果甚至因为黑帽 SEO 带来负面影响。

对目前全网营销推广来说，笔者给网店卖家推荐“三七法则”，在以 PC 端为主的网络营销系统内，企业把 70%的重点放在搜索引擎上，把 30%的重点放到其他营销平台上，类似博客平台、论坛贴吧平台等。尤其是 B2B 模式传统企业，大部分互联网流量在 PC 端还是通过搜索引擎。当然，任何一家企业如果不通过搜索引擎带来流量，那么一定会做搜索引擎表现，也就是当用户搜索相关词语时，能够详细了解企业、认识企业。虽然现在移动互联网很流行，可是大家都有一个习惯，当第一次接触陌生信息时，会首先使用搜索引擎查一下。如果是移动平台，企业把 70%的重点放到微信上，把 30%的重点放到其他平台上。搜索引擎和微信营销目前都是企业开展互联网的重点，只是平台不一样，侧重发力点不一样。而且，不同时期的 SEO 运营理念也会有所不同。

从 2016 年开始大家都在用互联网思维运营，慢慢脱离几年前“流量为王”的时代，从同一个维度开始增加对用户的参与，不只是执行层转变，领导层现在也不会单纯以一个网站流量就完全制定标准，还会看到是否做到用户参与进来，让单一流量变成交互性质的适应。几年前大家做 SEO 多少会关注自然增长，只对搜索引擎本身流量过于关注，现在不仅要关注平台本身自然流量，还要拓展更多渠道来为网站引流。都会通过二维码的方式把线下流量引导到官方网站，在保证 SEO 正常推广的情况下增加网站流量。对于人员的选择，也不再是主打技术为主，高深的技术会让网站流量很大，但是交互感不强。现在的 SEO 是建立在技术基础之上的，融入市场营销概念，让用户自愿开心地通过营销手段和网站互动。例如，许多 SEO 运营人员会在网站首页 Banner 图制作很多福利活动，用户参与感就会大大增加。

围绕用户的变化，相信做过 SEO 运营的朋友都会每天关注用户在网站内部的浏览路径，分析各级页面的重要性，个别企业还会把用户路径做成报表来向领导汇报。现在的 SEO 推广不仅需要这些，最主要归功于用户是否有转化，如果没有转化，流量越大说明网站问题越多。无论追求的是点击量还是转化率，都需要源源不断地向平台输入内容，这时本意就要改变，做到不是为了点击量而做内容，而是在符合技术要求的同时，内容是用户能够参与的。例如，同样在内容方面，关键词正常写入的情况下，内容越通俗易懂和幽默风趣，用户的参与度就会

 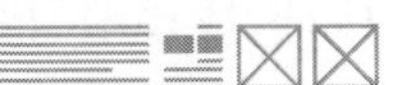

越高。不仅这一个方向需要调整，在内容标题方面也要改变策略，如果仅仅为了提升排名和增加流量，内容标题会重点围绕关键词编写，更多的时候应该围绕有趣和能够吸引用户的方向，并且不只是在文字层面符合搜索，还要有多样化关键词变化，通过预测用户的感觉来部署。

5.1.4　搜索引擎优化与竞价排名

SEO 技术并不是简单的几个建议，而是一项需要足够耐心和细致的脑力劳动。大体上，SEO 优化主要分为 8 小步。

1. 关键词分析(也叫关键词定位)

这是进行 SEO 优化最重要的一环，关键词分析包括关键词关注量分析、竞争对手分析、关键词与网站相关性分析、关键词布置、关键词密度、关键词排名预测。

2. 网站架构分析

网站架构符合搜索引擎的爬虫喜好则有利于 SEO 优化。网站架构分析包括剔除网站架构不良设计、实现树状目录结构、网站导航与链接优化。

3. 网站目录和页面优化

SEO 不仅是让网站首页在搜索引擎有好的排名，更重要的是让网站的每个页面都带来流量。

4. 内容发布和链接布置

搜索引擎喜欢有规律的网站内容更新，所以合理安排网站内容发布日程是 SEO 优化的重要技巧之一。链接布置则把整个网站有机串联起来，让搜索引擎明白每个网页的重要性和关键词，实时的参考是第一点的关键词布置，友情链接战役也是在这个时候展开的。

5. 与搜索引擎对话

向各大搜索引擎登录入口提交尚未收录的站点。在搜索引擎看 SEO 的效果，通过 site:站长们的域名，知道站点的收录和更新情况。通过 domain:站长们的域名或者 link:站长们的域名，知道站点的反向链接情况。

6. 建立网站地图 SiteMap

根据自己的网站结构，制作网站地图，让站长们的网站对搜索引擎更加友好化。让搜索引擎能过 SiteMap 就可以访问整个站点上的所有网页和栏目。

最好有两套 SiteMap，一套方便客户快速查找站点信息(html 格式)，另一套

方便搜索引擎得知网站的更新频率、更新时间、页面权重(xml 格式)。所建立的sitemap 要和站长们网站的实际情况相符合。

7. 高质量的友情链接

建立高质量的友情链接，对于 SEO 优化来说，可以提高网站 PR 值以及网站的更新率，都是非常关键的问题。

8. 网站流量分析

网站流量分析从 SEO 结果上指导下一步的 SEO 策略，同时对网站的用户体验优化也有指导意义。

以上 8 步贵在坚持，流量多了也别骄傲，少了也别灰心，努力前进。

竞价排名是一种按效果付费的网络推广方式。用少量的投入就可以给企业带来大量潜在客户，有效提升企业销售额和品牌知名度。竞价排名的基本特点是按点击付费，推广信息出现在搜索结果中(一般是靠前的位置)，如果没有被用户点击，则不收取推广费。

在搜索引擎营销中，竞价排名的特点和主要作用如下。

- 按效果付费，费用相对较低。
- 出现在搜索结果页面，与用户检索内容高度相关，增加了推广的定位程度。
- 竞价结果出现在搜索结果靠前的位置，容易引起用户的关注和点击，因而效果比较显著。
- 搜索引擎自然搜索结果排名的推广效果是有限的，尤其对于自然排名效果不好的网站，采用竞价排名可以很好地弥补这种劣势。
- 企业可以自己控制点击价格和推广费用。
- 企业可以对用户点击情况进行统计分析。

竞价排名按照给企业带来的潜在客户访问数量计费，企业可以灵活地控制网络推广投入，获得最大回报。其优点包括以下几点。

- 见效快：充值后设置关键词价格后即刻可以进入。
- 关键词数量无限制：可以在后台设置无数的关键词进行推广，数量自己控制，没有任何限制。
- 关键词不分难易程度：不论多么热门的关键词，只要你想做，你都可以进入前三名甚至成为第一。

5.1.5 外贸搜索引擎汇总

Google，全球最大的(机器)搜索引擎，主要搜索结果将列入 AOL、

Netscape、iwon 和 Go。Google 在对网站进行排名时，不仅衡量关键词与页面的匹配度，也考虑外部链接。网站拥有的外部链接越多，说明它越受欢迎。于是 Google 将其作为主要因素来考虑，并发明了 PageRank 来专门衡量该外部链接。

AOL，即美国在线，是美国也是世界上最早的门户网站之一，几年前已与时代公司合并，成为美国在线——时代华纳公司。AOL 目前的主营业务是 ISP。其搜索结果全部来自 Google 提供。也就是说，有良好的 Google 排名也有良好的 AOL 排名。

Lycos 是西班牙公司，全称为 Terry Lycos，是全世界最早的搜索引擎之一。但目前 Lycos 已放弃自己开发的搜索技术，而主要搜索结果来自 Alltheweb。另外，其竞价排名结果来自 Google 的右侧广告。

Ask Jeeves 是规模不大，但很有特色的搜索引擎。Ask 是 DirectHit 的母公司，于 2001 年收购 Teoma 搜索引擎，并全部采用其搜索结果。奇怪的是，Ask 的竞价排名结果区仍然来自 Google 右侧广告。

Overture 是最早的付费搜索引擎(竞价排名搜索引擎)。Overture 收购了 Google 的对手 Inktomi 后被 Yahoo 收购，是 Google AdWords 目前最大的竞争对手。

Netscape 即网景公司，Netscape 最初被广大用户认知是因为它的 Netscape 浏览器。但网景公司研发的浏览器现在几乎完全被微软的 Internet Explorer 浏览器逐出市场。只有少数网民(不使用微软操作系统的)使用 Netscape 浏览器。Netscape 的搜索结果全部来自 Google。另外，全世界最大的开放式目录 DMOZ 隶属于网景公司。

Alta Vista 是全世界最古老的搜索引擎之一，中国网民很难访问。该搜索引擎已于 2003 年被 Yahoo 收购。

Inktomi 不向终端用户开放，只对搜索引擎提供结果。于 2003 年被 Overture 收购。

Section 5.2 网络营销引流

网络营销是整体营销战略的一个组成部分，是为实现总体经营目标进行的，以互联网为基本手段营造网上经营环境的各种活动。简单地说，网络营销就是以互联网为主要平台进行的，是为达到一定营销目的的全面营销活动。

5.2.1 活动与事件营销策划

事件营销在英文里叫作 Event Marketing，国内有人把它直译为“事件营销”或者“活动营销”。事件营销是企业通过策划、组织和利用具有名人效应、新闻价值以及社会影响的人物或事件，引起媒体、社会团体和消费者的兴趣与关注，以求提高企业或产品的知名度、美誉度，树立良好的品牌形象，并最终促成产品或服务的销售目的的手段和方式。

简单地说，事件营销就是通过把握新闻的规律，制造具有新闻价值的事件，并通过具体操作，让这一新闻事件得以传播，从而达到广告的效果。

事件营销是近年来国内外十分流行的一种公关传播与市场推广手段，集新闻效应、广告效应、公共关系、形象传播、客户关系于一体，并为新产品推介、品牌展示创造机会，建立品牌识别和品牌定位，是一种快速提升品牌知名度与美誉度的营销手段。20 世纪 90 年代后期，互联网的飞速发展给事件营销带来了巨大的契机。通过网络，一个事件或者一个话题可以更轻松地进行传播和引起关注，成功的事件营销案例开始大量出现，如图 5-2 所示。

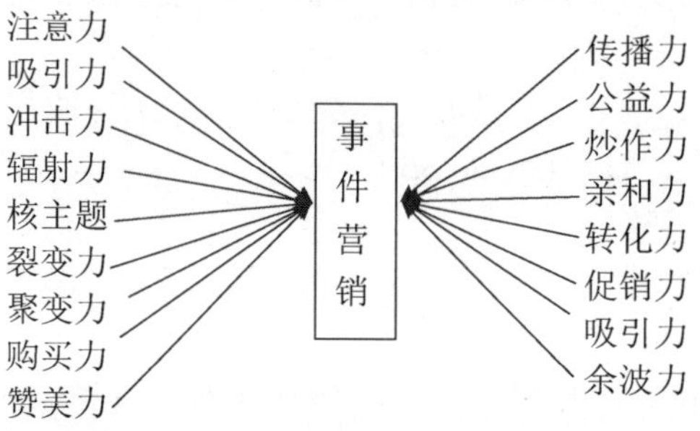

图 5-2

事件营销的特性包括以下几个方面。

1. 免费的

事件营销最重要的特性是利用现有的非常完善的新闻机器，来达到传播的目的。由于所有的新闻都是免费的，在所有新闻的制作过程中也是没有利益倾向的，所以制作新闻不需要花钱。事件营销应该归为企业的公关行为而非广告行为。虽然绝大多数企业在进行公关活动时会列出媒体预算，但从严格意义上来讲，一件新闻意义足够大的公关事件应该充分引起新闻媒体的关注和采访的欲望。

2. 有明确的目的

事件营销应该有明确的目的，这一点与广告的目的性是完全一致的。事件营

销策划的第一步就是要确定自己的目的，然后明确通过怎样的新闻让新闻的接受者达到自己的目的。

3. 事件营销的风险性

事件营销的风险来自媒体的不可控制和新闻接受者对新闻的理解程度。

4. 多样性

事件营销是国内外十分流行的一种公关传播与市场推广手段，它具有多样性，它可以集合新闻效应、广告效应、公共关系、形象传播、客户关系于一体来进行营销策划，多样性的事件营销已成为营销传播过程中的一把利器。

5. 新颖性

大多数受众对新奇、反常、变态的事物感兴趣，事件营销往往是通过当下的热点事件来进行营销，这样的事件营销就是拿当下最热的事情来展现给客户，因此它不像许多过剩的宣传垃圾广告一样让用户觉得反感。毕竟在中国体制下，创意广告不多，而事件营销更多地体现它的新颖性，吸引用户点击。

6. 效果明显

一般通过一个事件营销就可以聚集很多用户一起讨论这个事件，然后很多门户网站都会进行转载，效果显而易见。

7. 求真务实

网络把传播主题与受众之间的信息不平衡彻底打破，所以事件营销，不是恶意炒作，必须首先做到实事求是，不弄虚作假，这是对企业网络事件营销最基本的要求。这里既包括事件策划本身要“真”，还包括由“事件”衍生的网络传播也要“真”。

8. 以善为本

“以善为本”，就是要求事件的策划和网络传播都要做到：自觉维护公众利益，勇于承担社会责任。

随着市场竞争越来越激烈，企业的营销管理不断走向成熟，企业在推广品牌时策划事件营销就必须走出以私利为中心的误区，不但要强调与公众的互利，更要维护社会的公利。自觉考虑、维护社会公众利益也应该成为现代网络事件营销工作的一个基本信念。而营销实践也证明自觉维护社会公众利益更有利于企业实现目标，反之，如果企业一味追求一己私利，反倒要投入更多的精力和财力去应

付本来可以避免的麻烦和障碍。

9. 力求完美

所谓完美，就是要求网络事件策划要注重企业、组织行为的自我完善，要注意网络传播沟通的风度，要展现策划创意人员的智慧。

在利用网络进行事件传播时，企业应该安排专门人员来把控网络信息的传播，既掌握企业的全面状况，又能巧妙地运用网络媒体的特性，还能尊重公众的感情和权利，保护沟通渠道的畅通完整，最终保护企业的自身利益。

事件营销逐渐受到企业的青睐，组织进行事件营销无外乎两种模式：借力模式和主动模式。

借力模式就是组织将其议题向社会热点话题靠拢，从而实现公众对热点话题的关注向组织议题的关注的转变。要实现好的效果，必须遵循以下原则：相关性、可控性和系统性。

相关性就是指社会议题必须与组织的自身发展密切相关，也与组织的目标受众密切相关。

可控性是指能够在组织的控制范围内，如果不能够在组织的控制范围内有可能达不到期望效果。

系统性是指组织借助外部热点话题必须策划和实施一系列与之配套的公共关系策略，整合多种手段，实现一个结合、一个转化：外部议题与组织议题相结合；公众对外部议题的关注向组织议题关注的转化。

主动模式是指组织主动设置一些结合自身发展需要的议题，通过传播，使之成为公众所关注的热点，必须遵循以下原则：创新性、公共性及互惠性。

创新性就是指组织所设置的话题必须有亮点，只有这样才能获得公众的关注，正所谓狗咬人不是新闻，人咬狗及人狗互咬才是新闻。

公共性是指避免自言自语，设置的话题必须是公众关注的。

互惠性是指要想获得人们的持续关注，必须要双赢。

5.2.2 新闻营销策略

1. 新闻营销策划

1) 新闻营销策划——理解媒体

我国媒体发展到今天，市场化的逻辑也正促其进行改变，首先是注重媒体自我形象的重塑与包装；其次，努力通过各种方法和手段以强化媒体相关内容的“可售性”，如捕捉、营造新闻“卖点”，进行新闻炒作与新闻策划等。以上变化反映了我国媒体之间的竞争正逐渐加剧，其显著的外在表现就是，媒体开始由

原来的“等料”向主动“找料”转变，很多媒体力图通过各种渠道来获得新闻事件的“独家采访权”。各媒体纷纷把触角伸到社会的各个角落，去寻觅各类新闻事件，这无疑给善于制造新闻的企业提供了更多的宣传机会，企业可以利用自己身处新闻之中而得到了更多注意这一事实，来达到自己的宣传目的。企业应充分利用媒体的这一特点。

2) 新闻营销策划——解读新闻事件

新闻事件就是社会上新近发生、正在发生或新近发现的有社会意义的能引起公众兴趣的重要事实。新闻事件是一种投入产出效益非常可观的营销手段，也是事件营销的载体。但很多企业对运用新闻事件还很陌生，很多人不懂新闻，更不会写新闻稿。因此，我们需要对新闻的主要特性做一番解读。满足受众的窥视欲和好奇心，是新闻事件运作的根本目的，新闻事件只有通过新闻传播才可以变为真正意义上的新闻，因此，新闻传播是新闻的本质。

3) 新闻营销策划——制造新闻事件

“制造新闻”，又称新闻策划，是对新闻活动一种创意性的谋划。通过营销人员大脑的创造，将一件本来可能不具备新闻价值的事件赋予其新闻性。或经过精心策划，有意识地安排某些具有新闻价值的事件在某个选定的时间内发生，由此制造出适于传播媒介报道的新闻事件。新闻策划是指企业进行事件营销、树立企业品牌形象的新闻策划，它与真正意义上的媒体的新闻策划不是一个概念。所谓企业新闻策划，就是企业的营销策划人员，或者新闻工作者，从企业实际及营销需求出发，按照新闻规律，制造新闻事件和新闻热点，吸引新闻媒体注意和报道，以此树立企业和品牌形象，营造企业良好的外部发展环境，创造产品市场，培养、培育消费需求。

新闻营销可以借助名人效应。名人可以是歌曲界、影视界、体育界和文化界，这些就看企业的需求、资源和时机了。需求是企业铁定的要求，一般不能轻易更改，资源主要看策划的时候能找到哪些名人，时机就看当时所处环境的态势，三者合一，筛选出最终方案。

事实上，名人是社会发展的需要与大众主观愿望相结合而产生的客观存在。根据马斯洛分析的人的心理需求学说：当购买者不再把价格、质量当作购买顾虑时，利用名人的知名度去加大产品的附加值，可以借此培养消费者对该产品的感情、联想，来赢得消费者对产品的追捧。

新闻营销还可以借助体育效应，主要就是借助赞助、冠名等手段，通过所赞助的体育活动来推广自己的品牌。体育活动已被越来越多的人所关注和参与，体育赛事是品牌最好的新闻载体，体育背后蕴藏着无限商机，已被很多企业意识到

并投入其间。

新闻营销可以借助实事效应，就是通过一些突然、特定发生的事件进行一些特定的活动，在活动中达到企业的目的。实事往往需要有前瞻性，可以提前知道的要提早行动，以便于抢占先机；对于突发事件，最好具有迅雷不及掩耳的速度反应。实事基本分为政治事件、自然事件和社会事件。

2. 营销成功的标准

新闻营销的成功标准分为以下三个阶段。

1) 初级境界，变亮点为焦点

任何新闻营销都有其明显的商业目的。在目的基础上，发散性地创造一些想法，这种带有极强的功利性的点子，往往只是一个亮点、思想的火花，所以你要把它变成新闻焦点。通过新闻营销的程序进行推广，形成阶段性的新闻事件，聚焦目标受众的眼球，这是最重要的。

2) 中级境界，变焦点为卖点

什么是卖点？当然就是产品卖出去的理由。新闻营销的目的就带有销售任务，所以在新闻中最好能把产品嵌入其中，潜移默化地粘贴在新闻中，润物细无声地打动消费者。其实，无论是直接来自产品特性还是事件的间接推动，只要达到销售才是终极目的。不过，在新闻营销中的产品买点和新闻买点的结合更微妙和巧妙，与一般的广告推广相比更含蓄、深入。当然，在事件中完全可以把广告推广和新闻营销作为整体，相互推动。如上文的“实事攻略”中列举的案例就是这样的。

3) 高级境界，变卖点为记忆点

新闻营销的作用如果仅仅是为了制造轰动，那么不如裸奔更现实一些。因为新闻营销需要影响长久，为企业的不断跨越台阶做长远的铺垫。所以如何将事件的热点变为消费的记忆点就显得尤为关键了。在实践中，通过某些新闻(不论采取哪些新闻营销手法)，让媒体和公众对企业和产品产生良好的印象，从而提高企业或产品的知名度、美誉度，树立良好的品牌形象，并在达到销售的同时，更要达到长久或者很长一个阶段对企业和产品具有良好的认可，才是最高的境地。

5.2.3 借势营销

借势营销是将销售的目的隐藏于营销活动之中，将产品的推广融入消费者喜闻乐见的环境里，使消费者在这个环境中了解产品并接受产品的营销手段。具体表现为通过媒体争夺消费者眼球、借助消费者自身的传播力、依靠轻松娱乐的方式等潜移默化地引导市场消费。换言之，便是通过顺势、造势、借势等方式，提高企业或产品的知名度、美誉度，树立良好的品牌形象，并最终促成产品或服务销售的营销策略。

1. 借旺销产品推广

新品入市不可能一下子就卖得很好，那么在卖场该如何选择陈列位置呢？旺销产品旁边的位置，是新产品最好的推广位置。研究发现：消费者在卖场闲逛时，一分钟可以经过 100～200 个产品，被消费者关注的产品会占用消费者 5 秒钟的时间。这就是“卖场 5 秒钟广告”。所有商家在卖场的肉搏，都是要争取到这 5 秒钟的关注，但是消费者几乎平均不到 0.5 秒就会经过一个商品，要让新产品在 100～200 个产品中跳出来，受到关注，怎么办？旺销产品往往位于人流量最大的位置，消费者在其货架前停留时间也长，受到注意、被购买的机会自然就更多。如此旺势，不可不借。采取紧贴陈列就是一个很好的方法。有资料表明：紧靠旺销产品陈列的商品，受到消费者关注的程度要远远高于其他产品。

当然这些位置的价格会更高一些，但是可以通过适当减少陈列面积来节省陈列费的支出。另外产品线长的企业，并不是所有产品都好卖。企业将不是特别好卖的产品和畅销品陈列在一起，就是要借自己的畅销品之势。

2. 紧贴竞品陈列

价格借势。如果自己的产品和竞争者是同类产品，并且包装、质能、款式、品牌力都和竞争品牌在伯仲之间，但是价格比竞争品牌低，那么，紧贴着竞争品牌，最能直接突出价格优势。不要小看那张小小的价格标签，这往往是把消费者拉到自己旗下的最后机会。

特色借势。有一种可乐，它的主要竞争对手自然不是可口可乐和百事可乐这样的巨人，企业很明显地将竞争对手定位于二级可乐品牌。但是该产品有一个显著的特点：可乐里含有丰富的维生素。于是企业在卖场的陈列策略是：远离可口可乐和百事可乐，紧贴着其他可乐，并给出醒目的 POP 广告：A 可乐，年轻健康的汽水！很显然，紧贴竞争品牌。并努力突出产品品质的个性和优势，以达到更明显地区分产品的目的。当消费者经过这些可乐时， 看见其醒目的 POP 广告，对比优势自然就强烈异常。

自家产品借势。在同类产品里，如果自己的产品线更长。同样可以用紧贴陈列的策略来突出品牌优势。当产品优势明显的时候， 陈列应当用紧跟策略。俗话说：“不怕不识货，就怕货比货!”紧跟，起到的作用就是让消费者进行比较，充分借竞争品牌的相对弱势，来提升自己的优势，一边打压，一边提升，效果不言而喻，这是陈列中的关键。

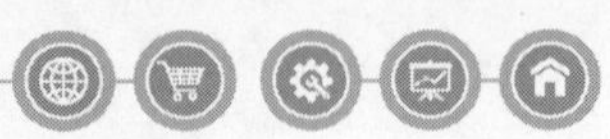

当然，一种产品相对于竞品，会在很多方面产生优势：价格、性能、品种、包装、促销等。企业有了紧跟意识还不够，最重要的是要在陈列中充分将区隔竞品的优势提炼出来，简单明了地告诉消费者。

3. 借消费者自身之势

购买行为，常被忽视的借势契机。有这样一个故事。沃尔玛曾在对卖场销售数据进行分析时发现一个很奇怪的现象：尿不湿和啤酒的销售额增幅极其相近。增幅曲线几乎完全吻合，并且发生时段一致。卖场经理很奇怪：这两个完全没有关系的产品的销售变化情况怎么会如此一致?他们做了很多分析和调查，最后发现：很多年轻的父亲被妻子打发出来给孩子买尿不湿，他们都有喝啤酒的习惯，每次都会顺带着买些啤酒回家。于是，卖场干脆将这两种产品陈列在一起，彻底方便了消费者。这是一个典型的借消费者购买行为之势营销的例子。注意观察、分析消费者的购买行为，从中发现并运用规律借势营销，将会达到意想不到的好效果。

购买习惯，值得注意的借势点。从消费者购买习惯出发，组合卖场的某些陈列，也是一个不错的借势方式。消费者购买习惯有一定的规律可循。比如，卖场靠近出口和入口的通道上人流要比别的地方多。这是所有消费者在卖场行走购物的规律，那么就可以根据这个习惯来陈列商品。再有，消费者的购买习惯可分为冲动型和目的型。对于前者，商品自然应该放在人流最为密集的地方，消费者走到跟前时，往往很习惯地就将这些商品放进了购物推车。这些商品有饮料、面包、收音机等商品，消费者购买时有明确的目的，则完全可以放在比较冷清的角落。消费者还有很多购物习惯可以借势，只要我们仔细观察、科学分析，完全可以找到其中的奥秘。这样的势借好了，也可以起到意想不到的效果。

心理，微妙的借势力量。在卖场购物，绝大多数人都有这样的体会：收银处总是排着长长的队，购物的高兴劲儿都因为焦急等待买单而烟消云散。卖场寸土寸金，不可能设立过多的收银台，但是很多人因为不耐烦等待，选好的商品又不是非要不可，时常放下就走了，这也给卖场丢掉了不少机会。一些产品，不适合在卖场给出较大的陈列面积，同时，这些产品有一定的私密性，导致消费者不会在这些产品面前逗留很多时间，这样的购物心理同样值得借势。像安全套、避孕药等产品，购买者都是拿了就走，很少仔细挑选，因为东方人对此都有很强的羞怯心理，甚至感觉购买这些产品甚至像在做贼。一个卖场就十分聪明，在靠近收银通道边设立一个小小的陈柜，将安全套和口香糖等小商品同时放在陈列柜里，消费者在不经意中就将这些私密性很强的商品带回了家。

Section 5.3 利用即时聊天工具推广

在中国，绝大多数的人都在使用 QQ，QQ 是一个很好的宣传途径，所以在网上开店能够利用好 QQ 这个聊天工具，网店的流量肯定会增加很多，生意也会随之好起来。

5.3.1　QQ 签名的妙用

QQ 签名一直是很多 QQ 使用人群的追逐对象，许多人通过 QQ 个性签名来表达自己的个性以及喜怒哀乐等各种各样的情绪。除此之外通常还被用于商业或公司网站的引导。比如，在 QQ 个性签名上写“我的淘宝店铺 https://shop411533847.taobao.com，欢迎大家光临有打折优惠哦”，如图 5-3 所示。

QQ 签名推广小窍门

智慧锦囊

QQ 个性签名可以填写 50 个字，怎么利用好这有限的 50 个字，并达到很好的推广效果，也并不是随便把店铺地址填上就能达到想要的效果的。一定要用足够精彩的、有诱惑力的文字来引起潜在客户的兴趣。

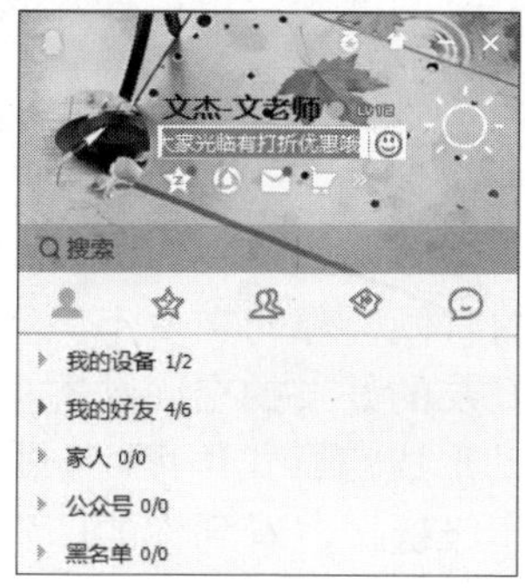

图 5-3

5.3.2 QQ 空间推广

可以说 QQ 空间是一个强大的营销推广工具，可惜很多人都忽视了，在没有微信之前，QQ 空间可以说是年轻人记录心情必去的地方，不过随着微博、微信等社交工具的兴起使我们忽略了 QQ 空间的营销推广价值，所以，今天跟大家分享一下利用 QQ 空间做网店推广的 9 个技巧。

1. 写原创文章

QQ 空间其实就是一个博客，所以要利用 QQ 空间做好营销，原创文章的写作是最基本的，QQ 空间跟阿里博客的定位是很不同的，阿里博客是商人博客，所以要求多写商业文章。而 QQ 空间更加私人化，所以可以多写心情日志，心情日志更加逼近人的内心，情感更加真实，所以能够取得潜在客户的信任，如果你写博客的话，那么可以把博客里的文章转发到 QQ 空间里来。

注意日志的撰写方式，一是标题要写好，不要糊弄来访者；二是内容跟标题要一致，标题党在空间里是不会长期混下去的，你会发现浏览的人数寥寥无几，更别谈转载了；三是留下版权，对于空间而言，许多人都会下意识地直接转载，不会去掉版权的，这就是利用 QQ 空间推广的好处。

2. 广告链接

既然是做 QQ 空间营销，就必须让潜在客户了解你的广告信息，你最好把广告信息写成一篇文章(标题尤其要有吸引力)，文章里一定要留下详细的联系方式，并且还可以插入产品图片，同时，笔者还建议卖家可以在每篇文章的结尾，给你那篇广告文章做一个超级链接。链接请注意一定要用红色粗体标出，这样才显眼，你要引导潜在客户去立即点击那个红色的超级链接。记住，潜在客户在读完你的文章后，只有 1 秒钟的时间继续停留，你要利用这 1 秒钟的时间，引导潜在客户去立即点击你的广告。

3. 分享功能

你可能没有留意到，QQ 空间里每篇文章的标题上，都有一个【分享】按钮，当你点击【分享】按钮的时候，你的文章不但会在你 QQ 上所有的好友的空间动态里显示，还会在你的好友的好友的空间动态里显示。这样，你的文章就会在很多人的 QQ 空间里，自动形成病毒式传播，如此一来，很多潜在客户都会看到你的文章，继而通过你的超级链接，看到你的广告文章。

4. 转载功能

对于会写文章的人来说，他们通常会写一些令人感到有很高的价值的文章，对于这类文章，QQ 上的很多好友都会不自觉地去转载。

当好友转载了文章后，文章同样会出现在好友的空间动态里，这个跟“分享”有同样的传播功能。

你平常在好友的 QQ 空间里，一定会看到他们转载的一些看起来非常有价值的文章，这个时候，你也可以转载过来。但是提醒大家一定要注意一个细节：转载过来之后，你一定要对这篇文章进行编辑，在文章末尾留下你的广告文章链接，因为这类文章被转载的概率很大，所以当你的 QQ 好友看到后，他们也会不自觉地进行转载，这样，你的那篇广告文章就会一起被转载过去。如此一来，在很多人的 QQ 空间里，就会形成源源不断的病毒式传播。

5. 相册功能

相册是一个上传图片的地方，你可以多上传产品图片，但是也不要忘了上传个人的生活照片。上传产品图片是为了让潜在客户了解你的产品，上传个人生活照片，是为了让潜在客户知道你长什么样，增加信任感，两者缺一不可。

空间相册应该怎样吸引流量呢？在你加了一个好友后，对方为了解你可能会第一时间到空间相册里看看你的生活照，那我们要进行店铺推广就要满足对方的需求，一般美女的空间访问量是相当高的，所以，我们可以在相册里放入一些美女的图片，需要注意的是，不要放明星的，用户一看不真实，印象会大打折扣。

我们怎么做店铺推广呢？相册里面的相片要打上水印，如果你要推广店铺，那么你就应该在每张相片的左上角打水印，不要说右下角比较自然，但是很少人会注意那里，相对而言，左上角比较刺眼，字体要大，要让人看得清楚才行，这样的推广效果是很好的。

6. QQ 微博

现在微博很流行，QQ 微博更是中国注册用户最多的微博，微博的最大优势就是病毒式传播，并且 QQ 空间和 QQ 微博是可以打通的。所以，在注册 QQ 微博的时候，你一定要选择将空间里的信息(文字、图片)都同步发表在微博里的功能，这样，更多的人会传播你发布的信息。

7. 适当回帖

QQ 空间是一个私人空间，所以进入你的 QQ 空间的人，都是“好友”的身份(虽然很多好友你根本不认识)，所以，对于好友，互动交流比较重要，对于一些好友的评论，可以适当回帖，加强沟通。普通 QQ 最多容纳 500 个好友，而

VIP 会员可以容纳 1000 个好友，同一个 QQ 上的好友增多，可以提高你的 QQ 空间的人气，因此，可以考虑升级为 VIP 会员。

8. 空间设置

对于 QQ 空间设置，笔者也要提醒大家注意 3 个地方，第一，空间名称要注意，不可小看这个空间名称，它就像自己的店铺推广名称一样，所以，空间名称要设置得专业一点，能够给人信任的感觉。

第二，描述要注意，这个可以说是店铺的描述部分了，一般而言，很多人都忽略了这个地方，致使它一片空白，其实它可以在整个空间显示，这样用户在看到描述后会加深对店铺的印象。

第三，个性签名要注意，设置好的个性签名主要是为了你去访问别人空间留言的时候，可以留下自己的网站推广地址或者空间地址。

9. QQ 空间要经常更新

你的 QQ 空间应该经常更新，而不是常年一潭死水，如果你想做好 QQ 空间营销，就请记得经常更新你的 QQ 空间，让你的 QQ 空间活跃起来。

Section 5.4 邮件推广

相比于其他网络营销手法，电子邮件营销速度非常快。电子邮件营销只要有邮件数据库在手，发送邮件后几个小时内就会看到效果，产生订单。本节将介绍使用邮件推广店铺的具体方法。

5.4.1 电子邮件推广

电子邮件推广常用的方法包括邮件列表、电子刊物、新闻邮件、会员通讯、专业服务商的电子邮件广告等。拥有潜在用户的 E-mail 地址是开展 E-mail 营销的前提，这些地址可以是卖家从用户、潜在用户资料中自行收集整理，也可以利用第三方的潜在用户资源。如果邮件发送规模比较小，可以采取一般的邮件发送方式或邮件群发软件来完成，如果发送规模较大，就应该借助专业的邮件列表发行平台来发送。

需要说明的是，基于用户许可的 E-mail 营销与滥发邮件不同，许可 E-mail 营销比传统的推广方式或未经许可的 E-mail 营销具有明显的优势，它是用户在事先许可的前提下，通过电子邮件的方式向目标用户提供有价值信息的同时附带一定数量的商业广告信息。未经用户许可的电子邮件，通常被归纳为垃圾邮件范畴，不但使得用户反感，而且对店铺本身形象也有负面影响。

许可 E-mail 营销根据客户的业务情况，进行目标受众数据的筛选，设计策划有针对性的 E-mail 方案，达到推广品牌、产品或服务的目的。这样既可以减少广告对用户的骚扰，增加潜在客户定位的准确度，又可以增进与客户的联系，提高品牌忠诚度。

电子邮件推广的注意事项包括以下几点。

发邮件前要得到对方的允许。

我们在回复客户邮件的时候可以在邮件中设一个控键，让客户选择是否接受我们发给他的同类商品信息(默认为接收)，控键自动将用户的信息返回到我们的系统中。

邮件内容要有趣，吸引人。

邮件视觉效果、文字内容、产品信息 3 个方面可以分别建出模板，一劳永逸。

在邮件的最后要附上一段话，告诉别人如果不想再收到你的邮件该怎么做。

可以让客户到我们的网站去取消(最好是那种需要客户仔细浏览网页才能找到的位置)，这样有助于提高网站流量和流量质量。

邮件要短，没人喜欢看冗长的邮件，设置些超链接让客人直接点进你的店铺网站了解更多信息。

客人的邮件一定要在一个工作日内回复，绝对不要发垃圾邮件。

不要用缩写，这是懒惰的表现，客人不喜欢和懒人做生意。

邮件中不要出现彩色字和艺术字，这是幼稚和不专业的表现，通篇用一个字号和黑色；不要用黑色背景(黑底白字)，这同样是不专业的表现，而且阅读起来很困难，坚持用白底黑字。

5.4.2　让客户一定回复邮件的技巧

邮件标题只能是客户求购的产品名称，而不要加其他的任何多余语言，这样客户打开你邮件的可能性一般可达到 100%。

开头语简洁明晰证明你是一位专业而老练的商人，可立即拉近与客户的距离，而对商人来说过多的寒暄实在是多余。开头语特忌讳主动过多地介绍自己，因为会给人一种推销的感觉，给人的第一感觉就不好。事实上，没有几个客户会

有耐心来阅读你的长篇介绍的，不主动过多地介绍自己反而会给客户一种很自信、很专业的印象，这种印象对你来说是非常重要的。那么，“过多”的标准是什么呢？我们认为，介绍性语言超过两句即是“过多”。简洁开头后，你必须立即进入正文，即对自己店铺的介绍或热销商品的介绍。所报价格必须是实价，必须与现有的市场行情相吻合或更优惠。

5.4.3 邮件推广营销的优势

1. 即时性强

因特网使商家可立即与成千上万名潜在的和现有的顾客取得联系。研究表明，绝大多数互联网用户在 24 小时内会对收到的 E-mail 进行回复。

2. 响应率高

由于发送 E-mail 的成本极低且具有即时性，因此相对于电话或邮寄，顾客更愿意响应电子邮件营销活动。相关调查报告显示，E-mail 的点击率比网络横幅广告和旗帜广告的点击率平均高 5%～15%，E-mail 的转换率也比网络横幅广告和旗帜广告的转换率平均高 10%～30%。

3. 成本低

由于它无须印刷或邮寄费用，因此 E-mail 营销成本要远低于邮寄。电子邮件营销之所以效果出众，甚至造成垃圾横行，最重要的原因是成本十分低廉。

4. 针对性强

E-mail 营销具有很强的定向性，可以针对特定的人群发送特定的邮件。

Section 5.5 秘籍分享——网络推广技巧

除了上面几节介绍的利用搜索引擎进行推广、活动与实践营销策划推广、即时聊天工具推广以及邮件推广之外，还有许多网络推广方式。本节将介绍博客、百度、分类网站和网络广告等推广方式。

5.5.1　打造博客营销

博客是草根英雄辈出的地方，每个人都可在博客上发表自己的看法与见解，对于网店卖家来说，这么大的一个群体，也是潜在客户的一部分。博客营销应该做到以下几点。

1. 博客内容是博客推广的关键

我们在进行博客建设的时候需要全面做好博客内容建设，这对于卖家来说非常重要，同时对于做好博客推广也是非常有利的。一个博客引起别人的关注，最大的前提就是博文质量要过关，让博友看了有一定的借鉴和启发或者能产生共鸣。需要平时多写多积累，就像我们从事网站内容优化一样，一定要做好博客内容优化工作，这样才能更好地做好博客推广，促进博客发展。

2. 全面运用 SEO 做好关键词推广

博客也是有关键词的，我们需要全面做好博客关键词推广工作，这样才能使得我们更好地做好博客优化，促进博客的发展，由此我们就需要全面运用 SEO 来做好博客关键词推广，因为在大多数普通上网者的印象里，百度前几位的网站博客本身就是权威，然而需要提醒大家的是，切勿为了迎合 SEO 而去做博客内容，很多朋友为了优化博客的主关键词，往往绞尽脑汁在博文中加入关键词的锚文本，结果是博客的可读性变得很差，最终对写博客失去了兴趣。因此，我们需要充分运用 SEO 手段来做好博客推广。

3. 利用第三方平台做好博客推广

我们可以充分利用好第三方平台来做好博客推广，这对于我们做好博客也是非常有帮助的。现在第三方平台的发展速度越来越快，因为发布在第三方平台的文章如果审核通过，会被大量转载，稍微正规的网站转载时都会保留这个链接，提升博客知名度的同时，有效地给博客做了外部链接，因此希望卖家充分运用好第三方平台来实现博客推广。

4. 避免商业味太浓

鉴于博客的性质，如果你的企业博客上发布的是企业供求信息类内容，相信读者不太会感兴趣。博客群体是潜在的客户，是培养和影响潜在客户的地方，浏览你的博客不是马上就在你这里购买你的产品和服务，而是通过软性的文章来了介绍你的产品和服务，才能影响到你的客户，才能在无形之中提升企业的知名度

和形成网络品牌。

5. 避免流于形式，没有实效内容

如果你的博客没有太多内容，或东拼西凑，这样的博客不会有太大的价值，不太会吸引访问者，甚至会严重影响企业品牌和形象。企业专业博客如果没有专业的内容充实，只会降低企业的品牌形象，有不如无。正确的做法应该是进行精心的编辑，将优质的内容、行业新闻信息、行业发展动态、行业最新研究动向、企业研究课题成果等同行关心的内容进行分类和组合，使企业博客成为一个优良的信息平台。这样就会不断吸引同行或想了解相关信息的人来访问，并不断扩大影响力，从而达到传播效果。

6. 避免将博客当成排名工具

很多企业或个人博客基本没有什么内容，但放了大量的无意义链接，以达到提高排名的效果，这样太功利的做法从长远来看，也是没有太大意义的，甚至会带来很大的危害。严重的话，搜索引擎有可能把你的博客也认为是垃圾的外部链接删除。

7. 企业博客宜全员参与

博客的成本低廉，可以动员有兴趣的员工申请自己的个人博客，放置自己爱好的内容，还可附带宣传企业，如企业文化、产品品牌等，从而使博客成为企业的重要平台。只有形成一定的规模效应，企业才会迅速提高知名度，这其实跟传统的广告一样，达到一定的规模，企业的知名度就会迅速提升，博客其实也是企业广告的一种形式。

博客可以宣传你的企业、你的产品、你的服务。营销得当，可以有效提升企业的知名度，可以间接促进你的销售，无形之中提升企业的收益，但是做得不到位，就会使受众对你的产品和服务产生抵触情绪，认为你的产品和服务也是很差，对你的企业会产生一定的影响。所以，做博客营销一定要强调把产品宣传做到“无形”，对博客内容做到精准，具有引导性，做到宁缺毋滥，才能有效地引导你的潜在客户购买你的产品和服务。

5.5.2 利用百度增加店铺浏览量

百度空间篇：你在百度空间里发表一篇文章，在第二天就会搜索到，假如你发表的是你的商品的介绍呢？是不是同样会被搜索到？百度空间就等于是你的博客，在自己的博客发广告是没有人反对的，当然，也不一定全发广告，也可以发

一些商品的介绍，或者行业的一些新闻之类的。根据自己店里所销售的商品发一些相关的内容，在发布的时候，标题多写几个关键字，在每篇文章结尾处加上自己店铺的链接，这样当别人搜索的时候，就可以很轻易地看到你的文章。

百度知道篇：百度知道在刚开始的时候人流量是相当大的，随着新浪的爱问等同类产品的出现，有了一些分流，不过现在的流量也是不可小瞧的，尤其是你有什么问题需要解决的时候，通过百度搜索第一个出现的是百度知道的内容。和上面同样的道理，百度在推广的时候，肯定是自己家的东西优先，卖家可在百度知道上回答别人的问题——要有选择性地回答，比如你是卖电脑的，就找电脑行业的回答，卖服装的就找服装行业的回答，其他行业也是如此，在回答问题的时候把自己店铺的链接写到答案里，认真回答，如果你的问题被采纳为最佳答案的话，浏览量会成倍增长。

百度百科篇：在百度上搜索某一个关键词的时候，排在首页里的一定少不了一个词条，就是与你搜索的关键词相关的百度百科，对于微商的三个阶段“自媒体”“自明星”“自品牌”来说，如果你成为自明星，那么会有大量的粉丝主动加你，所以百度百科不仅可以帮助增加微商的流量，也是微商自明星系统打造的重要组成部分。

百度贴吧篇：百度贴吧作为百度官方产品，具有搜索引擎优化的功能，简单地说，它也具有在百度搜索引擎中获取关键词、提升百度首页排名的能力，从而让我们在百度搜索中获取流量。除了利用百度搜索排名获取相应流量之外，还是要把重点放在如何在百度贴吧让我们发布的帖子得到更多的曝光上，进而获取更多的流量。这需要我们找到贴吧上较大的流量入口。比如我们搜索淘宝，那么它的入口先是首页，然后让你选择跳转到别的类目页面，所以它的首页流量最大，广告的曝光率也最高。那么，百度贴吧首页就是很大的流量入口，首页上展现的贴吧多数是百度贴吧官方推荐的，所以这些贴吧的帖子获取的流量会很大。

百度文库篇：文库是传播信息的一大途径，除了百度、360 等搜索引擎有其自身的文库产品，还有豆丁文库、道客巴巴等其他的文库，海量的文档供网友阅读和下载，资源丰富详尽，极受欢迎。渐渐地，文库也就成了品牌营销的阵地之一。百度文库不需要花费一分钱，而且推广效果非常好，只要收录就会出现排名。首先，我们要认清百度文库推广有哪些好处，看看是不是你需要的。

百度行家篇：百度行家即百度知道行家，知道行家是特定领域有卓越表现和高度专业能力的个人，是通过百度知道实名认证的行业专家，乐于分享知识，为广大用户答疑解惑。百度行家是百度知道为企业、个人量身定制的知识问答服务平台，通过在知道答题与目标用户进行互动沟通，提升营销效果转化，挖掘更多商业机会。自百度行家全新上线后，在行家回答的每条问题的底部，都有对行家的品牌曝光，点击还可以进入行家用户指定页面，为企业及个人提供流量支持。

那么成为百度行家具有什么优势呢？百度行家就是“意见领袖”的一种表现，成为行家可以提高个人或者企业的曝光率，提高社会知名度。成为行家可以被更多的人认可，得到更多来自他人的推荐和评价，提高个人或者企业的品牌价值，同时在帮助到许多人的前提下形成个人影响力，会间接拉动粉丝的增长。

如何利用百度行家涨粉呢？一是提高曝光率，二是提高影响力。我们可以把昵称、答案内容、头像、签名等部分作为曝光引流的渠道。百度行家账户昵称就可以使用联系方式如 QQ 号等来命名，巧妙之处在于利用昵称推广法来给对方留下第一印象，让他的第一反应是这就是你的 QQ，以后有什么不懂的地方可以请教你，所以他会加你的 QQ。因为我们的问题回答不是一对一，而是一对多，所以以后想知道这个答案的人搜索进来也会看见你的联系方式。这就形成了一种裂变推广，回答的问题越多，能沉淀的联系方式就越多，被关注的机会就越多。

百度图片篇：前面介绍过百度搜索的排名比较倾向于自家的产品，利用百度知道、百度经验、百度贴吧、百度文库能够占据比较好的排名，从而获得流量。那么百度图片作为百度自家的产品，它所拥有的权重自然也不会很低。

百度图片建立了世界第一的中文图片库。百度图片拥有来自几十亿中文网页的海量图库，收录数亿张图片，还在继续增加。百度新闻图片搜索从中文新闻网页中实时提取新闻图片，它具有新闻性、实时性、更新快等特点。我们可以将百度图片当作一个很大的流量入口，可以为我们引流带来很好的效果，而不是简单去搜索、上传图片。现如今百度图片早已是各大品牌商进行网络推广的必争地之一。付费的百度图片推广效果确实具有一定的号召力，但是很多品牌商不知道如何做百度图片推广，或者说并不知道百度图片推广的具体技巧。

5.5.3 在分类信息网站推广

分类信息又称为分类广告，将营销推广信息发表在分类信息网站相应的板块，让有需求的用户搜索到。分类信息推广适合做百度快照推广，分类信息网站收录快，权重高，好的帖子很容易在百度搜索结果中获得良好的排名。做百度快照推广中，分类信息平台是首选的推广渠道之一。

分类信息平台网站包含如 58 同城、赶集网、百姓网、分类 168、易登网、久久信息网、列表网、娃酷网、好喇叭、今题网、站台网、志趣网等分类信息平台。

分类信息帖子撰写需要注意以下几个方面。

1. 选好地区和分类

选择好正确的地区和分类对于 SEO 很重要，前期就要对营销推广的业务熟悉，了解目标人群、市场范围。

2. 标题中布入搜索关键词

撰写标题要加入用户经常搜索的关键词，或者长尾关键词。信息平台的标题一般写哪个地区某某产品好，某省哪家医院好等问答形式的标题。用湖南做门窗的举例，湖南哪家做门窗的好？长沙门窗做得好是哪家？

3. 高质量的内容

内容一定要原创，还要写得好，将要营销的信息写出来，一定不能是纯广告的信息，内容中要增加关键词密度，可以使文章在搜索结果中获得良好的排名。内容中首段和结尾一定要加关键词，中间正文部分也要合理地布入关键词，尽可能多地布入，可以忽略关键词密度影响网站，只要自然地布入，文章通顺就可以，切忌故意堆砌关键词。

4. 增加图片或视频

在发布的文章中加入图片、视频等多角度的展示方法。图片中要做联系方式的水印，在信息平台中有些联系方式是不允许加入的，这时就得利用图片或视频。

5. 可以考虑付费广告

在营销推广预算充足的情况下或在信息平台推广渠道效果不错的情况下，可以考虑付费的推广，在分类信息平台中获得排名。

分类信息平台要做好不仅是要获得好的排名，还要获得更高的转化率。我们做分类信息平台推广时标题、内容文案一定要做好，有计划、有效果地撰写。

5.5.4　投放网络广告

互联网广告的目的是流量，这也是它与传统广告行业的最大区别。绝大多数互联网公司的投放都是针对这一目的来做的。

互联网广告投放从形式上来说分为线上投放和线下投放，从目的上来说分为获客和品牌。线上投放包括但不局限于 PC 端和移动端的一切软硬广，从网站 Banner 到弹窗链接；线下投放就是一切实体化的广告，从公交地铁站的平面广告到电线杆上的小广告。

获客这个概念比较笼统，不同的企业对获客的判定也不一样，大体来说，是指注册用户；用户转化是一个比较复杂的过程，可以分为：浏览广告、点击广告、留存网站、注册用户、付费行为五步；每一步之间都有一定比例的损失，这也就是所谓的营销漏斗。

任何一个网站想要生存，都需要不断获客，而获客的来源就是流量。所以互联网广告大多是针对流量来做的，在保证流量的基础上尽可能地精准投放，不过也有先做精准再放量的，看操盘水平了。这里的“精准”指的是：将最有吸引力的广告放到最有需求的人眼前。

投放有各种各样的渠道，这也是一个渠道为王的市场，什么渠道好，怎么去选择搭配，则是市场运营的终极课题。初级的市场运营可以找到渠道并完成投放；中级的市场运营可以找到高性价比的渠道并完成投放；高级的市场运营可以操纵网站后端的一切数据(PV，UV，IP，注册量，ROI 等)。

谈投放的时候，乙方大多会拿出很酷炫的 PPT，各种数据各种展示，市场份额用户量级，作为甲方，看的东西永远只有一个：ROI(投入产出比)，也有一些很难考核 ROI 的行业是看获客成本，这也是为什么互联网投放多半都在线上的原因，线下投放是无法统计 ROI 或者获客成本的，线下投放更倾向于做品牌，又没有立竿见影的效果，一般只有大公司或者比较富裕的公司会做。

其他网络推广方式

智慧锦囊

玩微信的人都知道，朋友圈就相当于一个自己和好友互动的圈子，那么卖家就可以利用朋友圈为宝贝做一些宣传推广。将宝贝的图片发到朋友圈并配上精心设计过的文案和淘宝地址链接即可。

Section 5.6 成功案例——从医院院长到淘宝皇冠店主

2015 年，小艾的淘宝店终于上了皇冠。小艾从一个网络白痴，以前只知道 QQ 聊天的人，变成了淘宝皇冠店铺的卖家。小艾说，网上开店最重要的是要有一颗勇敢的心。

小艾是 1977 年生人，大学学的是兽医专业，毕业以后也一直做的是宠物临床医疗方面的工作。2013 年小艾已经成为宠物医院的院长，当时的工资一个月大概有 5000 元。应该说，这样的收入虽然不是很富足，但是基本上算是不错的了。可是，小艾一直觉得自己的内心有一股冲动，就是一定要做出点成绩，商业上的成绩。可是，小艾并没有良好的家庭背景，大学学的又不是热门专业，唯一拥有的就是她的“不死心”——不管是早还是晚，我一定要做出点成绩出来，这就是我的梦想。

“现在网购已经是司空见惯的事情，宠物医院和宠物店也受到了冲击，很多人在网上查好了价格，然后就以这个价格到我们店里讨价还价——这让人很为难，你不卖，他就可以在网络上买，你卖了，利润率又很低，这让我们相当被动。”后来一想，与其这样，不如自己也来开个网店，于是 2014 年，小艾在淘宝上开始了网店生涯。

小艾开始在淘宝上卖宠物用品，当时卖的主要是狗粮、狗的药品等。因为自己是宠物医生，知道宠物需要什么营养，知道宠物患病的时候怎么护理、怎么治疗，所以当时进步得很快，2 个月就做到了 3 星。“可是，这还有一个大问题，就是我对于怎么联系物流快递公司一点都不懂，往往就是外地的生意不做，只做本地的，其实现在想想真是好笑啊，网络销售最大的优势就是地域无疆界，如果只做本地的，那么肯定做不大，而且送货往往都是自己屁颠屁颠地上门，算下来，东西没有卖多少，钱没有赚多少，人却累得够呛。”小艾笑着回忆她刚开始的淘宝生涯。

这一段经历对于小艾来说就是一个神奇，是一个锻炼。神奇的是，我与买家在彼此不熟悉、不了解、不认识的情况下，只是通过网络，然后彼此有了信任，有了成交。“我当时只是觉得网络这一块无可限量，但是具体怎么做，怎样能做得好自己也不知道。”小爱说。小艾的推广手段就是去 BBS 上给大家解答宠物健康的问题，“别人相信你了，就乐意在你这里买东西，当时还交到了不少各地的好朋友呢。”

第6章

淘宝网店内促销策略

在网上购物的顾客预算有限，并且网上有众多商家，商店想要吸引买家消费就变得更加困难。为了摆脱这种困境，网店经营者一定要制定相应的促销策略，这样才能用各种促销活动吸引买家点击。

Section 6.1

赠品促销

促销是指为达到买家购买目的而综合运用的各种销售工具、销售方法，促销能在短期内显著提高品牌的销售额，也能增加品牌的知名度。促销虽好，但不能每天都用，如果全部商品都在促销，那这样也没有什么意义了。

6.1.1 网上赠品促销

赠品是一个非常有效的营销策略，它在对抗竞争品牌、开辟新市场的情况下可以快速促进销售，又能有效地应对竞争。促销赠品实际上是对顾客的一种额外馈赠和优惠。赠品是争取顾客购买商品、提升业绩成长的法宝，也是品牌之车提速的动力。此策略若运用得当，很有可能吸引顾客踊跃购买。

顾客总是期望在交易中获得更多的价值，赠品就是为了迎合这一消费心理而设计的营销策略。在整个赠品策略中，赠品的选择最为重要，它甚至关系到整体销售的成败。有时当一个聪明的上架选择了一个好的赠品时，顾客对赠品的喜爱甚至超过了产品本身。

一般在新产品推出试用、产品更新、对抗竞争品牌、开辟新市场的情况下利用赠品促销可以达到比较好的促销效果。赠品促销具有如下优点。

可以提升品牌和网站的知名度。

鼓励人们经常访问网站以获得更多的优惠信息。

能根据消费者索取赠品的热情程度总结分析营销效果和产品本身的反应情况等。

6.1.2 选择赠品的注意事项

赠品促销应注意以下几点。

不要选择次品、劣质品作为赠品，这样做会适得其反。

明确促销目的，选择适当的能够吸引消费者的产品或服务。

注意时间和时机，注意赠品的时间性，如冬季不能赠送只在夏季才能用的物

品，另外在危机公关等情况下也可考虑不计成本的赠品活动以挽回公关危机。

注意自己的预算和市场需求，赠品要在能接受的预算内，不可以因过度赠送赠品而造成营销困境。

我们要选择顾客需要的赠品，这是最重要的。如果赠品是顾客用不着的，那么这件商品也就没有任何吸引力，更谈不上提升交易的价值了。所以，卖家应认真思考目标顾客需要什么，然后根据他们的需要来选择赠品，只有顾客需要的才对他们有吸引力。

要注意提供的赠品有足够的价值。所谓足够的价值，即不高不低，合适就好。这需要你自己去把握，价值过低或者过高都不能取得很好的效果。价值太低，无法吸引顾客。价格太高，这将花费卖家更多成本。虽然顾客都渴望得到更高价值的赠品，但实际上，如果提供价值高得离谱的赠品，也会引起顾客的猜疑，有些顾客觉得你的利润空间太大，然后降低了主产品在他们心中的价值，可能就干脆放弃购买了。

在选择赠品时，需要关注竞争对手，看看他们的营销策略是怎样的。你的赠品必须比销量最好的竞争对手的赠品的价值高，必须比他们好，这样才能打败他们。顾客购买商品时，通常会货比三家，比较的对象一般来说就是销量好的那些卖家。

要注意赠品与商品的相关性，选择的赠品和商品有关联，这样很容易给顾客带来对商品最直接的价值感。如果赠品与商品相互依存并配合得当，其效果最佳。

顾客的喜好难以捉摸，正所谓众口难调，选择一个让大家都喜欢的赠品并不容易，此时卖家可以在预算范围内多准备几样赠品，供买家选择。

6.1.3　赠品促销的设计规则

赠品，要让人容易获得，如此才可以激发大家参与的欲望，促销的“势”才容易造出来，否则，赠品让人感觉与自己无缘，那你的赠品只能算是“样品”。最好让参与的每一个人都能感到可以获得，“可遇而不可求”是赠品应该回避的。

赠品需要与众不同，效果与众不同。

赠品的使用率要高。

送就请送在明处，因为消费者是冲着产品去的，赠品是你给消费者的一个购买诱因。“礼轻仁义重”——你可以增加消费者的认同感，让消费者认为你对消费者是真诚的，这比通过广告等其他方式提高消费者对你的忠诚度所用的代价低得多。

赠品也有季节性。一样东西一送到底，将消费者不同季节的需求丢到一边，这样的错千万不要犯，因为消费者对赠品的要求也是有季节性的。

给赠品一个好听的名字，也使买家更容易记住你的品牌。一个好的赠品名字会激发消费者美好的联想，这种联想不但可以对促销起到好的效果，而且可以在促进促销之后获得持续长远的销售，因为美好的印象是有延续性的。给赠品起个吸引人的名字，可以加快商品的流通，同时，也增加了品牌的附加价值。好的命名胜过好宣传，对销售相当有利。不过千万不要让你的赠品的名字抢了产品的风头。

把企业或店铺的信息告诉消费者。很多卖家一方面为自己的品牌传播苦恼，另一方面总是忽略赠品这个载体。在你的赠品上印上你的店铺标识，印上可爱的电话号码和二维码都是轻易做到的事情。让消费者每次用你的赠品时，都想到你的店铺。

6.1.4 如何选择合适的赠品

一些卖家至今存在着一种对赠品促销的错误看法，他们认为，我送赠品给你是你在占我的便宜，我给你什么，你就拿什么，还挑三拣四的干吗！所以他们对于促销赠品的设计和策划向来是不以为然的。这就是为什么我们经常在很多促销活动中看到那些千篇一律的钥匙扣、指甲刀、纸相架的原因。如果在赠品设计和策划上太过随意的话，就容易造成送了白送的严重后果。

1. 赠品的分类

目前市场上的赠品，按照与销售产品的关系，可以分为以下三大类，8 种形式。

1) 纯实用型

(1) 本产品。赠品是销售产品的同一个产品，可能只是容量大小而已，实际上是价格折让的表现形式。

(2) 同类产品。赠品是与销售产品属于同一类别的产品，满足消费者的相同需求。

(3) 关联产品。赠品是与销售产品具有关联性的产品，在功能上具有补充性，或者出自同一企业，品牌一致。

(4) 无关产品。赠品与销售产品毫无关系。

2) 纯趣味型

(1) 相关产品。赠品满足消费者的趣味性需求，与销售产品有一定关系。

(2) 无关产品。赠品满足消费者的趣味性需求，与销售产品毫无关系。

3) 复合型

(1) 以实用为主。赠品兼具实用性和趣味性，能同时满足两种需求，以实用为主，给消费者的核心利益是实用的，但附加利益有趣味性，比如裤子形状的笔袋等。

(2) 以趣味性为主。赠品兼具实用性和趣味性，能同时满足两种需求，以趣味为主，给消费者的核心利益是趣味的，但附加利益有一定的实用性，比如配有钥匙扣的小绒布玩具等。

2. 赠品种类选择的基本原则

1) 促销目的：短线速销、长期效果

短线速销，刺激提前消费和冲动消费，常用赠品：纯实用型——本产品、无关产品(高价值)，纯趣味型。

长期效果，要通过促销达到持续销售的目的，常用方法：纯实用型——同类产品、关联产品、纯趣味型——相关产品，复合型。

2) 消费者分析：购买者和使用者是否分离

购买者和使用者一致，常用方法：纯实用型、复合型。

购买者和使用者不同，常用方法：纯趣味型、复合型。

3) 产品市场特性：快速消费品、耐用消费品

快速消费品，常用方法：纯实用型、纯趣味型、复合型。

耐用消费品，常用方法：纯实用型——关联产品、纯无关产品，纯趣味型，复合型。

4) 产品价格特性：低溢价、高溢价

低溢价产品，常用方法：纯实用型、纯趣味型、复合型。

高溢价产品，常用方法：纯实用型——同类产品、纯关联产品、无关产品，纯趣味型，复合型。

5) 赠品独有、新颖性

市场上独有的产品，常用方法：纯实用型——同类产品、关联产品，纯趣味型——相关产品，复合型——相关产品。

市场上能见到的产品，常用方法：纯实用型——本产品、无关产品，纯趣味型——无关产品，复合型——无关产品。

6) 赠品关联性

有关联，常用方法：纯实用型——本产品、同类产品、关联产品，纯趣味型——相关产品，复合型——相关产品。

无关联，常用方法：纯实用型——无关产品、纯趣味型——无关产品、复合型——无关产品。

用别家产品做赠品的优点

智慧锦囊

赠送别人产品的优点是可以借助赠送的产品提高反映率，即可以借助别人产品的优点和缺点突出自己产品的优点。但是卖家一定要注意赠品的名气，这个名气一定要比较好，同时关联性也要好，这中间的平衡卖家自己掌握。

Section 6.2 购物积分促销

积分制作为一种有效巩固和激励来顾客多次购买的促销手段，在商家促销中得到广泛使用。因为这些市场的用户有重复购买产品或者服务的需求，获得老客户再次消费的成本要远远低于重新开发新客户的成本。

6.2.1 什么是积分营销

积分营销是指将积分作为一种消费行为的累计记录，获得的积分不仅仅对消费者的下一次消费产生营销，同时也会对未来一定期间的选择产生影响(只是影响选择的系数随着时间的推移会越来越少，最终趋向于0)的营销模式。如果下一次选择最终成功的话，所产生新的积分对再下次的选择又形成新的正面影响……这样，把每一次积分的营销的因素按照微积分的原理求和后所得到的值即为积分营销所带来的超额利润；而该超额利润可以使商家为消费者提供更多的正向反馈……这种正向循环最终形成品牌忠诚度并形成商家的无形资产是商家可以获得超过其他竞争者的超额利润。

对商家而言，积分营销通过消费者在下次消费后可获得的正向反馈，吸引已选择本商家的消费者在再次消费时优先考虑本产品，该优先选择随着正向反馈的不断累计，最终形成选择偏好，进而形成品牌的忠诚度，最终长期有效地捆绑客户群体。该选择偏好所对应的和增加的购买机会乘以每次选择后商家所形成的所获得利润，所得到的期望值是积分营销在下一次消费时带来的额外收益。

按照积分营销的反馈模式，我们将积分营销分为以下几种类型。

1. 以有形商品作为正反馈的积分营销

这是积分营销最普遍也是最容易被消费者所理解的积分营销方式，通过对消费者的积分进行有形商品的实物奖励，吸引消费者进行再次消费：比如银行为了鼓励刷卡而设立的积分换礼物计划；或者电信公司使用的积分换手机计划等；或者星巴克咖啡提供的积分卡，每次饮用一杯咖啡可以在卡上获得一枚印章，满 12 枚印章可以免费获得一杯星巴克的星冰乐饮品等。由于有形商品便于从市场上获得公允价格，所以消费者可以比较直观地计算积分获得的礼品价值；而对于商家而言，如果并非自己生产的商品，则需要增加直接的支出用于购买用于积分兑换的实物商品。

2. 以服务作为正反馈的积分营销

随着经济的不断进步，经济活动将越来越多地集中于服务业，为了避免用于采购实物商品的直接支出，很多服务提供商采用本企业所提供的服务作为积分营销的回馈手段：如航空公司为积累到一定里程的旅客提供免费的机票；香格里拉酒店在酒店淡季推出的“住四天送一天”的活动，即在任何香格里拉酒店入住累计满 4 晚可获得在任意香格里拉旗下的酒店入住一晚的免费券。

3. 以优先购买权或折扣购买权作为正反馈的积分营销

以优先购买权或折扣购买权作为正反馈，商家本身不仅不需要直接的成本，而且消费者必须在再次消费时才能得到该部分正反馈。与用产品或服务作为正反馈不同，该种“权益”必须在消费者再次消费的时候才能够被使用，因此正反馈所带来的不仅仅是消费者的再次购买偏好，而是直接第二次消费，而商家的付出仅减少再次销售时的部分收益而已，如果消费者没有再次购买，则商家无须承担费用；如在奢侈品营销中，商家会生产数量有限的“纪念版”或“限量版”，拥有高积分的会员才拥有优先挑选的权利：而某些品牌的“特卖会”只对拥有积分的会员提供入场的机会；而对于部分保健品积分的增加可以提高你购买的折扣，根据累计积分 1000～50000 分分别可以销售零售价 9.5～7.5 折的优惠；而在某些商场搞活动时，只有持有本商场的积分卡才能享受相应的优惠活动等。

4. 以虚拟物资或荣誉作为正反馈的积分营销

该种积分营销的方式多用于互联网营销或在线游戏，作为正反馈提供给消费

者的荣誉(头衔、昵称、更改头像、编辑签名等)本身并无实际价值，仅作为该用户使用时间或游戏时间长短的象征，该虚拟荣誉可以作为经验丰富或者信誉良好的保证并满足了其个性化的需求，因此对于消费者而言，仍然有相当的吸引力继续使用该网站：如知名的网络交易平台淘宝网就拥有一套十分成熟的信用积分制度，淘宝会员在淘宝网每使用支付宝成功交易一次，就可以对交易对象作一次信用评价。

6.2.2 集分宝

集分宝是支付宝旗下的独资子公司所推出的积分消费服务，具有现金价值。2010 年 12 月支付宝首次推出集分宝服务，致力于实现不同积分的兑换，实现了购物抵现、缴费等功能。集分宝是由支付宝提供的积分服务，集分宝可以当钱用，100 个集分宝抵扣 1 元钱。用户在支付宝合作商户网站交易或在支付宝网站指定的业务场景(如信用卡还款、公共事业缴费等)，可在支付时按集分宝兑换人民币的比例抵扣使用集分宝。用户也可通过将集分宝换购指定商品、捐赠给支付宝合作的公益项目等途径使用集分宝。用户使用集分宝时需遵守网站公布的最低使用数量等要求。集分宝不可转让或换取现金。

获取集分宝的方法有以下几种。

方法一：签到送集分宝、分享签到送集分宝。

登录淘宝集分宝频道，签到送分，天天分享每天都有送集分宝，0～1000 个集分宝不等。

方法二：购物返利。

购物返集分宝：购物可额外获得一定比例的集分宝，淘宝购物返利网站均可获得集分宝的返利。订酒店、买机票也可返利。

方法三：完成任务赚集分宝。

登录支付宝集分宝频道，按要求完成操作，就可获得集分宝。

方法四：积分兑入。

(1) 在集分宝网站可以积分互换，选择将其他商户积分兑换为集分宝(已支持：中国平安、淘积分、中国电信(广州、江苏)、积分通、布丁酒店的积分兑入)。

(2) 在使用支付宝快捷支付时，还可以将银行信用卡积分兑换为集分宝抵扣现金。

支持的银行有：兴业淘宝联名卡、平安万里通积分、工商银行(四川)、上海农商行信用卡、江苏银行信用卡。

方法五：卡密充值。

(1) 在集分宝网站在线充值，登录支付宝账号，输入卡密，充值成功。

(2) 手机充值：客户自行编辑含 18 位数字的卡号、密码发送至指定短信号即可完成充值。

如果您发送集分宝卡密的手机已经与您的支付宝账户绑定，则相当于为您的支付宝账户充值集分宝；如果您发送集分宝卡密的手机未注册过任何支付宝账户，支付宝会为您新建一个支付宝账户，然后为该支付宝账户充值，您可以登录支付宝激活该账户后使用。

方法六：做问卷调查赚取。

赚取集分宝：在试客微差 App 中可以通过作答问卷调查赚取集分宝，每个问卷的价值是 2～600 元的集分宝。积累足够 10 元集分宝后便可兑换。

Section 6.3 满就送

“满就送”促销工具比较直观，直接展示在店铺首页以及宝贝详情页，让顾客第一时间了解店铺的优惠情况，比较方便，顾客下单后会自动减去现金，不用卖家自己去修改价格，既省力又省心。

6.3.1 什么是“满就送”

“满就送”(满就减，满就送礼，满就送积分，满就免邮费)给卖家提供一个店铺营销平台，通过这个营销平台可以给卖家更多流量。让卖家的店铺促销活动可以面向全网推广，将便宜、优惠的店铺促销活动推广到买家寻找店铺的购物路径中，缩减买家购物途径的购物成本。

“满就送”的功能包括提升店铺销售业绩，提高店铺购买转化率，提升销售笔数，加大商品曝光力度，节约人力成本。

“满就送”的优点包括：满就送可以同时创建多个互动；满就送可以实现轮播功能；满就送可以显示活动时间；满就送可以自定义活动标题；满就送可以多级展示活动信息。

6.3.2 开通“满就送”

使用了“满就送”促销工具，促销广告会在每一个宝贝的页面显示出来。当顾客浏览到你的商品或者看到促销广告时，可增强顾客的购买欲望，达成促销的目的。下面详细介绍开通“满就送”的方法。

第 1 步 在淘宝网卖家中心页面中，在左侧的【营销中心】区域中单击【我要推广】链接，如图 6-1 所示。

第 2 步 进入“我要推广”页面，在【营销工具】中单击【满就送(减)】选项，如图 6-2 所示。

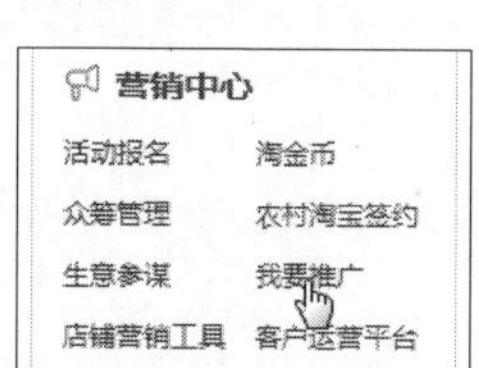

图 6-1

图 6-2

第 3 步 进入服务市场页面，在“满就送”产品下单击【立即使用】按钮即可完成开通“满就送”促销产品的操作，如图 6-3 所示。

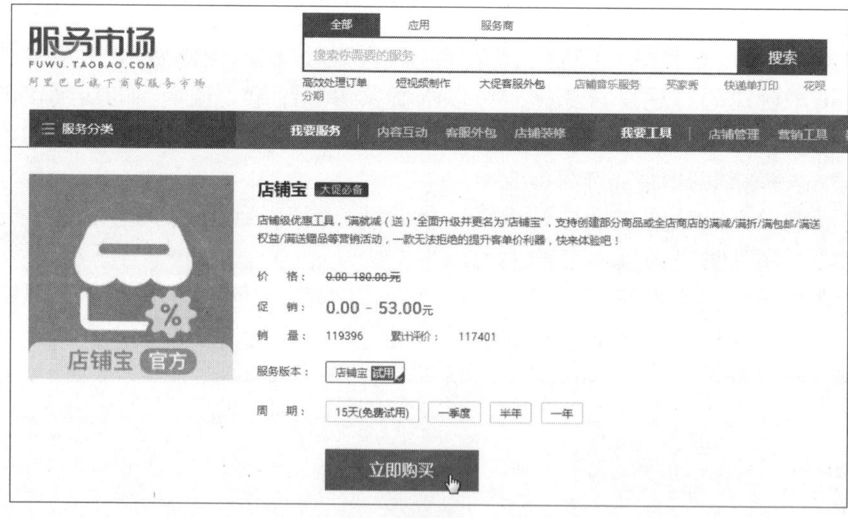

图 6-3

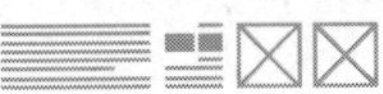

Section
6.4 免费试用

淘宝网的大量用户对一些陌生品牌或产品持怀疑态度，淘宝试用应运而生。淘宝试用中心的活动一般是商家拿出试用品免费给淘宝会员试用，想参加的会员提出申请后淘宝会审核，申请成功的会员就可以获得免费试用的机会。

6.4.1　淘宝试用中心

淘宝试用中心是全国最大的免费试用中心，最专业的试客分享平台。试用中心聚集了上百万份试用机会以及亿万消费者对各类商品最全面、真实、客观的试用体验报告，为消费者提供购买决策。试用中心作为集用户营销、活动营销、口碑营销、商品营销为一体的营销导购平台，为数百万商家提升了品牌价值与影响力！试，是一种生活态度，更是对生活的一种认可。与其东奔西走到处收集口碑评论来决定买什么商品，再小心翼翼地试水，不如亲自领取试用装更为划算和安心。“试客”这个新名词也开始渐渐走红于网络。

好的产品不怕试用！淘宝网上的传统店铺是购买方收到产品后再确认付款！也是商家推广自己产品的一个很好的方法。

商家参加试用活动，是有一定条件的。申请试用的商家需要满足以下要求。

集市店铺：1 钻以上，加入消保，99%以上好评率。

商城店铺：店铺综合评分 4.5 分以上。

90 天内没有因产品质量被投诉。

商家需要加入 7 天无理由退换货。

申请使用的商品需要符合以下要求。

试用产品必须为原厂商出产的合格、全新产品，在良好保质期内。

食品、化妆品等必须有相应的质量证书。

满足试用品的最低数量和价值要求。

6.4.2　参加试用的好处

卖家在新品刚推出时，由于其产品性能、功效、感觉等方面都还不被人所

知，要打造产品品牌就更加困难，为了提高新品的推广力度和曝光率，很多时候卖家会参加淘宝官方活动，其中淘宝免费试用活动是最适合新品做推广的。从长远利益来看，卖家参加淘宝免费试用活动好处有哪些？

好处 1：该淘宝官方活动较为适合那些流量及好评不多的宝贝。因为这种免费使用体验的活动，既不用花钱去买，而且可以包邮的好事，会有多少？所以在关注度和销量方面肯定不会差到哪里去。所以，卖家要想提高网店的流量，不妨选几件宝贝来参加淘宝免费试用活动，这或许比直通车的效果还要好。

好处 2：免费试用活动结束后，买家提供的使用报告可以提高产品的好评率，以促进产品的销售量。而且一贯关注淘宝试用活动的顾客都会常去该淘宝活动区，浏览心动的产品，若试用报告很好，宝贝的口碑也会得到好的宣传。

好处 3：卖家要想利用好免费试用活动来促进网店其他产品的销售额，必须做好产品之间的关联销售，试用活动做得好，不但能提高整店的销售量，也能把之前活动亏损的都赚回来，具有很好的意义。

好处 4：可以促进买家的二次购买，并且得到更为优惠的价格。若买家试用了某些产品觉得效果好，即使没有优惠价，也会来购买的，更何况二次购买具有折扣优惠等。

6.4.3 如何参加试用中心

淘宝试用中心是一个能使你的产品给买家使用的平台，并且买家一定要反馈试用新的，加上免费，能快速吸引目标顾客并且推广传播产品。下面详细介绍参加淘宝试用中心的方法。

第 1 步 在“淘宝网卖家中心”页面中，在左侧的【营销中心】区域中单击【我要推广】链接，如图 6-4 所示。

第 2 步 进入“我要推广”页面，在【常用工具】中单击【试用中心】选项，如图 6-5 所示。

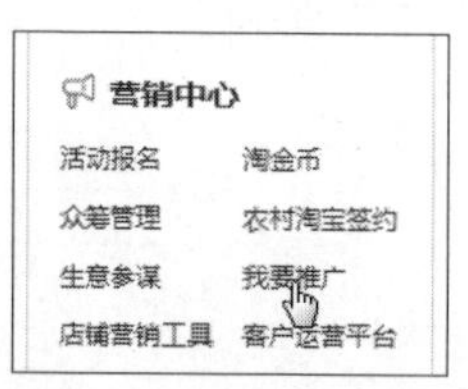

图 6-4

图 6-5

第 3 步 进入“试用中心”页面，单击【报名免费试用】按钮即可报名参加试用，如图 6-6 所示。

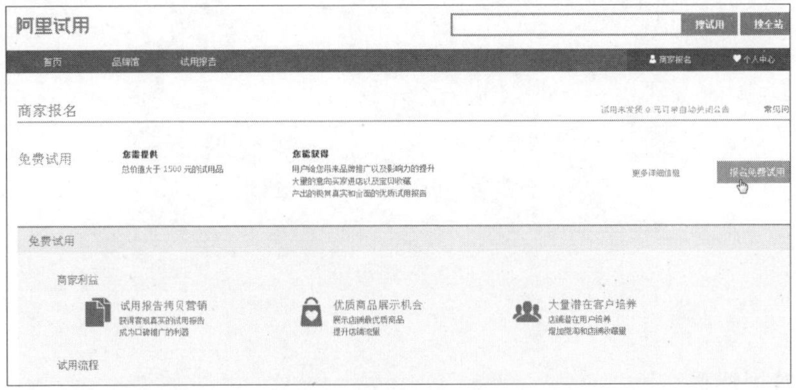

图 6-6

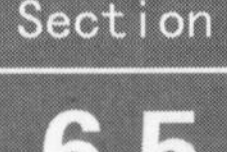

Section 6.5 促销技巧

本节导读

本节将详细介绍利用限时打折提高流量及转化率的方法、使用包邮促销提升客单价、提高天天特价报名成功概率的方法、利用淘金币营销的好处以及使用淘代码推广的方法。

6.5.1　利用限时打折提高流量及转化率

限时打折是淘宝提供给卖家的一种店铺促销工具，订购了此工具的卖家可在自己店铺中选择一定数量的商品，在一定时间内以低于市场价进行促销活动。活动期间，买家可在商品搜索页面根据限时打折的筛选条件找到所有正在打折的商品。

由于限时打折促销直接让利于顾客，让买家直接感受到了实惠，因此是目前最常用的一种阶段性促销方式，如图 6-7 所示。

图 6-7

折扣促销主要有以下优点。

1. 效果明显

价格往往是顾客选择商品的主要决定因素，特别是对于那些知名度高的商品。因此折扣是对顾客冲击最大，也是最有效的促销方法。由于折扣的促销效果明显，可起到处理到期产品、减少库存量、加速资金回笼、配合商家促销等作用。

2. 活动易操作

店主可以根据不同时间，在允许的促销预算范围内，设置不同的折扣率。这种促销方法的工作量少，成本和风险也容易控制。

3. 最简单有效的竞争手段

为了抵制竞争品牌商品的销售增长，以及抵制对手新商品的上市或新政策的出台等，可采用折扣方式刺激顾客购买商品，减少顾客对竞争对手商品的兴趣，并通过促进顾客大量购买或者提前购买，来抢占市场份额，打击竞争对手。

4. 有利于培养和留住老顾客

直接折价活动能够产生一定的广告效应，塑造质优价低的商品形象，吸引已经使用过本商品的顾客重复购买，形成稳定的现有消费群体。

6.5.2 使用包邮促销提升客单价

包邮的常见策略包括单品包邮、全场包邮、满××包邮、买×件包邮、加×元包邮、包邮卡、搭配销售包邮等形式，下面结合笔者的一些实践经验，针对不同运营阶段店铺包邮策略，分享一些实用的操作技巧。

单品包邮策略一般是店铺开张初期发展新用户的常规操作；全场包邮策略一

般为配合店铺大型促销活动、短期提升销量及转化率的临时性玩法；满××包邮一般适用于店铺发展中期，提升客单价的玩法；买×件、搭配包邮策略一般为某阶段想提升某产品销量或处理库存时的玩法，包邮卡(包邮卡新玩法)一般为提升老顾客复顾率的玩法。

1. 从客单价出发制定满包邮政策

店家实施包邮策略最核心的还是想看到有好的效果，因此建议店铺在制定包邮政策前可以先行一个月测试一下不采用包邮策略的数据反馈：比如转化率、客单价、人均购买件数、整体成交金额等，采集一手数据，为包邮策略的实施提供基础评估数据。在正式制定包邮策略时，一般会参考不包邮策略时的平均客单价，在此客单价的基础上提升 20%～30%作为满××包邮的标准依据。通过实施后的阶段数据，主要观察转化率、客单价、月成交总额几项重点数据的变化。例如，通过测试数据反馈，不包邮时月平均客单价为 80 元，则包邮政策应该为 96～104 元，99 元包邮可能就是相对合适的区间。

2. 利用组合包邮策略提供店铺运营绩效

单品包邮策略是配合直通车推广，提升转化率打造爆款的一种最常规的操作手法，单品包邮策略一般适用于新开店的中小卖家，初期对提升店铺用户量的效果明显；当店铺的品牌知名度进一步提升，进入大卖家行列时，此阶段新客的增速会下降，老客的复购会上升，如何既不影响新客体验又能兼顾老客复购，是个必须思考的问题，组合包邮策略在此阶段显得较为合适。

此阶段的包邮策略组合，笔者的建议是维持体验商品的单品包邮策略，以不提升新客的体验门槛为目标，老客部分则可根据阶段老客人均成交件数出发，并在此基础上提升 30%～40%作为买×件包邮的标准依据。这样则可以做到新老兼顾。通过实施后的阶段运营数据，观察新客数、老客户人均成交件数、转化率、成交总额等几项数据的变化趋势，做到灵活调整，则可以实现店铺运营绩效最大化(包邮也可赚大钱)。

包邮策略的制定，是一个非常系统化的工程，与店铺产品品类布局、产品定价、竞争对手及店铺所处阶段的整体运营策略都有千丝万缕的联系，没有绝对科学的依据可供参考，需要掌柜通过数据进行合理的测试优化，最终才能找到一条通天大道。

6.5.3 如何提高天天特价报名的成功概率

天天特价以崭新面貌重新出发后，每日报名商家达上千位，但是每日能够上天天特价活动的只有几百位。被通知上活动的商家满心欢喜，同时也频频发问该如何做，能让此次活动效果更好；而被通知审核未通过的商家心情也很急切，急于全方位地了解自身存在哪方面的缺陷，导致活动报名不通过。

商家报名时需确认报名的宝贝和店铺符合天天特价平台招商的基本规则。

疯狂促销、应季精品、服务保障这几点是天天特价平台最欢迎的宝贝类型。

各类目商品报名的宝贝大前提是应季商品，并且能够热卖。例如，夏天报名毛衣、棉被、棉鞋、暖风机肯定是不能通过的。

宝贝一定要精选，报名前分析店铺近期热卖、淘宝近期热搜的关键词和宝贝，分析你的宝贝受众群体是否受欢迎，你报名的宝贝质量必须经得起检验。活动机会难得，当然得选最好的产品。

宝贝折扣价格如何填写才能具有竞争力？提高原价再打折或者报名折扣价格与店铺内促销价格一样，是绝对上不了活动的。

同款宝贝报名众多，宝贝和价格不成正比的、全网比价无优势的、曾有极低价销售记录的商品一定要慎报。宝贝性价比高，合理的价格促销，综合竞争实力强才是王道。

商家报名的宝贝页面糟糕透顶，细节描述一塌糊涂，这样的宝贝是不会有高转化率的。对商品进行清晰优质的描述，才能在流量进入的情况下留住更多顾客，也能为报名成功带来更大的机会。

商家报名宝贝，在标题上标注了“专柜正品”，但是在报名的时候无法提供相关证明，这种情况是 100%不能通过审核的。如果你的宝贝涉及品牌，请诚信提供一切能够证明货品来源的文件，可以是授权书、进货凭证等。授权需要体现品牌拥有者、店铺 ID、店铺地址、授权有效期限等。

商家报名时已慎重选好了上活动的日期，却在同期做其他促销活动，审核通过以后，促销价格标签取消不了，活动资格就会被取消，白白错失了上活动的机会，所以要合理规划日期和其他促销活动的安排。

报名的宝贝图片必须是白底图，并且清晰美观，涉及明星、著名卡通等图像的必须取得授权(模特的选择、图片的处理一定要慎重)。清晰的模特图片能够更好地展示你的商品，没有模特图片，就提供能够突显宝贝质感的图片。

填写宝贝名称的时候，系统要求为 13 个以内的汉字，这 13 个汉字将宝贝信息直接体现。标题关键字尽量精简明确，且能够体现该宝贝属性。例如，报名一

款女士 T 恤，标题可命名为：修身纯棉透气 T 恤、圆领可爱舒适短袖。

报名提交后的准备工作目前系统后台还未开放商家自主查询，所以当系统通知审核通过，要求商家做后续操作的时候，很多商家不知道自己报名了多少库存。建议各位商家在报名以后要及时记录下自己报名的库存以及活动时间，以免出问题而取消活动资格。

审核通过后，系统会在活动前 1～3 个工作日内发出消息通知卖家，这时就需要您保证旺旺在线，且能及时收到系统通知，告知店铺内客服人员，收到通知后及时做好相关工作。包括店铺内客服的培训、页面关联营销等，当大流量进入的时候，一定要从容应对。您的店铺团队要具备较强的运营能力、营销活动的能力，店铺有较好的流量和成交量。相关操作一定要按照系统提示及时、规范地进行，不然也会被取消掉活动资格。

活动期间，必须保持旺旺在线，如有异常情况(如恶拍、投诉等问题)请及时联系天天特价小二。此外，您还可以自主宣传，通过各种途径(如会员营销)向消费者传播此处活动，引导您的成交。

活动结束后，商家除了在规定时间内发货完成交易外，请积极认真地总结本次活动的经验教训，在论坛发帖分享给更多的会员。好的分享帖子，能够帮助下次活动的顺利开展。

6.5.4　利用淘金币营销的好处

淘金币是淘宝网的虚拟积分。在淘金币平台上，买家能够兑换、竞拍到全网品牌折扣商品，也可以兑换、抽奖得到免费的商品或者现金红包，并可以进行线上线下商家的积分兑换。

开通淘金币营销有以下好处。

低成本投入：0 费用。

稳定流量：淘金币平台专门开设店铺街频道，设置淘金币抵钱就有机会进频道展示，尽享淘金币平台日均 1500 万流量。

吸引更多优质买家：每天 2000 万买家通过各种渠道赚淘金币，卖家通过发淘金币，可以持续吸引买家进店互动。

超高转化率：全网超过 1 亿买家有淘金币，设置全店支持淘金币抵钱，可以吸引买家进店消费，拉动店铺成交促进下单。

官方推广：设置淘金币营销支持宝贝搜索淘金币专项筛选+店铺搜索淘金币直达+手机淘宝搜索优化。

最大营销平台：品牌团破百万，单品一夜破万销售纪录!当季单品日销千

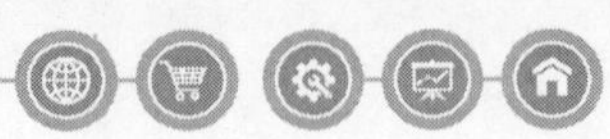

件，日成交翻10倍。

回馈客户：开通淘金币后可以设置淘金币抵钱，买家购物时可以享受优惠，也更愿意购买。

提升全店销量：设置淘金币活动期间，店铺的流量会超高，配以合理的关联销量，在打造爆款的同时提升店铺的销量。

提升收藏量与搜索排名：在参加金币活动期间，巨大的销量自然会带来更多店铺收藏与单品收藏。在淘宝的自然搜索规则里，产品销量与产品的收藏量是其中两个重要的因素，销量与收藏量的提升，带来的则会是产品搜索排名的提升。

6.5.5 如何使用“淘代码”推广

淘代码，被誉为电商全新营销工具。淘代码由一个字母加若干数字组成(如：D4999380)D开头是店铺代码，B和T一般就是宝贝代码，可在淘宝网搜索直达店铺或宝贝页面。商家通过生成淘代码为买家提供淘代码专属折扣，买家通过淘代码搜索可以直达店铺或商品页面，实现轻松购物。

淘代码分为店铺淘代码和宝贝淘代码，店铺淘代码可搜索直达店铺页面，如D8793679，D0808090；宝贝淘代码可搜索直达宝贝详情页，并可设置淘代码专享折扣，如B89743173、B16093819、B59814340。

T、D和B开头的淘代码区别有哪些？

T字开头淘代码：该号段是淘代码增值业务专属号段，只针对增值业务相关服务和产品配套使用。

D字开头淘代码：三钻以上(含三钻)的卖家可通过淘宝后台免费申请的店铺淘代码。

B字开头淘代码：三钻以上(含三钻)的卖家可通过淘宝后台免费申请的宝贝淘代码。

淘代码的特点包括以下几点。

1. 店铺搜索直达

店铺淘代码简单易记，以数字与店铺绑定的形式，用最直接的方式将品牌形象传达给用户，相当于店铺门牌，而且可搜索直达，避免了流量流失。

2. 商品搜索直达

宝贝淘代码与宝贝页面唯一对应，买家无须记忆冗长的商品名，搜索直达宝贝详情页，避免因自然搜索引起同类商品的竞争。

3. 会员定向营销

商家可为不同级别会员指定不同的优惠商品并生成对应淘代码，会员凭淘代码享受专属优惠，淘代码还可做优惠暗号。

4. 折扣营销功能

商家可通过淘代码设置商品专属折扣，买家通过搜索此淘代码方可享受特定优惠。

5. 线下转线上的直达跳转工具

淘代码可实现跨媒介的快速直达跳转。

6. 数据追踪

通过淘代码可以追踪成交数据，搜索 PV、GMV、支付宝成交等。

开通淘代码的方法如下。

(1) 申领 D 或 B 字开头淘代码：进入淘代码卖家自助平台，具体路径“淘宝网→卖家中心→营销中心→我要推广→营销入口→淘代码”，点击【淘代码管理】可自助生成和管理 D 或 B 字头淘代码。

(2) 申领 T 字头淘代码：

方法一，进入淘代码卖家自助平台，具体路径“淘宝网→卖家中心→营销中心→我要推广→营销入口→淘代码”，点击【店惠宝典】选定淘代码增值服务套餐后可免费申领 T 字头淘代码。

方法二，卖家在淘宝或天猫搜索框搜索 T00001 进入选号页面，选择淘代码增值服务可免费申领 T 字头淘代码。

Section 6.6 成功案例——女孩网上卖珠宝一月订单一百张

深圳女孩阿丽在网上卖起了少则几千元、多则十几万元一件的珠宝，靠着高性价比、真诚沟通、个性化定制和完美的售后服务，短短的两三年里，从当初的一个月只有二三单生意，发展到现在每月有一百多订单。

1. 寻找结婚钻戒发现商机

2010 年，二十刚出头的阿丽从河南老家来到深圳，在一所公办学校当起了临聘教师，后来又成为雇员。2014 年，阿丽结婚了，爱人是从小一起长大的同学。虽然两人都在深圳工作，但积蓄不多，加起来只有万把块钱。像大多数女孩一样，阿丽想要一颗结婚钻戒，但商场上的钻戒价格令人咂舌，让她不敢问津。不甘心的阿丽听说网上购物便宜，就上网搜索了一下，挑中了一个 13 分的钻戒，只要 999 元，是珠宝实体店价格的三分之一。原来网上与实体店的珠宝价格差距有这么大啊！阿丽从中发现了商机。

第一次在网上买珠宝，就花了家产的十分之一，自己也很不放心，特意与老公找了一家珠宝鉴定机构，花了 150 元鉴定，结果确实是真钻石。阿丽说，这段网上买珠宝的经历，对她后来做网上珠宝生意也很有启发，因为她从自己身上了解了网购者的心理，自己后来在网上卖珠宝就特别注重信誉，而且每件珠宝都提供权威机构的鉴定证书，或者和网友一起去做鉴定。

说起自己的第一单生意，阿丽至今记忆犹新。2015 年，正在休产假的她有时间了，就跑了几家珠宝工厂，寻找钻石原料。但厂家告诉她，一次少于十件的生意他们不做。刚刚准备起步，哪里会一下子就有十件的生意，于是阿丽就找到一家工厂的老总，说，十件肯定没问题，但需要时间。最后，这家工厂为她破例，三件以上就可以从他们这里拿货。就这样，阿丽在“深圳房地产信息网”的论坛上开始发帖，名字叫“老王的媳妇”，为网友订制珠宝饰品，价格一般为实体店的四成。不久，一位网友订了两件，为了凑足三件，阿丽又给自己的妈妈订了一件，终于做成了自己的第一单生意。

阿丽说，深房网论坛上的网友多为深圳人，她为网友订制珠宝，价格是透明的，比如她可以带网友到珠宝工厂挑钻石，还组织网友团购，价格能再便宜一点。然后她再根据网友的要求请人设计，这样一单生意下来，阿丽只赚个跑腿钱。

2. 辞职开网店被风投相中

产假结束了，阿丽开始一边上班一边在网上为客户订制珠宝，但她的爱人小王告诉她，这样一心两用只是挣点小钱而已，事业上将是一事无成。对此，阿丽非常认同，于是，2016 年 9 月，阿丽辞去了教师工作。阿丽开了一家网店，叫“卡卡珠宝”，有专门的网页，这时，她的网友客户都自发地称自己为“卡友”了。

慢慢地，阿丽的“卡卡珠宝”做出了自己的特色，就是为高端客户订制个性化的珠宝，其珠宝饰品中的钻石都是从海外的钻石切割工厂直接拿货，然后根据

客户的要求为其设计并制作，客户认可并经权威机构鉴定质量符合要求后，再通过网上的“付宝”或银行付钱，而价格只是珠宝实体店的四成左右。当然，阿丽也想开个实体店，毕竟有些网友会有一些担心，有一个找得着的实体店可以让他们更放心。考虑到实体店需要的资金较多，阿丽准备有一定的积累后再计划，没想到一家业内知名的企业找上门来，主动提出要给她提供风险投资。

说起与这家知名企业的合作，阿丽说开始时自己觉得有些突然，因为自己以前只是和他们做过几单生意，从他们那里买了一些制作珠宝饰品的原料，不知道这家企业正在准备把业务从提供原料扩展到珠宝零售，正在寻找合作伙伴。在交易的过程中，他们对阿丽和“卡卡珠宝”进行了细致的观察和调查，对阿丽的人品及发展思路非常认可，主动提出投资 100 万元，其中 60 万元算是借给阿丽的，新的“卡卡珠宝”阿丽占六成股份，这家企业只占四成，而且不干涉阿丽的经营。

资金问题一下子得到了解决，2016 年 12 月，注册后的深圳市卡卡珠宝有限公司在深圳最繁华的地王金融圈和东门商业圈融合处开设了自己的第一家实体珠宝专卖店，一方面为消费者提供更多更新的款式，另一方面给了网上的“卡友”坚实的信心保证。

现在，卡卡珠宝已成为中国珠宝玉石首饰行业协会的会员单位。为了发展自己的事业，也为了让更多的人消费得起珠宝饰品，阿丽的服务团队正在扩大，同时，卡卡珠宝的实体店也将扩张到广州、北京、上海、郑州，让卡友们得到更方便、更优质的服务。阿丽高兴地说，卡卡的广州实体店也即将开张，迈出向外扩张的第一步。

第 7 章

在淘宝花钱推广网店

很多店主在淘宝网开店就是因为淘宝网开店的门槛低，不愿意花钱推广，其实只有懂得花钱的人，才懂得如何赚钱，有效利用淘宝网的这些付费的推广方式，往往能收到事半功倍的效果。

Section 7.1 直通车推广

淘宝直通车是淘宝网推出的一种全新的搜索竞价模式。直通车竞价结果不仅可以在搜索引擎上显示，还可以在淘宝网以全新的“图片+文字”的形式展示。每件商品可以设置 200 个关键词，卖家可以针对每个竞价词自由定价。

7.1.1 什么是淘宝直通车

淘宝直通车是为专职淘宝和天猫卖家量身定制的，按点击付费的效果营销工具。它是由阿里巴巴集团下的雅虎中国和淘宝网进行资源整合，推出的一种全新的搜索竞价模式。

直通车实现宝贝的精准推广，在给宝贝带来曝光量的同时，精准的搜索匹配也给宝贝带来了精准的潜在买家。淘宝直通车推广利用一个点击链接，让买家进入你的店铺，产生一次甚至多次的店铺内跳转流量，这种以点带面的关联效应可以降低整体推广的成本和提高整店的关联营销效果。同时，淘宝直通车还给用户提供了淘宝首页热卖单品活动和各个频道的热卖单品活动以及不定期的淘宝各类资源整合的直通车用户专享活动。

7.1.2 申请加入直通车

在开始直通车推广前，首先要申请加入直通车，加入直通车不需要重新注册，淘宝直通车完全与买家的淘宝账户绑定，方便快捷。首次加入淘宝直通车需要预存 500 元的推广费用。淘宝直通车到账后，即可开始在淘宝直通车推广宝贝。

第 1 步 在淘宝网卖家中心页面中的左侧【营销中心】区域，单击【我要推广】链接，如图 7-1 所示。

第 2 步 进入【我要推广】界面，单击【淘宝/天猫直通车】选项即可完成操作，如图 7-2 所示。

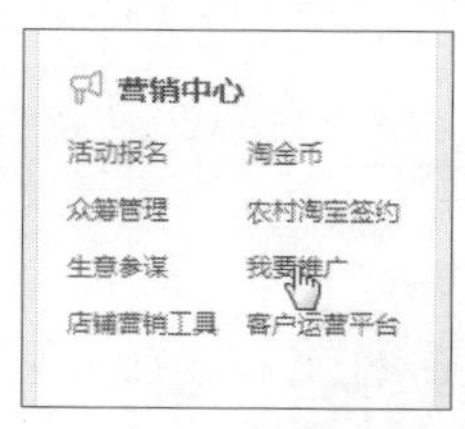

图 7-1

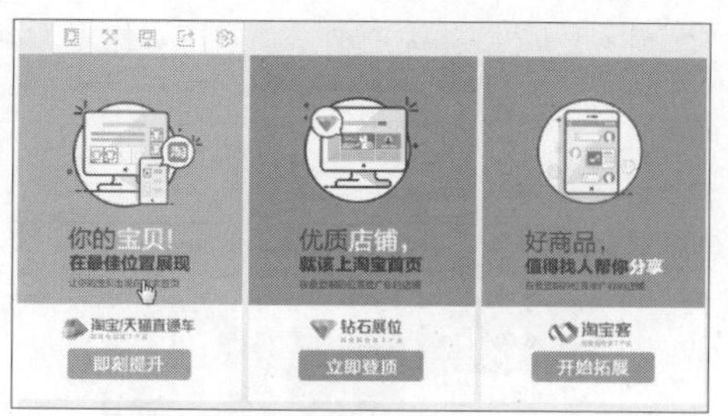

图 7-2

7.1.3　直通车推广方式

1. 宝贝推广

最基础的直通车推广方式，以关键词为基础，推广宝贝，运用最为广泛。展示位置主要在搜索右侧 11 个展位，底部 5 个展位，最多 200 个关键词。

宝贝推广是淘宝直通车最基础的一个推广方式。使用宝贝推广，除了可获得精准的搜索流量之外，还可通过对不同人群加价以及对不同展现位置竞价来获取更丰富的定向流量。

例如，当买家搜索“呢子大衣”时，就可以通过设置“呢子大衣”这个关键词，在搜索结果页的右侧或底部获得展现，从而吸引买家进入商品页面。

宝贝推广的展现位置包括关键词搜索结果页面右侧的“掌柜热卖”区域，如图 7-3 所示，以及关键词搜索结果页面下方的“掌柜热卖”区域，如图 7-4 所示。

图 7-3

图 7-4

宝贝推广的优势包括：超准流量，卖家主动搜索商品时，在最优位置展示你的宝贝，只想给买的人看；超省成本，免费展示，买家点击财富费，自由调控花销，合理掌控你的成本。

宝贝推广的展现规则是根据关键词的质量得分和关键词的出价综合衡量出的商品排名。质量得分主要用于衡量关键词与宝贝推广信息和淘宝用户搜索意向之间的相关性。可以参考淘宝直通车系统里的智能预测工具结果，更加有针对性地优化推广内容，在提升潜在买家有效访问流量的同时，提高访问质量，让你的热销宝贝脱颖而出。

宝贝推广的扣费方式是按点击计费。买家搜索一个关键词，设置了该关键词的宝贝就会在淘宝直通车的相应展示位上出现。当买家点击你推广的宝贝时，才会产生费用，淘宝直通车才会进行相应扣费。根据对该关键词设置的价格，淘宝直通车的扣费均小于或等于你的关键词出价。

如何搜索到自己的直通车广告

智慧锦囊

到直通车后台点击你的关键词，会打开一个关键词统计页面，最底部有你搜索的关键词的宝贝排名。如果标题中含有关键词，该关键词会以红字显示，比如第 14 个标题显示红色，说明你的宝贝排在第二页右侧第一个。每页有 13 个直通车宝贝，右侧 8 个，下方 5 个。然后到淘宝搜索中搜索你要的关键词，翻到第二页，第一个就是自己的宝贝了。

2. 店铺推广

推广店铺首页、系列、专题页等推广方式，也是以关键词为基础的，展示位置在搜索右侧 3 个位置，最多添加 1000 个关键词。

店铺推广的优势包括营销活动的好助手，满足推广多个宝贝或全店推广的需求，是单品推广的有效补充；品牌打造新阵地，店铺推广大图展现，实现品牌传递与效果营销双丰收；每天 1.5 亿的流量，拓展更多淘宝站内流量。

店铺推广的展现位置在淘宝网关键词搜索结果右下侧的“店家精选”区域展示位，如图 7-5 所示。

图 7-5

店铺推广的排序是由匹配关键词的出价、质量得分和预测类目共同决定的。按点击计费。与单品推广一样，展现不扣费，按照点击扣费。每次扣费金额取决于为关键词设定的出价和关键词的质量得分，最高不会超过关键词所设定的出价。

3. 明星店铺

明星店铺是以品牌展示为主，一般是品牌旗舰店可以开通，不能自主添加关键词，不能自主出价。产出投入比高，因为搜品牌的人都对品牌有一定认知。

开通了明星店铺的卖家，通过对推广信息设置关键词(卖家所设置关键词的核心词应与其店铺名、店铺主经营品牌相关，核心词需经审核通过)和出价，当买家在淘宝网搜索相应关键词时，其推广信息主要出现在搜索结果的首页最上方的位置，以获得展现和流量。

明星店铺是淘宝直通车的一种新的推广方式，当买家输入与店铺名、店铺品

牌相关的关键词进行搜索时，明星店铺推广信息将展现在搜索结果页的最上方。

明星店铺推广的优势包括占据黄金位置，占据着淘宝网宝贝搜索结果的首页位置，截留效果明显，成交转化率高；塑造品牌形象，通过明星店铺产品特有的Logo，彰显店铺的品牌价值；丰富推广形式，其展现形式更为丰富，品牌Banner图片和4个文字链接可带来更好的收益。

明星店铺的定价用户关键词不需要靠出价排名，会由系统给出对应价格(直通车后台会显示)。价格与店铺所属主营类目的平均点击价格有关，并会随明星店铺产品市场竞争度和流量数据的变化而不定期更新。更新前，会同意进行官方通知。买家搜索关键词，你的店铺信息就会展现在明星店铺的位置，买家点击展现区域的链接，系统才会进行扣费。

明星店铺的竞价用户，系统将按照点击进行计费。点击费用等于下一名出价加上 0.01 元。如只有一名卖家参与竞价，则按照系统默认价格计费。系统默认价格与该店铺所属主营类目的市场平均点击价格有关，并会随淘宝网市场竞争度和流量数据的变化而变化。

关键词搜索后，在搜索结果页最上方的区域进行展示，如图 7-6 所示。

图 7-6

4. 活动推广

活动推广采取直通车用户自主报名的方式，将一部分符合淘宝特别运营要求的宝贝，在某一段时间内，在特定位置上集中展现。目前主要分为长期活动和主题活动两种形式。直通车活动是直通车客户的专属活动。最火爆的长期活动能在

淘宝首页直接展示，获得千万名消费者的关注。

活动推广的优势包括投放精准，通过自动人群定向功能，锁定目标客户，实现精准投放；打造爆款，每日上千万的活动流量，以单品形式呈现，祝你打造爆款；成本划算，活动起价 0.05 元，花最少的预算获最大的利润。

活动推广的展现位置为淘宝首页底部的热卖单品区域，这是淘宝直通车的长期活动，日均百万的流量。以其独特的展现方式帮助各位卖家精准定位目标客户，聚焦千万名消费者关注，如图 7-7 所示。

主题活动没有固定的展现位，通常是契合营销实际，占据最火爆的推广位，为客户提供优质的活动资源，具体可在活动专区报名时做详细了解。

热卖单品活动采用人群定投的原理，根据买家兴趣展现宝贝。展现概率与宝贝的出价以及点击率高低相关。同时，所有报名成功的宝贝中，会匹配相关性较高的宝贝，展现至其他活动展位，包括站外的一些资源位置。

图 7-7

5. 快捷推广

快捷推广是一种广泛推广形式，系统自动匹配，产生的流量不可观，效果不好。

6. 定向推广

定向推广是一种以人群、兴趣点等定向到有一定标签的用户，点击率低。

Section
7.2
淘宝客

本节导读

淘宝客是指利用互联网帮助淘宝卖家推广商品，并按照成交效果取得佣金的个人或集体。淘宝客是一种可以先看到效果再付钱的形式。只要你的产品质量好，佣金比率设置得相对较高，就会有淘宝客为你宣传。

7.2.1 什么是淘宝客推广

淘宝客是一种按成交计费的推广模式，也指通过推广赚取收益的一类人，淘宝客只要从淘宝客推广专区获取商品代码，任何买家(包括您自己)经过您的推广(链接、个人网站，博客或者社区发的帖子)进入淘宝卖家店铺完成购买后，就可得到由卖家支付的佣金；简单来说，淘宝客就是指帮助卖家推广商品并获取佣金的人。

在淘宝客中，有推广平台、卖家、淘客以及买家 4 个角色，他们每个都是不可缺失的一环。

推广平台：帮助卖家推广产品；帮助淘客赚取利润，每笔推广的交易抽取相应的服务费用。

卖家：佣金支出者，他们提供自己需要推广的商品到淘宝联盟，并设置每卖出一个产品愿意支付的佣金。

淘宝客：佣金赚取者，他们在淘宝联盟中找到卖家发布的产品，并且推广出去，当有买家通过自己的推广链接成交后，就能够赚到卖家所提供的佣金(其中一部分需要作为推广平台的服务费)。

7.2.2 怎样才能吸引更多的淘宝客来推广商品

做淘宝客这条推广路线，首先一定要转变思维，这个时候“顾客是上帝”应该转为“淘宝客是上帝”，对于一个网店来说，就是市场为王，把淘宝客作为经营对象，为淘宝客提供所需要的东西，这才是淘宝客推广的王道。

1. 活动型加奖型

卖家可以提高自己的佣金，然后搞一些活动，比如“本月推广前三加奖 1000 元”，在奖励之外还有奖励，对于一些刚做淘宝客的人是非常有吸引力的。如果卖家很想尝试这个方法，笔者建议如下。

以一个时间为期限，比如一个月的推广时间。

定期公布排名情况，比如每天公布排名情况或者一周公布一次。

最后发出去了额外奖励，最好写一篇文章，既宣传了自己，又让这个活动得到了更多人的关注，让人觉得活动确实有效果。

2. 社区软文炒作型

曾经有过此类的帖子“通缉这位淘宝客达人，一天之内赚了我 2000 元”(就是说一个淘宝客赚走了 2000 元佣金)，这样的标题非常有吸引力，其实这个店长是想通过这个帖子告诉大家，他的商品推广起来很容易，已经有淘宝客赚了我 2000 元了，大家还不快来推广！这也就完全符合我说的炒作的几个要素，真实的事件、宣传的目的，这就是非常成功的社区软文炒作。社区喜欢哪一类的帖子，你的帖子一定要迎合社区需要，然后把自己想要传播的东西放进去。

3. 为淘站站长提供广告图

你觉得自己的店足够好，你觉得自己的产品足够好，你觉得自己的佣金足够吸引人，有的站长其实也很想帮你推广，但是苦于不会做图片，淘站也是由淘宝客而产生的一种新型站点，是以淘宝为资源基础组织而成的网站。淘站里也有很多广告资源，如果你提供一组你的网店广告图、一组你的产品广告图，各类规格的，比如 760×90、728×90、468×60、300×300 等比较主流的广告图片，图片一定要好看，为了防止站长拿来给别人的店做推广，可以在图片上明显地写上店铺的地址、电话联系方式等水印。淘宝客也是一种 CPS 广告方式，任何 B2C 的 CPS 都会提供广告图，当然阿里妈妈也会提供很多广告图，主题推广、海报推广等，花样很多。

4. 找一些实力雄厚的淘站进行“包月广告+淘宝客”推广

淘宝客是根据销售效果进行提成的一种推广方式，也就是说，如果一件没有卖出去，那么淘宝客或站长都白花时间做推广了，可以选择一批卖家认为实力比较雄厚的站点进行“包月广告+淘宝客”的推广方式，给站长信心，也可以争取一些好的位置。具体可以根据你的佣金情况和网站站长进行谈判，其实我们可以联想到线下，一个公司的销售人员的工资，就是底薪+提成，你可以把这个站长的网站作为销售人员，底薪+提成的操作模式。

5. 店长自己也参加淘宝客

如果一款产品，你本身有 50%的利润，你设置了 25%的佣金，之后利用硬广告，或者你的其他推广方式把这个产品的淘宝客推广做了上去，做到了淘宝客排行榜的前面，首先是吸引淘宝客来推广你的产品，其次还有可能受到阿里妈妈频道推广、主题推广等的关注。

6. 分享源码，获得抢眼位置

很多淘宝客是建站新手，或者苦于没有一套好的建站程序，淘宝店长可以制作一些简单的页面，或者找一些成功的页面，比如减肥产品，可以设计“减肥产品排行榜”这样的一个页面，然后把你的产品默认放在第一，要强调的是，你的产品好不好，你给的佣金丰厚不丰厚，任何推广都要建立在产品基础上，比如前面说的减肥产品，首先你得满足一些基本的条件，比如你拥有钻石以上的信誉，你拥有一定的销售历史，卖得还不错，你给出了非常不错的佣金等。对任何一个推广方式都是如此。强调互联网是多赢世界，大家好才是真的好。

7. 加强淘宝客沟通，建立旺旺群

很多店长都已经意识到了这个问题，建立旺旺群，这样你的商品下架可以第一时间告诉淘宝客，会让淘宝客感受到你合作的诚意，会更加愿意帮你推广，也更加放心地帮你推广，而且你可以将目前的推广动态信息第一时间传递给淘宝客。

8. 某一单品设置佣金高，吸引推广

有的卖家，比如卖手机的，可能利润不是很高，但是如何在众多商品中脱颖而出呢，你可以把其中一款设置超高佣金，全站设置一个合理的佣金，比如全站3%佣金，某一款手机的佣金高达 25%，权当赔本赚人气，而且我相信进来后，购买了其他手机的肯定也不少。然后你也可以利用这个 25%的佣金资本，找一些手机类的网站合作，要求对方投放广告。

7.2.3 去哪里寻找淘宝客

寻找淘客的方法很多，淘客一般就是通过百度知道、个人网站、微博、QQ等渠道推广，很多有经验的卖家都是几个渠道一起推广。新手卖家可以从这些方面下手。找到这些网站，大多数网站的导航条、底部栏或者侧栏等地方都有电话或 QQ。

店内量子统计或酷站流量来源等站外流量监测软件。这些软件可以监测流量来源、成交来源，可以看到每个站外链接带来了多少点击、多少成交，通过软件

可以维护现有的淘客和发现新淘客。

搜索引擎搜索。在百度上搜索产品名称，会出来非常多的淘客网站，下拉框也会推荐很多。大家可以通过这种方法找到一些大淘客，因为只有 SEO 做得好的淘客百度排名才这么靠前，而且有些淘客是百度竞价付费推广我们的产品的。搜索品牌的好处是流量更精准，可以找到和自己产品价位人群差不多的品牌，也非常适合抢竞争对手的淘客流量。

微博搜索，这个和搜索引擎搜索差不多，也是淘客非常活跃的场地。我们可以直接在微博里搜索产品或者品牌，也会看到大量软文。平时大家也会发现自己的新浪微博粉丝总是在增长，当你好奇也关注他们的时候，发现很多号都是在发软文推广产品，他们每天关注大量的人，也大量地发广告。

QQ 群推广。很多淘客是通过 QQ 群推广的，如秒杀宝贝分享群、白菜价分享群、天天 9.9 包邮等，有的淘客自己就有几十个群，群内上千人，会发超便宜、有特点或者符合群内人群的产品。有的群主其实就是淘客，会偶尔发一些淘客链接到群里。

设置一个淘客手动审核计划。可以设置一个高级淘客计划，申请这个计划的淘客可以得到比通用计划更高的佣金，但是公告上应写清楚，申请这个计划的验证信息必须写上自己的 QQ 或者电话，否则一律拒绝，等你审核的时候就能轻松获得他们的联系方式了。

淘客结算订单报表下载。在阿里妈妈后台下载所有淘客结算订单的数据，里面会有淘客的昵称，虽然只是淘宝联盟的昵称，但是很多淘客的昵称是直接用自己的旺旺的，可以尝试用这个昵称找到谁正在推广自己，这种方法适合挖掘出通用计划中正在推广自己产品的淘客。

发布淘客招募帖。阿里妈妈论坛是淘客云集的地方，很多论坛板块都允许发布淘客招募帖，如图 7-8 所示。关于怎么写招募帖，大家可以多去论坛逛逛，看别人是怎么做的，文案诱惑越大越好，特别是招募帖的标题，要吸引淘客点击。店铺实力，优质服务，产品卖点，高转化率，高额佣金等都是吸引淘客的重点。

有些商家在店铺内也发布淘客招募帖，不仅招募淘客，甚至你不会淘客，我免费培训你学淘客，来推广我的产品。

直接买下淘客的广告位。如果你对自己的产品转化率有信心，就直接买下比较大的淘客广告位，这些流量会比较稳定精准，对竞争对手也是一个很大的打击。

图 7-8

7.2.4 淘宝客如何选择高利润的推广产品

如今淘宝客被越来越多的人所熟知，因而竞争越来越大。对于很多淘宝客新手来说，重要的一点是选对推广产品。下面详细介绍几个选择推广产品的标准。

1. 根据兴趣选择

这种模式，通常适合打造意见领袖模式的淘宝客，例如，你是个数码控，对于一些电子产品，如平板电脑、数码相机等肯定比较熟悉，可以做该方面的产品。

2. 根据热点选择

去百度搜索排行榜，看看今天流行什么。登录淘宝联盟后台，在页面中有淘宝联盟相关推荐的热点产品，“别拿豆包不当干粮”，这么大的篇幅，肯定有它的价值，这些数据来源都很重要，包括下面的排行榜，如图 7-9 所示。

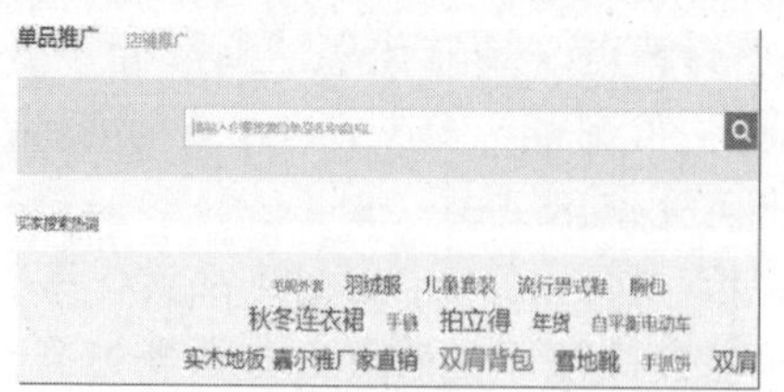

图 7-9

3. 关注销售量

淘宝客选择产品，非常重要的一点是看历史销售，卖得越多越好，爆款的产

品是最受欢迎的。很多淘宝客都愿意寻找那些单品销量大，但是网店信誉不一定高的商品作为推广对象。

4. 根据淘宝客佣金选择

需要注意的是，有些商家的特殊计划比通用计划的佣金比率要低，而且一旦申请成功，就不能申请退出，这样，就要以低佣金支付了。

5. 根据特长选择

例如，你有实体店，会修电脑，那么，你可以做电脑、组装机之类的产品，你在撰写的过程中，会比较顺手，毕竟都是你熟悉的功能和操作。

6. 根据资源选择

充分利用手中所掌握的资源去做淘客，你加到了 QQ，可以拉进 QQ 群，也可以通过单向好友的方式，在 QQ 空间和 QQ 校友中做 SNS 营销，当然，至于如何变现，可以是做视频联盟，也可以根据时间向你的数据库推荐目标用户需要的产品。

我们还要看 30 天的推广量。大家到后台查看数据的时候，可以选择按 30 天的推广量进行排序，我们最好是选择那种推广量大的产品进行推广，因为既然别人能够推广成功，那么我们也可以。

我们要看店铺的信誉。为什么要关注店铺信誉呢？因为如果这款产品所在店铺的信誉很低，比如说只有四颗红心或者三钻四钻，那么会影响我们的推广成功率，因为别人在点击我们的推广链接进入淘宝店的时候，他一定会查看这家店铺的信用怎么样，如果是皇冠以上的级别，肯定能大大提升他对这款产品的信任。

还要查看所推广产品的买家评价。这一点也很重要，假如这款产品的买家评价里有很多不良评价，那么肯定会影响别人的购买欲望，甚至放弃购买。真正的淘宝客高手，在这一细节方面都是做得很到位的。

Section 7.3 聚划算

随着团购的火热，作为拥有商家最多的淘宝网怎能错过这个机会？于是，淘宝网推出了自己的团购频道——聚划算。聚划算成立于 2010 年，2010 年 10 月成为独立业务，是中国最大的以消费者为驱动的品质购物网站。

7.3.1 什么是聚划算

淘宝聚划算是阿里巴巴集团旗下的团购网站，也是淘宝网的二级域名，该二级域名正式启用时间是在 2010 年 9 月。淘宝聚划算依托淘宝网巨大的消费群体，2011 年，淘宝聚划算启用聚划算顶级域名，官方公布的数据显示其成交金额达 100 亿元，帮助千万名网友节省 110 多亿元，已经成为展现淘宝卖家服务的互联网消费者首选团购平台，确立国内最大团购网站地位，如图 7-10 所示。

图 7-10

聚划算汇聚了淘宝网丰富的团购商品，并且每天都会精选出优良的商品供客户购买，截止到 2015 年，聚划算已经成为全国团购成交量第一的团购网站。聚划算销售的所有商品都来自淘宝卖家，只要淘宝网店的信誉达到 1 钻以上，就可以参加聚划算。

7.3.2 聚划算有哪些入口

聚划算已经成为展现淘宝优质卖家服务的互联网消费者首选团购平台，确立了国内最大团购网站地位。聚划算每天所创造的高流量、高曝光率、高转化率以及极强的广告效应，使许多卖家热血沸腾，消费者也抢得疯狂。聚划算带来的单品销量巨大，这是显而易见的，而且是相当重要的。聚划算拥有强大的粉丝团，再加上十几个官方大流量入口，导致其卖家流量也是巨大的。聚划算的入口主要有以下两种。

淘宝首页顶部导航栏中的聚划算栏目，如图 7-11 所示；淘宝首页底部导航栏目中的聚划算链接，如图 7-12 所示。

图 7-11

图 7-12

7.3.3　卖家参加聚划算有什么好处

毋庸置疑，聚划算已经成为淘宝卖家青睐的平台，作为消费者，只能看到销量和宣传，具体参加聚划算能给卖家带来什么？

1. 单品销量和整体店铺销量的增长

在聚划算做一天活动，能给卖家上千单的销量，为店铺带来超强人气。每期聚划算都有很多商品在开团后短短几个小时里，几千件宝贝就会卖光。

在参加聚划算的宝贝描述页里，加入相关宝贝推荐、搭配促销、店铺优惠活动，配合店铺良好的结构设计，可提升整个店铺的人气和销量。参加聚划算不仅大大提升销量和营业额，也是给卖家带来利润最直接的方式。

2. 增强品牌曝光度

聚划算平台每天都有几十万买家等待着团购，因此放在聚划算里的产品品牌和店铺品牌都拥有超高的曝光率。有了曝光率就有了知名度和网民认知度，可能现在网民看到你的产品不会购买，当有购物需要时可能会直接搜店铺或品牌名称。

3. 获得很好的市场调研和客户反馈

参与一次聚划算活动后，可以更直观地了解卖家需求和对产品的反馈，相当于做了一次市场调研，能从客户的评价中得到这个产品的使用情况、客户感受、其他需求等，以后在选择新品时就会更有针对性和选择性，这些都是属于针对自己店铺的第一手信息。

此外销量截图、评价截图，以及火爆场面，也能成为日后销售的素材。

4. 培养忠实客户、争取二次营销

聚划算活动结束后，店铺短时间内还会有回头客，顾客愿意第二次光顾肯定是被店铺某些宝贝吸引，这时就是做店内促销、限时折扣、买返活动的最好时机。

购买了商品的顾客邮寄线下创意，比如，宣传彩页、二次购买代金券、全五分好评返现、搜藏店铺返现等活动，为二次销售做铺垫。同时买家分享和店铺达人分享也能为店铺做软营销。

此外，将活动中拍下宝贝但没有付款的用户，把其联系方式整理出来，后期可以做旺旺营销或者短信营销。

5. 顺势打造店铺爆款、人气宝贝

店铺爆款是目前淘宝中比较主流的营销方式，是将店铺内某一产品打造成上千上万的销量，让消费者觉得商品供不应求，销售火爆，从而带动整个店铺的销量，而聚划算平台就能帮店铺快速地达到这个目的。

但是笔者常看到一个经常参加聚划算的宝贝，人气销量排在前面。因为聚划算平台给了产品更多的展示机会和成为爆款的机会，会有消费者活动结束后付款购物。目前聚划算的销量已经不列入人气宝贝排名，但通过聚划算结束后的销量，搜索自己产品的关键词，依然有成为淘宝人气宝贝第一页的机会。

所谓营销，就是要将一个平台的作用挖掘到最大化，并从中得到最大的价值。虽然现在淘宝的市场越来越饱和，但淘宝各种活动平台都是为了增加淘宝和卖家的销量，只要卖家顺应淘宝的市场发展，把握玩法规律，哪怕现在做也能从淘宝上分到一块属于你的蛋糕。

7.3.4 如何更快地通过聚划算初审

想要宝贝更快地通过聚划算的初审，需要符合以下标准。

1. 服装类目

(1) 高危材质需到质检机构进行检测(如羽绒、真丝、桑蚕丝、羊绒、羊毛、纯棉、全棉、100%棉、真皮、貂绒等)，如果没有质检报告则不得在页面出现高危材质信息。洗标图片的成分必须与质检报告显示的一致。宝贝属性中的款号与质检报告必须一致。

(2) 重要属性填写请慎重，如材质、型号等，审核时会根据当时的属性进行审核，不能随意修改属性。产品详情页描述需根据实际情况，不得夸大或虚构。

(3) 商品不得拼款，如果属一个系列的，请将每款产品的洗标和型号图片在页面中呈现，洗标型号必须一致。如果涉及高危材质，宝贝只能是有质检报告的款。

(4) 样品实物的成分标、吊牌、货号与商品描述中或不一致，有俗称、有学名，需要商家统一。

(5) 终审通过后，禁止重新修改属性或商品描述，随意放入其他商品进行

拼款。

(6) 集市店品牌产品必须有完整授权。

(7) 原价以销售记录中不带促字的最低价作为原价，不得虚高原价，不得终审通过后降低原价。

(8) 请商家删除重铺货链接。

(9) 商城和集市同时有店的商家，请统一做好商品价格规划，不要出现同款商品价格相差过大的情况。

2. 食品类目

(1) 聚价无优势，原价虚高，评价记录中有负面信息的商品一定要慎报。

(2) 报名商品需取消套餐(建议取消该产品的其他促销活动)。

(3) 杜绝虚假销售、信用炒作、杜绝拉投票行为。

(4) QS 标号和执行标准号要填写齐全，且证书在有效期内。

(5) 商品页面中严禁出现“减肥、瘦身、防癌、滋阴壮阳、丰胸”的图片和字样。

(6) 必须删除重复铺货商品。

(7) 报名商品的总金额建议在 10 万元以上。

(8) 进口商品需要提供报关单和卫检证明。

(9) 集市店需要提供品牌授权(授权需要体现的内容：品牌拥有者、店铺 ID、店铺地址、授权有效限等)。

(10) 保健品类商品报名时，建议选择单价高于 39 元。

3. 电器数码类目

(1) 销售记录有低于聚价的商品不要报名。

(2) 原价虚高，评价记录中有负面信息的商品一定要慎报。

(3) 报名商品需取消套餐并建议取消该商品的其他促销活动。

(4) 在国家强制性 3C 目录内的商品请主动提供 3C 认证。

(5) 删除重复铺货商品，商品描述中必须删除有保健医疗作用的字样。

(6) 电器数码类报名商品的总金额建议高于 15 万元。

(7) 各类授权完整，涉及明星及其他卡通形象的图案也必须有授权。

(8) 新开店铺整体购买笔数在 500 以下的建议暂缓报名。

(9) 未确定厂家生产排期、更换过商品名称的谨慎报名。

4. 母婴类目

(1) 高危材质类商品必须进行全产品质检(不能只检面料)；质检报告要完整

展现(不能只提供部分)，报告内容需与页面描述一致。

(2) 必须具备较强的运营能力，团队具备承办大型营销活动的能力，店铺有较好的流量和成交量。

(3) 图片必须清晰美观，涉及明星、著名卡通等图像的必须取得授权(模特的选择、图片的处理一定要慎重)。

(4) 报名商家最好能及时关注聚划算的近期上线商品，以便选择高性价比商品报名(必须考虑商品的疲劳期)。

(5) 性价比永远很重要，样品质地和价格不成正比的、全网比价无优势的、曾有极低价销售记录的商品一定要慎报。

(6) 母婴保健品和奶粉必须提供相应的授权证书(线上和品牌授权都必须具备)。生产准字号、卫字号、健字号、生产地(海外的需提供报关单)等商品属性信息必须填写完整。

5. 家装(家纺)类目

(1) 聚价无优势，原价虚高，评价记录中有负面信息的商品一定要慎报。

(2) 商品不得拼款，宝贝必须是同型号下商品，高危材质(如家纺类)认可同型号不同花色的质检报告，但不允许不同型号、不同花色存在一个 ID 下。

(3) 销售记录必须真实有效，不得嫁接(严禁把一款无销量商品放置在有销量商品下来借助销量考核)。

(4) 品牌商品报名必须有完整授权。

(5) 报名商品不能存在区间价(提名商品必须取消区间价)，明确单一价格和型号、规格。

(6) 高危材质需到质检机构进行检测，提供完整清晰的真实质检报告。

(7) 商品详情页描写要符合实际情况，不得夸大，审核期间包括通过后商品不得随意修改商品属性。

(8) 删除重复铺货商品，整体套餐价高于各单品组合价商品需慎报。

(9) 普通商家请把控好报名商品，考虑每月疲劳度，不要大批量报名。

(10) 家装(含家纺)类目报名商品总金额建议高于 15 万元，家饰类客单价在 50 元以下的报名商品总金额建议高于 10 万元。

(11) 新开店铺且成交笔数在 500 以下，建议暂缓报名(待提升店铺综合运营能力后再报)。

(12) 报名聚划算商品必须处于上架状态，终审通过后不得随意下架。

6. 美容类目

(1) 集市店及商城专营店的商品报名时，需在报名页面描述中上传品牌授权证

书或进货小票扫描件，并随样品邮寄品牌授权证书或进货小票复印件，进行二审。

(2) 终审通过后，禁止以接近或者低于聚价进行销售。

(3) 商品原价以销售记录中不带“促”字的最低价作为原价，不得虚高原价，不得终审通过后降低原价。

(4) 严禁炒信行为(若因此被直接取消活动，对商家自己的前期投入、广告费等也会造成损失)。

7. 箱包类目

(1) 含高危材质的商品报名时，必须附上清晰完整的质检报告。

(2) 严禁炒作信用。

(3) 商品的属性、描述、标题中涉及皮质的，应和质检报告一致；如质检报告显示为头层牛皮，则属性、描述、标题中必须也写成头层牛皮。

8. 运动户外类目

(1) 皮、真丝、毛、羽绒等高危材质制成的商品必须有质检报告。

(2) 品牌商品报名时必须有授权。

(3) 报名商品必须是应季的、高性价比、聚价有优势的。

(4) 户外运动类目尤其关注商家的运营能力、店铺装修、日均流量、日均销量、宝贝描述、商品主图等关键要素。

9. 饰品类目

(1) 报名饰品中如果是镶嵌贵金属的珠宝饰品(包括黄金、珀金、S999)一律要标注上重量(单位：G)，报名需附上检证书。S925 需提供省级质检证书。

(2) 饰品中如有宝石或水晶材质，请标明是天然或合成，天然材质请在报名时提供省级质检证书(钻石、玉、翡翠、天然水晶(含玛瑙)、天然珍珠)，天然水晶饰品如有镶嵌报名时也需提交省级质检证书；30 分以上(含 30 分)裸钻必须提供 GIA 证书。

(3) 宝贝页面中的证书要与宝贝描述一致，不要出现非代言明星的图片。

(4) 黄金的价格参照建议在半个月之内(因为金价波动关系，价格经常有所浮动)。

(5) 施华洛世奇总公司已经公布：凡价格在 100 元以下的(施华洛世奇元素水晶)商品，都不可以标识为施华洛世奇水晶(水晶元素)。施华洛世奇元素水晶店必须有授权证书。

(6) 品牌手表报名时需要有完整的授权证明。

7.3.5 聚划算成功经验

笔者并不鼓励大家都去做聚划算，只是给想做或正在做的人一些参考，切勿盲目跟风！适合自己的才是最好的！根据以往的活动经验，与大家分享下聚划算成功的一些经验。

1. 选款

要想成功参加聚划算活动，选款很重要。聚划算小二在人工审核产品的时候，主要会看产品的款式、价位、是否应季、店铺综合能力、是否有上聚经历(有上聚经历的商家优先，上聚的商家中销售额高、退款率低、评分高的商家优先)。

其中，在硬性指标一定的情况下，你的软性指标(款式、价位)可以起到锦上添花的作用。在报名前，我们一定要选一款款式新颖、有特色、性价比高的商品报名。还可以多开发一些聚划算款的宝贝，轮流报名聚划算活动。因为你不知道淘宝小二会青睐哪一款商品，可能我们看中的款，小二不喜欢，或者是市场同类款式过多，竞品无优势而被拒。这样，我们准备多款商品报聚划算，就可以每个月保证 4 次以上聚划算活动。

2. 定价

选择好宝贝后，折扣尽可能定到最低，一般是原价的 3 折左右。同时，还需要参考聚划算同类目商品的实际成交价。如果实际成交价过高，会导致竞价无优势，而不能通过聚划算审核(即使有幸通过审核，消费者也不买账，也很难有较高的销量)。因此，要知道买家购买的心理价位。因为聚划算的顾客基本上是图便宜的。如果你的产品的性价比很高、很划算，即使他们暂时不需要，也有可能立即购买囤货。

有时，一场聚划算活动做下来是亏钱的，但是还是要上。当有一款性价比较高的宝贝，获得较高的销量和评价时，整个店铺的人气会被全线拉动，店铺的当月销售额、人气排名等都会有很大提升，同时还会提高单个宝贝自然搜索中的人气权重。只要有好的产品和服务，上聚划算会利大于弊。只要用心做好产品和服务，你的 DSR 评分不会被拉低，还会提升。就看你以怎样的一种方法和态度来做：是为了赚快钱，还是为了做品牌。

3. 质检

在选好款式、合理定价之后，要打好样品，及时把产品送质检机构质检。质检的周期一般是 4～5 个工作日。

4. 报名

在选款和定价做好，质检报告出来后，就要开始报名聚划算。运气好的话，

3～5 天就可以审核通过。很多商品是没有那么幸运的，如果商品被拒绝，首先要查看被拒绝的理由。如果你的硬性指标都达标，被拒原因基本是“竞拍大厅同类产品过多，选品无优势，请换款或者选择其他商品报名”“同类产品聚价无优势”。这时我们可以稍微降低价格，修改后重新报名。

多报名几次，就可以成功。因为可能你当初报名的时候，确实那段时间坑位满了，或者季节不符合，或者有同类产品价格比你的低。再过段时间报名，可能这些不利因素就没有了，你也就报名成功了。

5. 竞拍

报名成功后，就面临竞拍这一环节。现在，聚划算采取“荷兰拍”的竞价模式。

一般卖家可以在 10:50 进入竞拍后台，关注下大家的竞价。11 点后才是竞争激烈的高峰期。一般在竞拍的时候，都有 2～3 个坑位。因此，从 11 点后，卖家都要保持自己一直处于“入围”的位置，绝对不能出局，只要一出局，就需要卖家立马加价，然后系统开始倒计时 2 分钟。如果 2 分钟内有人出价，则大家又开始重新竞价，就这样周而复始。

一般周一至周四的坑位费用高，周五至周日费用低，大家可以结合自己产品的数量、利润、活动目的等因素，来综合考量到底要拿哪一天的位置。

6. 备货

坑位都是拍 21 天之后的坑位，当坑位拍下来后，就开始联系工厂备货。工厂生产周期一般是 15 天左右(以生产 2000 双鞋子为例)，紧跟工厂订单，因为传统企业的时间观念差，一定不能让他们拖延，每天都要打电话催促他们。

7. 营销准备

在聚划算排期定下来后，要协同运营、设计、推广、客服、仓储等部门，做好聚划算的准备工作。

运营部门首先做好活动规划，列出详细的工作流程、相关负责人、时间节点及注意事项等，做出一份 Excel 表格，发给每个成员，按照计划严格执行。这时，团队的执行力一定要强，不能出现半点疏忽。

运营：根据活动需求，制订流量引入计划，比如：直通车、钻展、淘客、站外推广等推广方式的流量计划及推广预算。

设计：做好聚划算详情页面的优化、推广素材的制作等。

客服：制定好活动的客服排班、活动话术以及突发事件应急处理方案等。

仓库：对聚划算商品进行预打包。仓库开辟活动专区存放活动产品，便于活动分拣；检查好打印设备，合理安排打单员、组货员、打包员等人员。

8. 活动开展

在一切工作都准备好之后，就等待活动来临。以下细节问题也值得我们注意。

1) 详情页的更改

聚划算参团描述是在活动开始前，有且只有一次申请信息变更的机会。因此，我们要把自己所要修改的东西一次性修改完毕，提交给小二进行审核；聚划算在开团后，页面会被锁定，大家一定要在开团前，仔细检查下后台的库存、颜色、尺码、描述信息等是否有纰漏，如有问题，及时更改。

2) 开团提醒

活动产品发布后，就可以获得聚划算单品的参团链接。一般是在聚划算活动开始前一天下午发布，这时可以邀请亲朋好友，来点击开团提醒，提高聚划算单品的人气值。开团提醒数量越多，越可以给消费者营造一种火爆预售的氛围，提高他们的购买欲望。这些开团提醒可以让你的单品在开团半个小时内迅速积累销量。一个宝贝卖得好不好，开团半个小时内就可以看出。

3) 设备检修

在活动前进行电脑清理：对电脑进行杀毒、清除桌面多余的文件，保持电脑桌面整洁、清爽。在活动开始时，不要打开过多无用的网页，这样会占用网速，影响网页打开速度。

4) 全民皆客服

活动当天，除了客服部的 2 名客服以外，运营人员全部上阵登录旺旺。当天，至少有 5 个旺旺在接待客户，比日常的客服要多一倍以上。这样，每个旺旺的接待量不是很大，都有充足的时间来接待客户，做好客户服务，也能有效及时地回答客户的各项问题，提升用户体验。同时，所有旺旺设置为不能被震屏。

5) 话术准备

对买家问得较多的问题，如尺码、快递、发货时间、到货时间等，要制定好话术以及时有效地回答客户的问题。

6) 服务态度

当天，客户接待量会比较大，而且还会有一些“小白”买家，他们问的问题有时也比较低级，甚至让人生气。这个时候，一定要调整好自己的情绪，保持心情舒畅。接待客户的态度一定好，适当加入表情符号，提升自己的亲切指数。当客户遇到问题时立即解决，如自行无法解决的，请给予及时反馈。

7) 活动配合

在参加聚划算活动的时候，店铺内页推出满减、套餐活动，尽可能给出大幅度优惠。毕竟聚划算买家就是来淘便宜货的，太高的价格他们也没兴趣，这样就

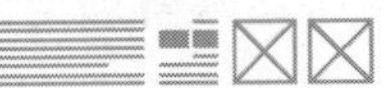

很难带动关联销售。因此，我们可以采用满减、赠优惠券的形式，来提高消费者购买非聚产品的欲望。同时，我们可以推出与聚划算同等风格、同等价位的宝贝，大大提高关联商品的销售额。或者设立 199 元活动专区(以聚划算产品价格 199 元为例)，提高关联销售。在首页、详情页给予大幅海报展示，增强吸引力。毕竟做一次活动不容易，进来的流量不能白白浪费掉。

8) 收藏有礼

充分利用收藏有礼工具。当买家收藏店铺，就送 10 元优惠券，这样可以大大提高活动当天店铺的收藏人气，可以使这一天的收藏量变成日常的 10 倍以上。

9) 客服旺旺

在单品销量不高的情况下，可以在参加活动的宝贝详情页里添加几个客服链接，让客户能更方便地找到你的客服人员。一般询单转化的效果大于静默转化。

10) 库存异常

在活动期间，如出现库存不足，部分颜色或尺码缺货的情况，可以将事先准备好的预售链接发给消费者。愿意等的 7 天后发货；不愿意等的可以推荐店内的其他款式给消费者。如果消费者会因为价格高而不愿意购买，可以考虑以赠送优惠券或者退差价的形式来做。

对于预售款，在活动结束的 2 天后记得打电话给顾客，安抚客户的情绪，让其耐心等待，以免因发货问题出现中差评。

11) 订单打印

在活动前，对打印设备进行重新调试、检修，并对快递打单软件进行了解，以提高出单速度，确保每天打印订单数在 2000 单以上。安排好仓库的打单员、组货员、打包员，确保单日 2000 单的发货量。

12) 组货包装

如果需要请人临时帮忙组货、包装，需要提前确定好邀请的人员姓名和人数。同时，要事先对临时员工进行仓库相关知识培训，包括禁烟条例、组货规则、包装方法、产品知识等，确保其在打包发货过程中不出现问题，尽量避免发错货情况的发生。

13) 快递发货

在活动前，确认好默认快递及补充快递。聚划算活动默认申通快递，申通不到者转发 EMS，特殊情况下可以发顺丰(客服人员需在后台进行备注)。

14) 短信关怀

利用短信关怀软件设置好短信内容：【××旗舰店已为您发货，满意后如能给 5 分好评并满 20 字评价，截图给客服，即可获得终身免邮卡&会员折上折哦~另可抽取 999 元神秘礼品哦~官方旺旺群：×××】

15) 发货异常

当遇到突发状况导致发货延迟时，客服部门要及时与客户打电话沟通，表达歉意。同时做好相关记录，及时跟进。在预估买家收到货后，及时进行售后回访。

16) 活动后期

若有人忘记及时付款，要你按照聚划算价格卖给他，客服可以先僵持一会儿，给予合理的解释。如实在不行，可以采用优惠券赠送，或者先付款，确认好评后返差价的形式来做。

9. 售后服务

活动结束后，肯定会有一大批人过来询问发货、快递等问题，事先做好相关话术，安抚好客户情绪。同时，做好《聚划算售后问题记录表》，后期及时跟进，做好电话回访。一般来说，如果你服务好这类客户，他会给你一个大大的好评；如果服务不好，会给你一个差评。

品牌团、聚划算等这样的大型活动，是对店铺综合运营能力的一次大练兵。在活动前期，做好充分的准备工作，活动中严格执行，活动后期做好售后服务。这样，大型活动不但不会拉低店铺的 DSR 评分，还可以提升店铺的评分值和人气值!

Section 7.4 钻石展位

钻石展位是比较高端的一种营销工具，其优势在于除直接引入流量达成销售之外，还有一种广告理念的灌输。目前钻石展位的广告投放大部分还停留在引进流量的阶段，而忽略了品牌广告的宣传。

7.4.1 什么是钻石展位

在淘宝网卖家中心页面左侧的【营销中心】区域中单击【我要推广】链接，单击【钻石展位】选项即可进行钻石占位的设置，如图 7-13 所示。

钻石展位(简称钻展)是淘宝网图片类广告位竞价投放平台，是为淘宝卖家提供的一种营销工具。钻石展位依靠图片创意吸引买家点击，获取巨大流量。钻石展位是按照流量竞价售卖的广告位，计费单位为 CPM(每千次浏览单价)，按照出价从高到低进行展现。卖家可以根据群体(地域和人群)、访客、兴趣点 3 个维度设置定向展现。钻石展位还提供数据分析报表和优化指导。

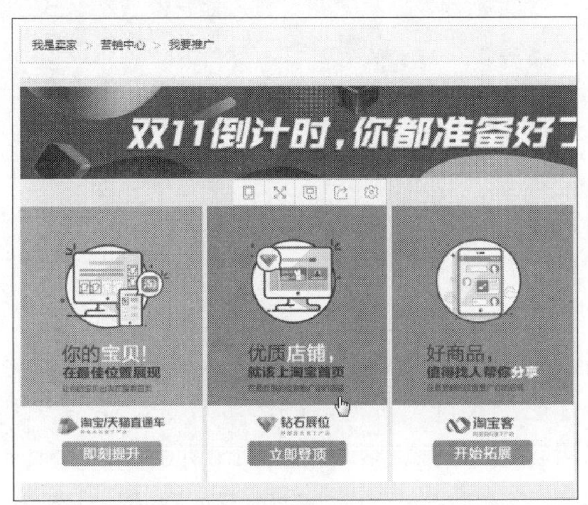

图 7-13

钻石展位为卖家提供 200 多个淘宝网内最优质展位，包括淘宝首页、内页频道页、门户、帮派、画报等淘宝站内广告位，每天拥有超过 8 亿的展现量，还可以帮助客户把广告投向站外，涵盖大型门户、垂直媒体、视频站、搜索引擎、中小媒体等各类媒体展位。

7.4.2　钻石展位的分类

钻石展位适合相对成熟的卖家，首先要求卖家制作漂亮的展示图片或 Flash，其次要求卖家有活动、促销等发布意识，达到最适合的噱头推广最合适的产品。钻石展位为卖家提供了最大弹性的效果提升空间，促销活动、推广入口、推广产品等都是影响效果的因素。钻石展位根据举办方的不同分为以下几种类型。

1. 官方活动

最多的钻石展位就是淘宝官方的大促活动，遇到此类活动笔者推荐各位卖家做的钻石展位图片尽量模仿淘宝官方活动的图片，这样点击率才会更高。此时需要卖家大量的钻展投放，力求吸引到用户的点击。擦边球文案、趣味图，这样的图片才会显得与众不同，才可以在激烈的竞争中脱颖而出，如图 7-14 所示。

图 7-14

2. 网店活动

卖家店铺自己的活动应该发放各种优惠券、实行买一送一等活动，宝贝已经没有必要占很大的篇幅了，因为顾客既然可以看到你的钻展图片，就说明顾客是想要买宝贝的或者是已经买过宝贝的，顾客本身对行业是有了解的，你就需要给他们展示比其他的网店更大的诱惑，如图 7-15 所示。

图 7-15

3. 单品展示

用精心设计的图片将宝贝放大化，让宝贝更加具有吸引力，更加能体现宝贝的与众不同之处，并将优惠活动放上去，如图 7-16 所示。

图 7-16

钻展对每个顾客展现的机会可能只有 5 秒都不到的时间，所以文字少、意图明显突出、让人一目了然是很重要的，可以经常换位体验一下顾客是怎么浏览的，对自己的钻展图片是否有一点印象。

7.4.3　钻石展位的投放流程

钻石展位投放流程一般有 7 步。

1. 策略规划期

规划在什么时间、什么地点、销售什么商品、卖家说什么时候购买商品以及能够接受的价格。

2. 选择定向人群

这里使用的定向方式是访客定向人群选择法，然后列出你的优势产品结构。比如，你的宝贝是 200 元左右的外套，那么原则上你定向的首要选择是只接受 200 元左右外套的买家。

可以参考别家商品的价格、数量和优势，来选择自己最具有优势的商品上钻石展位。

3. 创意图片制作及审核

必须就同一个商品做很多图片。在这里，建议大家在第一次投放钻展的时候，提前一个月开始熟悉钻展图片的审批规则，然后开始进行审批。

4. 落地页制作

落地页是指访问者在 E-mail、社交媒体或广告中看到的诱人优惠信息等，点击后被链接到网站上的第一个页面。

设计一个目标明确的落地页面是一种艺术。行之有效的落地页面应含有足够的信息，但信息量又不能太多，不能让访问者觉得眼花缭乱、不知所措。理想的落地页应传递三个简单信息即可：访问者所处的位置；你为他们准备了什么优惠，以及这些优惠是多么诱人；如果想要得到这个诱人的优惠，下一步要做什么以及了解更多关于优惠措施的详细情况。

5. 创意图片点击率测试期

同一广告位，同一组访客定向人群，需要准备 5 种左右的主题图片。为了找到点击率最高的图片，需要准备多张图片。

6. 投放效果优化

店铺不同阶段的发育情况会对不同人群的投放效果有所影响，需要根据人群投放数据情况进行周期性调整。

7. 流量放大期

所有定向维度下，出价越高，获得优质人群的概率越大，建议根据系统出价适当溢价(120%～200%)，点击出价越高，圈定的人群更多，且点击率相对更好！

7.4.4 钻石展位的定向原理

(1) 通投流量：每个打开页面的人群都可以看到这个广告。

优点：流量巨大。

缺点：烧钱，大部分流量属于垃圾流量。

(2) 群体定向：群体的原理就是只要搜索过某个类目的买家，就可以看到这个广告，比如群体定向的是母婴，那么所有浏览过母婴类目的买家都可以看到。简单地说就是一级类目，如女装/女士精品；美妆/精油护肤；箱包/男包、女包，价格可以设置高、中、低 3 种。

优点：流量非常大。

缺点：流量十分不精准。

(3) 兴趣点：最近搜索过黑眼圈、毛呢外套、保温杯的买家可以看到，等于是定向到二级类目，可以分为单个兴趣点和多个兴趣点。

优点：流量大。

缺点：不能进行客单价的筛选。

(4) 店铺访客：最近浏览、收藏、购买过类似风格或者相似单品的买家可以看到，定向到店铺。通俗地说就是挖同行的墙角，所以访客一定要精挑细选出优质的店铺进行投放，千万不要使用系统推荐的。

优点：流量非常精准，可以进行客单价的筛选。

缺点：流量相对不大。

(5) 场景定向：分为潜在客户、认知客户、现有用户、沉默用户 4 种。

优点：主要以定向店铺投放，流量精准。

缺点：流量小。

其实就是种子店铺访客定向的升级版，比如定向自己的店铺，5%有购买，95%属于流失客户，而场景定向就可以对此进行筛选，避免流量的浪费。

(6) DMP 定向，定向到人，根据社交、店铺、上网等行为打上标签，不局限

于全网的数据，包括第三方平台如新浪等平台数据。直通车、钻展等所有数据都来源于 DMP。玩得好的店铺 DMP 预算占比 50%，产出占比 85%。

优点：流量大，流量也可以做到很精准，更适合类目流量小的店铺投放。

缺点：测试周期长，花费大，需要团队具备非常强的操作能力。

(7) 明星店铺：按照千次展现收费，仅向部分用户开放，开通明星店铺后，也可以设置关键词和出价，当有用户在淘宝搜索关键词时，推广信息将有机会在搜索页最上方的位置得到展现。

与关键词推广相比，明星店铺有以下优势：①位置在搜索结果页最上方，占据黄金的推广位置，投资回报更高；②可以自定义店铺推广文字链，创意的形式相对于普通推广更丰富；③系统智能化店铺关键词匹配模式，目标用户定位更精准。明星店铺的缺点是前期投入较大，需要有雄厚的经济实力作为基础，刚起步的小店可能会承担较重的经济压力。

Section 7.5　推广网店实用秘籍

本节将详细介绍加入淘宝功效平台、参加“双十一”大促需要注意哪些事情、如何借助卖点进行网店推广以及如何利用口碑效应微店铺进行推广等推广店铺的使用技巧。

7.5.1　加入淘宝供销平台

供销平台是淘宝网专门为商家提供代销、批发的平台服务，帮助商家快速找到分销商或成为供货商的平台。这一平台是完全平等开放的，进入门槛也不高，只要你有天猫商城旗舰店或者专卖店就可以了。直线式的供销平台不仅可以减少商品买卖交易中的各种运费成本和保险成本，而且可以帮助您更快速地获得相关的商品资讯，使您更快速地掌握行业信息，占据市场份额。

分销平台由两部分组成，即代销和批发。代销的商品价格可以由自己和供货商协定，一般供货商给出的价格都是大大低于市场价格的，这样就为您创造了充分盈利的空间。当然，代销过程中品牌问题可以由商家与供货商协商一致。一般情况下，供货商会将商品的品牌授予代销商，这样在买家问及商品品牌信息时，

代销商可以根据情况对买家的提问进行回答。批发，与我们现实交易中的批发的概念基本相同，主要区别在于分销平台的批发都是在网络交易的过程中实现的，现代快速的物流为批发节省了大量运费成本，而对于各地不同需求而言，这样的网络批发可以实现商品或服务的全国共享甚至世界共享，对于商家来说是很好的选择。

阿里巴巴的分销平台和淘宝的分销平台是同一个：如果在淘宝上加入了，就不能再在阿里巴巴上加入；如果阿里巴巴上加入了，也不能再在淘宝上加入。不论是在阿里巴巴中国站还是在淘宝上进行了申请，同一个公司名，只能申请加入一次分销平台。

那么卖家加入淘宝网供销平台有什么好处呢？如果你在开店中遇到以下的问题，小编建议大家加入淘宝分销平台。

(1) 每年为拓展渠道投入大量人力和物力，效果却不甚令人满意。

(2) 广告宣传成本高，产出却不似预期。

(3) 资金回笼不够快，总有几个方面阻碍资金流动。

(4) 库存积压、物流不完善。

(5) 找代理商、分销商困难。

(6) 管理困难，无法将“分散经营、集中管理，整合资源、协同工作”同时铺开。

那么供应商加入分销平台后会有哪些好处呢？

(1) 打造属于自己的网络分销体系，提升企业形象，创立网络品牌。

(2) 快速招商，建立自己的分销渠道，上下游资源整合，开展批发代销业务。

(3) 培养、管理和扶持分销商，完善渠道。

(4) 分销和直销兼顾，让你批发零售更轻松。

(5) 入驻淘宝分销平台，帮助你招募更多分销商。

(6) 互通多个子站，铺货、订单数据同步，网络连锁、网络分销更容易，库存、下单、打印发货都可以实现自动化，大大简化了流程。

7.5.2 参加“双十一”大促需要注意哪些事情

每年的“双十一”都是一场大促，商家促销力度大，买家购买的力度也大。“双十一”是大卖家的舞台，也是中小卖家的舞台，是机遇也是考验。“双十一”机遇很大，考验也很多。提醒各位中小卖家参加“双十一”大促活动的一些注意事项。

1. 做好活动规划

包括活动目标销售额、活动主打商品、活动推广方案、活动应急措施等，店铺“双十一”大促的每个环节都要事先规划好，如此才能方便店铺活动的进行及监控。

2. 处理好客服应对问题

“双十一”大促当天的流量会暴增，进入店铺的流量也比日常多很多，这时就需要做好客服应对问题。特别是中小卖家，不像大卖家有强大的客服团队，所以更加需要做好店铺客服营销问题。建议的处理方法有两个，一个是全公司总动员活动前的客服培训，必要时全体动员迎接巨大流量；另一个是针对“双十一”大促可能会出现的问题进行头脑风暴，准备好实用的快捷回复短语，让生手变熟手。

3. “双十一”大促前的店铺预热一定要做好

中小卖家的品牌影响力没有大卖家的强，想要在“双十一”大促中得到更多买家的关注，“双十一”大促前期的预热很重要。这个阶段的预热主要是以扩大店铺宣传，加深店铺品牌影响力为主。这个阶段的预热推广方法最好采用试用营销，通过免费试用来吸引大量消费者对店铺的关注，让店铺得到大量报告。通过让买家有亲身体验店铺商品的机会，让买家在试用过程中加深对店铺的印象及好感，店铺在此基础上再赠送优惠券、现金红包等，引导试用的买家参与到店铺的“双十一”活动中来。试用营销既能帮助大量曝光店铺，又能扩大店铺品牌宣传，还能帮助宣传店铺“双十一”活动，一举数得。

4. 店铺商品质检不松懈，物流发货要认真

一般的大促活动是赚人气不赚钱的，但是不能因为成本问题就对店铺商品偷工减料，销售次品。“双十一”大促活动更应该把控店铺商品的质量，商品质检不松懈。第一次交易，无论是因为产品质量还是产品的包装或者是发错货带给了客户不愉快的购物体验，都会永远失去这个顾客。

5. “双十一”大促期间做好店铺关联销售

关联销售是带动店铺整体销量的重要手段，“双十一”大促更应该做好关键销售，让进入店铺的买家买多件，提高店铺销量。“双十一”大促活动主打就是优惠，因此店铺关联销售的定价一定要实惠，否则不能达到好效果。

6. “双十一”大促售后问题要做好

大促过后的售后问题会有很多，售后问题一旦处理不好，给店铺带来的将是毁灭式的打击。有两个好的做法推荐给大家，一个是把活动后带来的遗留流量交给兼职客服，售前售后的专业客服专职应对活动带来的售后问题。另一个是把各类售后问题分门别类，然后定下最佳的解决方案，让售后客服有针对性地解决问题。

“双十一”大促的注意事项有很多，上面 6 点也是最基本的事项，“双十一”的每个事项都做好了，效果才会更好。

7.5.3 如何借助卖点进行网店推广

要想通过卖点来进行网店推广，卖家首先要知道自己的产品卖点在哪里，那么如何找到产品的卖点就成为首要问题。

(1) 发布免费试用活动，通过试客留言了解该商品对于试客的吸引点。店铺刚刚推出的新款或者爆款、预热款，可以拿出一部分用来发布免费试用活动，通过免费试用来吸引潜在买家对商品的大量关注，有了关注就会有留言，很多留言都会说明该款商品的吸引点，店铺可以通过收集这些流量信息，分析店铺商品的吸引点，通过吸引点找出卖点。

(2) 通过试用报告找出商品卖点。店铺发布试用活动，通过试用活动将收集到消费者试用商品以后反馈回来的详细试用报告。这些试用报告中会以文字配合图片记录整个试用商品的流程、体验感受、商品细节等。店铺就可以通过试用报告的信息整合找出商品的卖点。

(3) 通过试客的分享找出商品卖点。试客在拿到试用品之后都会在微博、空间、美丽说等平台进行分享，这些分享大多以文字配合图片及链接的形式展现，而且文字要求精练，这就需要试客从试用商品的过程中提取出商品的最优点来进行分享，通过最优点分享精准表达出该商品的卖点。因此店铺可以通过收集试客的分享来快速找出店铺商品的卖点。

通过以上 3 个方式找到产品的卖点后，卖家可以根据卖点制定适合自己店铺的推广方案。

1. 卖渠道

如果卖家有特殊的进货渠道，可以保证自己的商品独一无二，就不愁卖不出去。

2. 卖爱好

许多人开网店是出于自身的爱好，比如，一些收藏爱好者把自己的藏品拿到网上销售，与志同道合者分享收藏的快乐。这样也能另辟蹊径，建立自己独特的优势。

3. 卖服务

不卖商品，而是替网上卖家提供后勤服务，例如，由于商品的图片是卖家吸引买家的主要手段，提供图片制作等服务，应该很受网店老板的欢迎，可以拓展出另一片市场。

笔者建议网店卖家网上创业切忌盲目跟风。首先，选货要有眼光，要尽量有与众不同的进货渠道，避免选择门槛低且非常热门的商品。

其次，不要忽视小单生意。有的创业者希望借助网络优势迅速打开销售局面，其实电子商务与传统商务一样，只有重视每一单小生意，才会慢慢积累客户和经验，为以后的成功打下坚实基础。

最后，要重视售后服务。网络虽是个虚拟世界，但与客户沟通的每一个邮件、每一个电话，都会影响店铺的市场口碑。因此，提高售后服务质量，对维护客源和吸引新客户有积极作用。

7.5.4　如何利用口碑效应为店铺进行推广

我们在做网络营销的时候该如何用口碑营销为自己的品牌推广呢？口碑营销的关键是通过引爆受众的眼球和生成可谈论的话题来引发口碑效应，口碑营销是利用人的显摆与分享心理，所以从用户的心理需求入手，才是最佳选择。口碑营销要抓住以下几个要点。

1. 给人新奇感

当人们遇到新奇而有趣的事时，总会情不自禁地去关注和分享，因为谁都想表现得知识渊博一些，所以当我们在策划口碑营销时，可以从新奇出发。比如富压涂料，他们就很好地利用新奇取胜，其老板只是当众喝了一杯涂料，就喝出了一个知名品牌，真正达到了出奇制胜的效果。

2. 产生快乐感

没有人会拒绝传播快乐，当我们给用户带去快乐时，想让用户不传播都很难。最典型的例子就是网络红人“百变小胖”，就是靠一张图片火遍了大江南北，并且一直都很红。之所以能产生如此神奇的效果主要是这张照片给人带去了快乐，人们都愿意分享快乐。

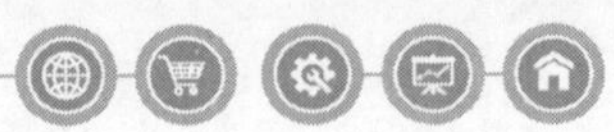

3. 创造故事性

一个好的故事，人人都爱听，听完之后还会很自然地传播开来，其实在口碑营销中，制造有趣和易于传播的故事，是个非常好的策略。因为想引起口碑效应，必须有话题，而故事本身就是非常好、非常持久的话题。

4. 给用户关怀

中国的消费者是很容易被感动的，只要对他们好一些，或者把你自己该做的都做好、做足，用户就会非常满意，他们会用口碑回报你。就像我自己做的洒水车网，把用户从如何选择商品、购买过程、送货方式、付款方式、售后服务都做了详细介绍，把用户关心的价格、参数、配置、多方位图片、操作工作视频都通过互联网传播给用户，给他们所有能给予的关怀。

5. 感恩互惠

感恩是人类的优秀品质之一，我们如果能够有效地帮助用户解决他们的问题，用户自然会用口碑来回报我们。现在最常见的就是一些工具类的网站，常见的查手机归属地的、查天气的、查地理位置的，还有我们站长最常用的站长工具，它们为我们提供了帮助，为我们节省了大量时间和精力，这些网站是备受用户追捧的，流量也很高，我们也愿意为其传播、推广、宣传，口碑传开了，品牌价值就体现出来了。

Section 7.6 成功案例——大学生网上卖男装年入500万元

拥有四家网店，其中两家皇冠店，年销售额超 500 万元……创业者不是商场拼杀数十年的“老江湖”，而是 90 后大学生。他就是华东交通大学信息学院计算机专业的学生袁帅。

1. 打工挖掘出网店商机

推销员、商品代购、发传单……和很多大学生一样，袁帅也有着兼职的经历，改变袁帅人生轨迹的，是大二暑假在南昌某团购公司的打工经历。

袁帅读的是计算机专业，主攻网站编程。每天挤两个小时的公交车上班，再花两小时返校，让他疲惫不堪，可是他选择了坚持。因为表现优秀，袁帅得到公司高层的赏识，为他接下一个外包活。揽下任务后，袁帅连夜开工，利用专业知识快速建成一个分销网站，漂亮地完成了任务。为奖励他，公司让他去福建石狮学习。

“很多人都有自己的网店，而且经营得相当成功。”在福建石狮，袁帅发现网店有着巨大的市场潜力。嗅到了商机的他，下定决心在淘宝平台开一家属于自己的网店。

对网络购物，大家一点都不陌生，甚至不少大学生开过网店，但是多数失败了。懂计算机但不懂经营之道的袁帅能行吗？袁帅有着一股倔脾气。他开始对网店店铺进行装修、推广……2015 年下半年，还在读大二、稚气未脱的他就建立了属于自己的网店。

2. 日入万元初尝甜头

袁帅给自己的网店起了名字，叫“不只是男装”。万事开头难，为适应市场需求，开店前期，袁帅几乎每天都会骑着自行车去市区相应店铺调研，挨家挨户逛，挨家挨户问。为了解消费者的需要，他不停地与客户套近乎，在电脑前一待就是七八个小时。可是，第一次卖出的商品，利润只有几元。

刚开始，网店没有起色，烦恼却接踵而至。袁帅被指不务正业，亲人、同学不断善意地提醒他放弃开网店。同时，还有一家知名大公司向他伸出橄榄枝，但他放弃了去大公司就业的机会。

“开网店不是闹着玩的，要靠自己的本事赚钱，这里面学问大着呢！”面对种种质疑与不解，袁帅一直坚持着梦想，下决心在网店经营上创造神话。

“其实刚开始很艰难。”袁帅说，最初，他是在批发市场上找货源，货源很不稳定，等量大一点后，便开始去找厂家合作，有的厂家不愿意，就一点一点谈，先找一些小厂家合作。

刚接到生意时，袁帅都是一个人打包、填快递单子。到后来订单量逐渐增多，自己一个人忙不过来。于是，网店有了第一名员工，并配置了仓库。

坚持终于有了回报。2015 年 12 月 12 日，袁帅的网店迎来了首个销售高峰，一天成交了 300 多个订单，收入近万元。之后，他的网店被越来越多客户认可，收入也是水涨船高。

3. 年销售额超 500 万元

网店五花八门，数以万计，如何才能在众多网店中脱颖而出？面对这个让人头疼的问题，经过摸索，袁帅有了自己的独门秘籍。

“专业、低成本、差异化。”这是袁帅网店得以生存的八字方针。网店虽然规模小，但采用的是大型商务平台上企业的管理方式。而为了吸引顾客，网店销

售的商品还根据消费者的年龄、性别等进行细致的分类和搭配。

由于推广方式得到买家认可，“不只是男装”的销售额快速提升，很快，袁帅的网店频频登上顾客好评榜，第二个、第三个网店接连开张。2016 年 9 月，有两款衣服月销 2000 多件，当月纯收入达十几万元。如今，他已拥有四家网店，其中两家是皇冠店，年销售额超 500 万元。从白手起家到同学眼中的成功人士，他只用了短短不到两年的时间。

当上了老板，袁帅信心满满地说，早在踏进大学校门时，他就为今后创业做了计划。年年扩招，大学毕业生就业形势肯定严峻。可让他没想到的是，在史上最难的就业季中，他不用四处忙碌求职，还为同学们提供了岗位。

现在，袁帅的网店有 10 多名员工，工作包括销售、售后等方面，均为大学生。他还根据员工的工作时间和年限评估，给每位员工发放年终奖，制定了个人目标奖和特别贡献奖。毕业季到了，袁帅的创业经历被同学们传为佳话，当年对他不看好的室友，现在对他佩服得五体投地，并明白了一个道理：大学文凭不再是年轻人头上的光环，放下身段、主动出击，才有可能实现自己的青春梦。

第 8 章

客服与售后服务

售后服务可以有效地沟通与顾客的感情，获得顾客宝贵的意见。以顾客的亲身感受来扩大店铺的影响，它最能体现网店对顾客利益的关心，从而为店铺树立富有人情味的良好形象。因此，网店经营者必须重视客服，打造一支优秀的售后团队。

Section 8.1

客服必备的知识和能力

知识就是力量，这句话在网络零售业同样适用，拥有丰富产品知识的专家型客户服务人员更容易让顾客产生信赖，从而产生购买的冲动，因此知识也可以成为推动销售的力量。

8.1.1　商品专业的知识

1. 商品知识

客服应当对商品的种类、材质、尺寸、用途、注意事项等都有所了解，最好还应当了解行业的有关知识、商品的使用方法、修理方法等。

2. 商品周边知识

商品可能只适合部分人群，例如衣服，不同的年龄、生活习惯以及不同的需要，适合于不同的衣服款式。再如，有些玩具不适合太小的婴儿。这些情况都需要客服人员有基本的了解。

8.1.2　网站交易规则

卖家应该把自己放在一个买家的立场来了解淘宝的交易规则，来更好地把握自己的交易尺度。有的时候，顾客可能第一次在淘宝交易，不知道该如何进行，这个时候，我们除了要指点顾客去查看淘宝的交易规则，有些细节上还需要指导顾客如何操作。

此外，我们还要学会查看交易详情，了解如何付款、修改价格、关闭交易、申请退款等。

还要了解支付宝的原则和时间规则，可以知道顾客通过支付宝完成交易、查看支付宝交易的状况、更改现在的交易状况等。

8.1.3　付款知识

现在网上交易一般是通过支付宝交易。支付宝网上交易是安全的，可以申请数字证书，有电话提醒，还有许多安全保证。如果顾客因为各种原因拒绝使用支付宝交易，需要判断顾客确实是不方便还是有其他顾虑，如果顾客有其他的顾虑，应该尽可能打消顾客的顾虑，促成支付宝交易。

8.1.4　物流知识

了解不同物流方式的运作方式，一般物流为邮寄，邮寄分为平邮(国内普通包裹)、快邮(国内快递包裹)、EMS，最好还应了解国际邮包(包括空运、空运水陆路、水路)。

快递又分为航空快递包裹和汽运快递包裹。货运分汽运和铁路运输等。

了解不同物流方式的价格：如何计价、价格的还价余地等。

了解不同物流方式的速度。

了解不同物流方式的联系方式，在手头准备一份各个物流公司的电话，同时了解如何查询各个物流方式的网点情况。

了解不同物流方式应如何办理查询。

了解不同物流方式的包裹撤回、地址更改、状态查询、保价、问题件退回、代收货款、索赔的处理等。

常用网址和信息的掌握：快递公司联系方式、邮政编码、邮费查询、汇款方式、批发方式等。

8.1.5　谦和的服务态度

在与买家的沟通中，对买家保持谦和友好的态度非常重要。一名合格的客服人员，应具备严谨的工作作风、热情的服务态度、熟练的业务知识、积极的学习态度，耐心地向客户解释，虚心地听取买家的意见等。

1. 微笑是对顾客最好的欢迎

微笑是生命的一种呈现，也是工作成功的象征。所以当迎接顾客时，哪怕只是一声轻轻的问候也要送上一个真诚微笑的表情，虽然说网上与客户交流是看不见对方的，但言语之间是可以感受到你的诚意与服务的。多用些旺旺表情。无论旺旺的哪一种表情都会将自己的情感信号传达给对方，即便说“欢迎光临！”“感谢您的惠顾”都要轻轻地送上一个微笑，加与不加给人的感受完全是不同的，不要让冰冷的字体遮住你的微笑。

2. 保持积极态度，树立顾客永远是对的理念

当售出的商品，有了问题的时候，不管是顾客的错还是快递公司出的问题，都应该及时解决，而不应回避、推脱。要积极主动地与客户进行沟通。对顾客的

不满要反应敏感积极；尽量让顾客觉得自己是备受重视的；尽快处理顾客的反馈意见。让顾客感受到尊重与重视。能补最好尽快给顾客补发货过去。在除了与顾客之间的金钱交易之外，更应该让顾客感觉到购物的乐趣和满足。

3. 礼貌对客，多说“谢谢”

礼貌对客，让顾客真正感受到“上帝”的尊重。顾客进门先来一句“欢迎光临，请多多关照。”或者“欢迎光临，请问有什么可以帮忙吗”诚心致意，会让人有一种亲切感。并且可以先培养一下感情，这样顾客心理抵抗力就会减弱或消失。有时顾客只是随便到店里看看，我们也要诚心地感谢人家说声“感谢光临本店”。对于彬彬有礼、礼貌非凡的店主，谁都不会把他拒之门外的。诚心致谢是一种心理投资，不需要付出什么就可以收到好的效果。

4. 坚守诚信

网络购物虽然方便快捷，但唯一的缺陷就是摸不着。顾客面对网上商品难免会有疑虑和戒心，所以我们对顾客必须用一颗诚挚的心，像对待朋友一样对待。包括诚实地解答顾客的疑问，诚实地告诉顾客商品的优缺点，诚实地向顾客推荐适合他的商品。

坚守诚信还表现在一旦答应顾客的要求，就应该切实履行自己的承诺。哪怕自己吃点亏，也不能出尔反尔。

5. 凡事留有余地

在与顾客交流中，不要用“肯定、保证、绝对”等字样，这不等于你售出的产品是次品，也不表示你对买家不负责任的行为，而是不让顾客有失望的感觉。因为我们每个人在购买商品的时候都会有一种期望，如果你保证不了顾客的期望最后就会变成顾客的失望。比如卖化妆品的，本身每个人的肤质就不同，你敢百分百保证你售出的产品在几天或一个月能达到顾客期望吗？还有售出去的货品在路程中，我们能保证快递公司不误期吗？不会被丢失吗？不会被损坏吗？为了不要顾客失望最好不要轻易说保证。如果用“尽量、努力、争取”等效果会更好，多给顾客一点真诚，也给自己留有一点余地。

6. 处处为顾客着想，用诚心打动顾客

让顾客满意，重要一点体现在真正为顾客着想。处处站在顾客的立场考虑，把自己变成一个买家助手。与网络购物不同的是，顾客还要另外多付一份邮费。卖家就要尽量为对方争取到最低运费，顾客在购买时，可以帮助顾客所购的商品化整为零，建议顾客多样化采购来节省运费。以诚感人，以心引导人，这是最成

功的引导“上帝”的方法。

7. 多虚心请教，多听听顾客的声音

当顾客上门的时候我们并不能马上判断顾客来意与所需求的物品。所以需要先问清楚顾客的意图，具体需要什么样的商品，是送人还是自用，是送给什么样的人等。了解清楚顾客的情况，才能仔细对顾客定位，了解客户属于哪一类消费者，比如学生、白领等。尽量了解顾客的需求与期待，努力做到只介绍对的不介绍贵的商品给顾客。做到以客为尊，满足顾客需求才能走向成功。

当顾客表现出犹豫不决或者不明白的时候，我们也应该先问清楚顾客困惑的内容是什么，是哪个问题不清楚，如果顾客表述也不清楚，我们可以把自己的理解告诉顾客，问问是不是理解对了，然后针对顾客的疑惑给予解答。

8. 要有足够的耐心与热情

我们常常会遇到一些顾客，喜欢打破砂锅问到底。这时我们就需要耐心热情地细心回复，给顾客信任感。要知道爱挑剔的买家才是好买家。有些顾客在所有问题问完了后也不一定会立刻购买，但我们不能表现出不耐烦。就算不买也要说声“欢迎下次光临”。如果你服务好，这次达不成交易，下次有可能他还会回头找你购买的。砍价的客户也是常会遇到的，砍价是买家的天性，可以理解。在彼此能够接受的范围可以适当让利一点，如果确实不行也应该婉转地回绝。比如说“真的很抱歉，没能让您满意，我会争取努力改进”或者引导买家换个角度来看这件商品让他感觉货有所值，就不会太在意价格了。也可以建议顾客先货比三家。总之要让顾客感觉你是热情真诚的。千万不可以说“我这里不还价”等伤害顾客自尊的话语。

9. 做个专业卖家，给顾客准确的推介

不是所有顾客对你的产品都是了解和熟悉的。当有的顾客对你的产品不了解的时候，在咨询过程中，我们就要了解自己产品的专业知识。这样才可以更好地为顾客解答。帮助顾客找到适合他们的产品。不能顾客一问三不知。这样会让顾客感觉没有信任感，谁也不会在这样的店里买东西的。

10. 坦诚介绍商品的优点与缺点

我们在介绍商品的时候，必须针对产品本身的特点。虽然商品的缺点本来是应该尽量避免触及，但造成事后客户的抱怨，反而会失去信用，得到差评。在淘宝里也有看过其他卖家因为商品质量问题得到差评，有些是特价商品造成的。所以，在卖这类商品时首先要坦诚地让顾客了解到商品的缺点，努力让顾客知道商品的其他

优点，先说缺点再说优点，这样会更容易被顾客接受。在介绍商品时切莫夸大其词地来介绍自己的商品，介绍与事实不符，最后失去信用，也失去顾客。

8.1.6 良好的沟通能力

沟通与交流是一种社会行为，是每时每刻发生在人们生活和工作中的事情。客户服务是一种技巧性较强的工作，作为网店客服人员，更需要掌握和不断完善与客户沟通的技巧。

1. 使用礼貌有活力的沟通语言

态度是非常有力的武器，当你真诚地把客户的最佳利益放在心上时，他自然会以积极的购买决定来回应你的行动和态度。良好的沟通能力是非常重要的。沟通过程中最关键的不是你说的话，而是你如何说话。

让我们看下面小细节的例子，来感受一下不同说法的效果。

“您”和“MM 您”比较，前者正规客气，后者比较亲切。

“不行”和“真的不好意思哦”；“嗯”和“好的，没问题”都是前者生硬，后者比较有人情味。

“不接受见面交易”和“不好意思我平时很忙，可能没有时间和你见面交易，请您理解哦”相信大家都会认为后一种语气更能让人接受。

多采用礼貌的态度、谦和的语气，就能顺利地与顾客建立起良好的沟通。

2. 遇到问题多检讨自己，少责怪对方

遇到问题的时候，先想想自己有什么做得不到的地方，诚恳地向顾客检讨自己的不足，不要上来就指责顾客。比如有些内容明明写了可是顾客没有看到，这个时候不要只指责顾客不好好看商品说明，而是应该反省没有及时提醒顾客。

3. 多换位思考有利于理解顾客的意愿

当我们遇到不理解顾客想法的时候，不妨多问问顾客是怎么想的，然后把自己放在顾客的角度去体会他的心境。

少用“我”字，多使用“您”或者“咱们”这样的字眼，让顾客感觉我们在全心地为他考虑问题。

4. 表达不同意见时尊重对方立场

当顾客表达不同的意见时，要力求体谅和理解顾客，表现出“我理解您现在的心情，目前……”或者“我也是这么想的，不过……”来表达，这样顾客觉得你在体会他的想法，能够站在他的角度思考问题，同样，他会试图站在你的角度来考虑。

5. 认真倾听，先了解客户的情况和想法，再做判断和推荐

有的时候顾客常常会用一个没头没尾的问题来开头，比如“我送朋友哪个好”或者“这个好不好”不要着急去回复他的问题，而是先问问顾客是什么情况，需要什么样的东西，如果他自己也不是很清楚，这就需要你来帮他分析他的情况，然后站在他的角度来帮他推荐。

6. 保持相同的谈话方式

对于不同的顾客，我们应该尽量用和他们相同的谈话方式来交谈。如果对方是个年轻的妈妈给孩子选商品，我们应该表现站在母亲的立场，考虑孩子的需要，用比较成熟的语气来表述，这样更能得到顾客的信赖。如果你自己表现得更像个孩子，顾客会对你的推荐表示怀疑。

如果你常常使用网络语言，但是在和顾客交流的时候，有可能他对你使用的网络语言不理解，会感觉和你有交流的障碍，有的人也不太喜欢太年轻态的语言。所以建议大家在和顾客交流的时候，尽量不要使用太多的网络语言。

7. 经常对顾客表示感谢

当顾客及时完成付款，或者很痛快地达成交易时，我们都应该衷心地对顾客表示感谢，谢谢他这么配合我们的工作，谢谢他为我们节约了时间，谢谢他给我们一个愉快的交易过程。

8. 坚持自己的原则

在销售过程中，我们会经常遇到讨价还价的顾客，这个时候我们应当坚持自己的原则。

如果作为商家在制定价格的时候已经决定不再议价，那么我们就应该向要求议价的顾客明确表示这个原则。

比如说邮费，如果顾客没有符合包邮优惠，而给某位顾客包了邮，钱是小事，但后果严重：①其他顾客会觉得不公平，使店铺失去纪律性。②给顾客留下经营管理不正规的印象，从而小看你的店铺。③给顾客留下价格产品不成正比的感觉，否则为什么你还有包邮的利润空间呢？④顾客下次来购物还会要求和上次一样的特殊待遇，或进行更多的议价，这样你需要投入更多的时间成本来应对。在现在快节奏的社会，时间就是金钱，珍惜顾客的时间，也珍惜自己的时间，才是负责的态度。

多使用旺旺表情

智慧锦囊

旺旺表情是所有交流工具中最美的表情。初次接触多用微笑、握手，熟悉了用含笑、大小、干杯。表情是使用旺旺的优势，是沟通的润滑剂。

Section 8.2 掌握买家心理

顾客在成交过程中会产生一系列复杂、微妙的心理活动，包括对商品成交的数量、价格等问题的想法。顾客的心理活动对生意的成败有着决定性影响，因此，优秀的销售人员应该懂得重视和揣摩顾客的心理活动。

8.2.1 网络买家的消费心理

消费者心理指消费者在购买和消费商品过程中的心理活动。一般过程是：先接触商品，引起注意；然后经过了解和比较，产生兴趣，出现购买欲望；条件成熟，做出购买决定；买回商品，通过使用，形成实际感受，考虑今后是否再次购买。

1. 求实心理

求实是顾客最普遍的一种心理动机，客户在购物时，首先会要求商品具有实际的使用价值，讲究实用。有这种动机的顾客在选购商品时会特别重视商品的质量效用，会追求朴实大方、经久耐用而不会过分强调产品的外形新颖、美观等“个性”特点。

2. 求美心理

俗话说：“爱美之心，人皆有之。”有求美心理的人往往喜爱追求商品的欣赏价值和艺术价值，以中青年妇女和文艺界人士居多，在经济较为发达的国家比较普遍。这些客户在挑选商品时往往会注重商品本身的造型、色彩、工艺等，会注重商品对环境的装饰、对人体的美化，以便达到艺术欣赏和精神享受的目的。

3. 求新心理

有的客户购买商品最注重时髦、新奇以及爱追赶潮流，这种客户大都为经济条件较好的青年，在西方发达国家的一些顾客身上也很常见。

4. 求利心理

这类客户会存在一种“少花钱多办事”的心理动机，其核心就是“廉价”。有求利心理的顾客在挑选商品时往往会对同类商品之间的价格差异进行仔细比对，还喜欢选择打折或者处理的商品，具有这种心理动机的人往往是那些经济收入较低者。当然，也有经济收入高的人比较节俭的。有些希望从购买商品中获得较多利益的顾客，对产品的质量、样式都很满意，爱不释手，但是由于价格比较贵，一时下不了购买的决心，便会讨价还价。

5. 求名心理

这是一种以购买商品来彰显自己的地位和威望的购买心理，他们多会选购名牌，以此来炫耀自己。具有这种购买心理的人普遍存在于社会各个阶层，尤其是在现代社会中，由于名牌效应的影响，衣食住行、选名牌成了人们认可的一个标准，是一个人社会地位的体现。

6. 从众心理

这是一种仿效式的购买动机，其核心是“不落后于人”或者是“胜过他人”，这类客户对社会风气和周围的环境十分敏感，总是想跟着潮流走，有这种心理的顾客在购买某种物品时并不是急切需要，而是为了赶上他人，超过他人，以此获得心理上的满足。

7. 偏好心理

这是一种以满足个人特殊爱好和欲望的购买心理。有偏好心理动机的人喜欢购买某一类型的商品。比如有的人爱养花，有的人爱收藏古玩，有的人爱摄影，有的人爱字画等。这种偏好往往同某种专业、知识、生活情趣相关。因此偏好性购买心理动机往往比较明智，指向性也很明确，具有经常性和持续性特点。

8. 自尊心理

有这种购买心理的顾客在购物时既追求商品的使用价值又追求精神方面的高雅。他们在购买之前就希望他们的购买行为受到销售人员的热情接待。经常会有这样的情况：有的客户满怀希望地去购物，一见销售人员满脸冰霜就会转身而去，到其他商店去买。

9. 疑虑心理

这是一种瞻前顾后的购物心理动机，他们的核心理念是怕上当吃亏。他们在购物的过程中会对商品的质量、性能、功效等持怀疑的态度，怕不好用，怕上当受骗。因此他们会向销售人员询问，仔细地检查商品，并且非常关心售后服务的工作，直到心中的疑虑完全解除才会掏钱购买。

10. 安全心理

这种心理的人在购买商品时最关心的就是产品的安全。尤其是像食品、药品、洗涤用品、卫生用品、电器用品和交通工具等，不能出现任何问题，因此，他们会十分注意食品是否过期、药品是否正规、洗涤用品是否有化学反应、电器用品是否漏电、交通工具是否安全等。在销售人员解说、保证之后他们才会放心购买。

11. 隐秘心理

这种人在购物的时候不愿意让其他人知道，通常会采取“秘密行动”。他们一旦选中某件商品而周围没有人观看时他们就会迅速成交，年轻人在购买与性有关的商品时经常会出现这种情况，而一些知名度很高的名人在购买奢侈品的时候也会有类似情况出现。

8.2.2 打消买家疑虑

对新店来说，没有信誉买家购物就会担惊受怕，那么我们要做的就是打消淘宝买家的疑虑，展现自己的实力。如何打消淘宝买家的购买疑虑呢？

用新闻媒体打消买家的顾虑：新闻媒体报道是做不了假的，毕竟那么多双眼睛在看，所以这也是最能消除买家顾虑的方法。

从工艺角度说话：我们做的是高端品牌衬衫，在工艺上与低档的工艺就有很大区别，以此证明我们的品质更有说服力。

用动态评分和购买者的真实体验来证明：销售记录、宝贝评价、动态评分是买家最关注的项目之一。如果没有买家评价过，新看到的买家会想：都没人评价过，会不会产品不好啊?而且人都有一种跟风习惯。

用检测报告来说话：以服装网店为例，因为很多客户对布料不是很了解，分不清到底是不是纯棉，即使商家在宝贝详情里一再强调 100%是全棉，买家也会抱怀疑态度，因为口说无凭，为了消除买家的顾虑，卖家可以专门去权威机构做检验。

制作简单易记的广告语：这种广告创意大家应该都不陌生，最知名的一个广告是：“怕上火，喝王老吉。”这种广告语的优点是朗朗上口、简单、易记，让买家对你店铺的印象直接加分。

通过对比法，来体现我们产品的质量。

8.2.3　打消买家对商品和价格的顾虑

价格方面的问题：我们要明白买家的心理，有很多买家有议价的习惯，对于这种买家我们说明白就好。还有的买家可能是怕自己买贵了，我们要告诉他所有顾客都一样，童叟无欺，顺便把产品的价值介绍给买家，大多数买家也会接受。

绝大多数买家在购买商品时，都会和卖家砍价，这是很正常的。对于砍价的买家，你只有两种选择，一是适当降低商品利润，促使买家下单；二是不在价格上让步，但在交流过程中可以围绕商品质量、保障以及售后服务等给予买家更好的承诺。

买家在选择商品时，往往会从商品列表中选择价格较低的商品，但是选择并不等于购买。对于同类商品中价格较低的卖家，买家在选择后往往会由于价格过低而对商品质量存在疑问，经常会提出“为什么你的价格比别人的低？”“你的商品不会有问题吧？”之类的问题。这时你就需要根据具体情况来给买家一个可信的答复。

买家也可能是对于产品的质量、使用和售后有困惑，这时就需要我们耐心地解答他们的顾虑。就算最后买家由于各种原因还是未购买产品，但是只要我们时刻保持热心、耐心，说不定下次顾客就回头了，这样的买家在淘宝购物中是大量存在的，而且还会向身边的人宣传我们的店铺。切忌顾客没买就不理人了，有的甚至还很不耐心。俗话说，买卖不成仁义在。

在网上购物的过程中，由于买家看不到商品实物，因此最大的疑虑就是商品质量是否有保证，这也是买家与卖家交流时提出问题最多的地方。根据不同类型的商品，买家关于质量方面存在不同的疑问。针对买家的这类疑问，除了商品本身的质量外，你可以从商品品牌、销售业绩以及针对商品所提供的保障服务等方面入手，来延伸回答以逐步取得买家对商品的信任。

8.2.4　应对不同类型的买家

1. 贪小廉价型

应对这种买家的办法是客服要对商品的报价有一个底线，在买家各式各样的需求下，要么就做不成生意，要么咱们抛出一些诱饵，天猫商城会定期整理一些优惠券链接，送优惠券，当然还有送赠品、送周边产品、送清洗套件等这种小恩小惠。可是一旦说了，他们得陇望蜀的话，就要会用相对强硬的办法回绝。

2. 嘴上要廉价图个心理安慰型

这种买家在购物时常常会以抹去零头，或许银行卡余额缺乏为理由。对于这种买家，基本上给他们优惠几元钱就能够处理的，有时也能经过好评共享、送优惠券、赠品等办法处理。可是有必要经过客服主管的同意。

3. 打发时间戏弄型

这种买家是无聊的时候逛逛网店，看到喜爱的东西就问问，花费意图不是很明确的。这种应该是一切客服最头痛的买家。由于宝贝加钱有底线，客服并不能随意做主修改，这类客户的花费需求并不明确，所以会有格外大的订单丢失，导致询单转化率很低，常常问着问着人不见了，脱离、下线、不回复等情况，此时客服需要给买家发送他们关注店铺、收藏商品之类的方便短语。

4. 专家型

这种买家在看完几个有关宝贝的描述以后，对这种类型的宝贝有了具体了解，当他们在征询客服的时候会把与宝贝有关的疑问都问个遍，这是另客服十分头疼的一件事，关于这种买家，卖家要多肯定买家的说法，多给予赞扬，欣赏他们对质量的需求，欣赏他们对商品的极致寻求，然后耐心解答他们的疑问，逐个回答，只需足够专业，他们会信服你的。

5. 土豪型

土豪型的买家一般是“这个有货吗？有，那个有货吗？有，好，都买了”。一次性买三四种不同颜色的产品。此类买家对货品和物流上需求相对较高，因此下单后卖家要及时跟进物流信息，做好售后服务即可留住这样的买家。

6. 新手型

新手类的买家是这也不知道，那也不知道，你和他说半天，他才大约了解产品的基本信息，面对这种新手类型的买家，卖家要有很大的耐心。因为每一个不挑剔的成熟买家都是从新手买家发展来的。

Section 8.3 处理交易纠纷

任何卖家都不可能让买家 100%满意，实体店也是一样，都有可能发生纠纷。处理客户纠纷是倾听他们的不满，不断纠正卖家自己的失误，维护卖家信誉的补救方法。

8.3.1　交易纠纷产生的原因

不同年龄的当事人对新生事物的接受与认可程度不一，这是因为不同年代的人对网络技术的信任、掌握程度不同。年青一代是被计算机养大的一代，是生活在网上的一代，会更容易接受并在网上购物，并完全可以将之作为一种普通的、常规的商务模式。相反，老年人无法及时掌握最新的网上知识与上网技巧，对网上购物持观望及怀疑的态度。这种现象是很正常的。

网上购物明显区别于以往的交易方式，它把买家与卖家、商品分割开来了。买家在与卖家进行交易时只能通过网络数据进行，对商品也只能从图片上进行观察，况且卖家在出售商品时总会告诉消费者：图片仅供参考，产品以实物为准。这就使消费者在进行交易时的安全感大打折扣，于是商品质量自然而然地成了消费者关注的焦点。

由于大多网上购物者抱着试试看的心态，因此网上购物所涉及的金额都比较小，万一产生纠纷，消费者自然会将解决纠纷所需要的费用与所购商品的价值进行比较，而这往往会得出得不偿失的结论。在这种情况下，当网购纠纷发生时，消费者采取隐忍的方式也就见怪不怪了。

既然网上购物是一种新型交易模式，那么它就会有新型的利益冲突。加之我国在电子商务方面的立法尚是一片空白，因此传统的法院诉讼很难对这样的纠纷进行管辖，即使有管辖权，法院在适用法律上也是很困难的。从上述的数据中可以看出，人们在遇到纠纷时，大都不会进行法院诉讼及在线仲裁等方式，而是较多地采取主动与卖家进行和解的方式。如果双方能达成一致的和解意见，自然最好不过，而一旦双方自行和解不成功，双方就无法采取进一步的方式解决问题。

网络购物与传统的购物方式相比，优势明显，但其虚拟性、流动性、开放性、无地域性也给电子商务的发展带来了不少制约，同时给传统法律带来诸多挑战。消费者对销售者和商品的知情权受限，容易受到商户欺诈，引发产品质量纠纷，纠纷发生后管辖法院又难以确定，消费者举证也很难。

我国现行法律对于遏制网络诈骗十分乏力，这也导致网民维权困难重重；我国现有征信体系建设落后，条块分割严重，法院、银行、工商等系统的内部征信不仅信息更新落后，而且适用范围狭窄，一些信息参考价值不大，有时还会产生误导。

《电子签名法》的实施并没有达到立法预期，没能真正应用、普及日常的网络交易中，电子证据获取的代价较大。按照现在实务惯例，为满足实践中一些法官的判案标准，当事人对电子证据要进行公证，但公证收费很高，大大超出普通网民的承受能力。

网络购物诈骗治理遭遇行政不作为，网络购物欺诈案件举报立案率低。调查和处罚网络欺诈行为本应是公安部门的法定职责，但在法律实践中，网络购物受

害人向公安部门举报时，往往会被以不属于其管辖等借口推来推去，致使网络购物受害人不得不自认倒霉。这在无形中助长了诈骗分子的气焰。

网络技术的发展使网络购物诈骗、侵权的形式更加多样化和复杂化，给消费者和相关权利人维权带来更高的成本、更多的不便。

网络购物纠纷的司法解决机制不能满足电子商务发展对司法高效率、低成本的要求。电子商务纠纷案件通常索赔金额小，数量多，目前司法资源有限又效率低下，成本高昂，无法适应电子商务的快速发展。

8.3.2 尽可能地避免交易纠纷

第一，尽可能地把商品描述写详细，把图片拍清楚，最好能多角度地展示商品，为买家提供一个全面了解商品特征的购物环境。第二，遇到物流出了问题，也尽可能心平气和地向买家解释，尽可能耐心积极地帮助买家查询，对待买家的责难尽可能保持宽容和大度，学会换位思考，在你的能力范围内，尽可能帮助买家或与买家一起努力，来减少或挽回双方的损失，同时要保留好自己的发货凭证，为解决问题提供有力的保证。第三，尽可能地加强对自己所经销商品的知识的学习，这样可以减少和避免进到假货和次货，对自己的进货渠道尽可能地把握好，要学会分析货源，找准找好货源，这样才能让自己减少或避免经济和名誉上的损失，这一点对于新手卖家尤为重要。万一不慎进到假货和劣货，要端正态度，真诚对待，与买家协商解决，不要强词夺理，态度蛮横，大部分的买家也是通情达理的，如果你态度诚恳，还是会取得买家谅解的。第四，多一些爱心和宽容，多一些对买家的信任，要相信大部分的买家是善意的，也是诚心诚意来购买商品的，讹诈骗钱或者没事找事的恶意买家毕竟是少数。总之，多一些信任，少一些猜疑，网络购物也就会少一些纠纷。第五，遇事要冷静，态度要诚恳，要尽可能地保持冷静和耐心，做好解释和安慰工作，即使遇上个别难缠的买家也要尽可能想办法大事化小，小事化无，有时一点小损失能换来太平，就不要死咬着不放。为一点鸡毛蒜皮的小事，搭上精神和时间的损失，实在是很无聊和得不偿失的，俗话说“和气生财”，古人的话不是没有道理的，相当一部分也是经验的总结。

8.3.3 如何应对投诉

1. 倾听客户意见

在处理客户投诉的过程中，第一步是倾听客户的意见，让客户充分表达心中的不满。有许多企业员工在处理客户投诉时，往往还没有弄清楚客户抱怨的内容是什么，就开始与客户争吵，或者是挑剔客户的错误，强调企业并没有错误。这种处理客户投诉的方式不仅不能解决投诉问题，相反还会让客户更加不满，让客

户与企业的矛盾升级，有可能造成无法挽回的后果。

2. 平息怨气

客户在投诉时，多带有强烈的感情色彩，具有发泄性质，因此要平息他们的怨气。在客户盛怒的情况下当客户的出气筒，需要安抚客户，采取低姿态，承认错误，平息怒气，以让客户在理智的情况下，分析和解决问题。

3. 澄清问题

需要给客户一个宣泄不满和委屈的机会，来分散心里积压的不满情绪，如果放弃这个机会，就不利于投诉最终的处理。用提问题的方法，把投诉由情绪带入事件。用开放式的问题引导客户讲述事实，提供资料。当客户讲完整件事情的过程以后，客户服务人员要用封闭式的问题总结问题的关键。

4. 记录投诉要点，判断客户投诉是否成立

客户投诉有可能并不是企业本身的失误，而是客户自身的原因造成的。那么，企业在弄清楚客户投诉的原因之后，就需要对企业投诉进行分析，看看是不是确实是企业的原因造成的。

5. 提出可行的解决办法

当企业证实客户投诉是企业原因造成的时，就需要提出切实可行的解决办法。许多企业在处理客户投诉时，一味推诿，或者不愿意承担责任，这都将给企业造成巨大的损失。

6. 跟踪服务

当企业切实解决了客户投诉之后，还需要跟踪服务，以明确客户是否满意投诉解决方案。如果还有不满，企业需要继续改进。

8.3.4　理性对待中差评

1. 做好售前和售中商品介绍服务

在销售过程中，作为卖家来说，不仅要在商品说明、图片做好详细说明与标注，也要在买家咨询过程中做好介绍，提醒买家注意看物品尺寸，特别是珠宝首饰类的商品，因为图片常常会让人有错觉，看着与实物实际大小或颜色有所偏差，这些都需要事先提醒买家注意，考虑清楚后再拍下购买；在销售过程中发现需要补充说明的，找机会加到商品说明里去。当然不要轻易去修改已经在拍拍推荐位上的商品，否则会导致从推荐位上掉下来的情况。

中评差评中最常见的评价是因为买家觉得尺寸不对，颜色不对，如果在事先就

做好这方面的工作，让买家有比较确切符合实际的想象力，就会变得简单多了。这也是在给买家打预防针，不会因为盲目丰富的想象力而给出不公正的评价。

2. 收到中差评找原因，沟通促成理解

相信大家在收到中评的一刹那，头脑里第一反应是气愤!但是气愤过后，要自己冷静下来，仔细查看这笔交易的销售过程：到底在哪里做得不够好，买家有可能因为哪一点而做出的中差评。找到问题的症结后，才好对症下药。

如果是因为买家属新手，不了解好中差评的差别及对卖家的影响，可以找到买家向他说明好评对卖家的重要性。其实大部分买家，无论年龄大小都是很通情达理的，怀着一颗平和、不卑不亢、认真沟通的心去协商，大都会乐意帮助修改评价的。如果买家做完评价就消失没影了，则可以走投诉流程。

如果买家对商品属性，如颜色、材质等已经在商品说明里给出的要素没有留意而给出的中差评，仍然要怀着一颗平和、不卑不亢、认真沟通的心与买家交流。沟通达成交易，这交易也包括售后服务及交流。

确属自己失误收到的中差评也并非不可更改了。只要牢记一点：沟通，再沟通，让买家感受到你真诚的心，大都会表示理解乐意帮助取消中差评的。

不要总是把买家想得很坏，多站在对方的角度考虑。有谁会为了那些许金额的物品来故意找茬呢？就算是手机电脑这样高价格的商品，买家是经过搜索、对比、咨询、了解、付款、收货这样一个复杂的过程才拿到的商品，有一些不尽如人意的地方是难免的，而这些大部分是可以通过沟通交流给予买家弥补的，心理上的补偿远比实物补偿来得更有深远影响。所以，不要一收到中差评就想着赔偿，为了达到让买家取消评价目的随意承诺补偿实物。这样会给买家错误的印象。

3. 取消中差评操作

在收到中差评后要及时与买家沟通，取得买家同意修改评价时把与买家的聊天记录截图下来作为申请修改评价的证据，这样即使买家后来忘记了去帮你修改评价也有凭可证，最后取消评价的可能性很大，在截图时要注意把买家的淘宝号一起截下来，以证明确实是与这位买家的记录。

8.3.5 处理顾客的退货要求

在网络发达的今天，人们普遍依赖于网络带给人们的便捷和舒适，然而在商品交易的过程中，免不了有顾客因为各种原因要求退货的情况，无论是买家还是卖家都需要了解这个流程。当面对顾客的退货问题时，卖家也要养成良好的服务态度，有效地应对顾客的疑问，为顾客更好地解决退换货问题，也许这样的服务更能换来顾客的谅解，买卖不成仁义在，为自己引来更多的顾客，也赢得更好的

信誉。

卖家在遇到顾客要退货的时候，首先要提示买家退换货的流程，退货之前必须取得商家的同意。不过现在商家竞争也很激烈，服务意识也比较强，很多店铺都是无条件退货的。当然，也有义务提示买家，如果是质量问题的话，可以免费为他们提供退换货服务，这样可以奠定你在顾客心中诚信的基础，提升买家对你的评价。

如果是非商品质量的问题，是顾客误会的话，卖家有必要向顾客解释清楚，为什么会产生这个问题，可能是描述不够细致，以后可以在描述中有所改进，也有可能是对方的问题，这个可以提醒一下买家，如果买家还是坚决要求退换货，那么没有必要勉强。

提醒买家如何进行退换货，然后开始走退货流程，打开我的淘宝——已买到的宝贝，找到你要退货的宝贝，然后点击其对应的“退货/退款”按钮，然后填写一份表单，就可以等待商家处理。卖家同意退货之后会将详细地址发给买家，然后买家按照这个地址把收到的商品寄回去就好。这些细节问题尤其应该处理好。

制定合理的退货政策

智慧锦囊

对于退货条件、退货手续、退货价格、退货比率、退货费用分摊、退货货款回收等方面以及违约责任、制定标准，利用一系列约束条件，平衡由此产生的成本和收益。一定要多多熟悉淘宝网的规则。

Section 8.4 售后与维护客户关系

现在大多数在淘宝上购物的人，不只是购买，还是在享受购物的过程。优秀的销售人员会把东西卖出去，伟大的销售人员会让买家买得开心，这就要求卖家更加在售后与维护客户的关系上下功夫。

8.4.1 网店售后服务的具体工作

通过阿里旺旺和客户售后沟通，解答客户提出的各种问题，达成交易。

(1) 负责收集回头客信息(售后客服需要加线上购物的所有客户旺旺为好友)，了解并分析客户需求，规划回头客服务方案。

(2) 对前一天的遗留售后问题进行跟踪(查件/延长快递收货时间/货物破损/补货/换货/退货/申请退款/客户维权，分别做表格进行登记，对前一天物流发货情况进行跟踪，对未查询到的订单与快递客服和客户进行及时沟通，主动延长收货时间；对前一天的评价进行跟踪，对每条评价进行评价解释，对较差评价进行Excel统计)，负责进行有效的客户管理和沟通。

(3) 负责建立客户服务团队以及培训客户代表等相关人员。

(4) 定期或不定期进行客户回访，以检查客户关系维护的情况。

(5) 负责发展维护良好的客户关系。

(6) 建立客户档案、质量跟踪记录等售后服务信息管理系统，对老客户进行分类。

(7) 配合售前进行店内 VIP 的折上折活动。

(8) 财务/快递公司/仓管员客服、主管联系人进行相应沟通。

(9) 配合售前进行掌柜说、微博等的运营推广。

(10) 对刷交易/实际交易产品件数每周进行相应统计，及时核对产品信息每日工作基本概要。

(11) 审核带留言的订单，核实或修改客户地址、电话、商品及尺码等。

(12) 缺货订单，通知顾客的工作。

(13) 异常快递订单的反馈、跟踪工作。

(14) 受理客户的退换货需求，符合店铺服务要求的在信息系统中进行操作。

(15) 受理客户的退款需求，符合店铺服务要求的在淘宝后台操作并汇总成表格放入共享。

(16) 受理客户的投诉，回复客户的留言。

(17) 对评论区不满的客户进行旺旺反查，联系客户核实真实情况，并在评论区进行回复。

(18) 对店铺会员进行维护和管理，包括帮派、旺旺群、掌柜说等。

每天上线后对前一天晚上值班客服遗留售后问题和其他客服旺旺号留言进行统计整理并做出相应处理。

搜索诊断助手对前一天的运营状况进行诊断，确保全店运营正常，对即时出现的问题(降权产品等)进行处理与汇总，对投诉、退款客户进行电话沟通；对不好的评价进行解释。

对昨日发货的产品进行跟踪，确定有物流信息更新；对昨天收货的客户好评进行评价与解释，对出现的差评即时沟通与汇总。

下午收货时间前对未填写的发货订单及时与售后联系，通过旺旺即时发送出货信息给客户，配合售前跟踪当天等待买家付款订单。

每周核对出货单。

8.4.2　培养自己的会员

淘宝新店铺开张，一大堆问题接踵而至。没人气、没销量，怎样都做不起来，此时建立会员制是一个不错的吸引流量的方法。

新店吸引会员的方式很多，折扣、生日免邮以及其他特权等，经常用到。对于一个新店而言，更应该考虑的是怎么把引进来的流量转化成自己的忠实会员，所以这里和卖家讲的是会员的培养过程。

说起会员的培养，不如先说下什么叫会员的体验，会员的体验对于经常购物的我们来说，非常简单，是收到货物时的那张特别的信，还是卖家给我们的一个小惊喜，会员的体验在于方方面面，会员的体验是可以量化的，所以我们能从数据中感觉出这些体验的好坏。这些体验会随着店铺的发展不断演化，被满足与未被满足，也许这个会员会因为一次体验差而导致成为休眠会员，所以说，会员营销的价值体现在店铺的成长上。

一个新买家会因为信任你的客服而信任你的店铺，信任你的店铺等于信任你的产品，网上购物就是这么神奇的一个过程。会员的体验对于我们来说，主要归结于几点：客服、产品、物流。所以提升客户体验有很大的操作空间，例如，在 KPI 考核里设立客户体验的指标：客服的售后率、回应时间、物流的发货时间、产品的滞销率、投诉率等。

会员营销存在几个误区：一是认为会员营销只是设立制度，而非动态地维护；二是会员营销过于普遍，甚至认为只是优惠券的发放以及垃圾短信的广告；三是会员营销被认为只是要提高销售，客单价，没有真正把会员营销看作用户体验。例如，也许优惠券发放的额度很少有人去关注发多少合适，什么时候发比较好，事实上我们在操作的时候只会在活动期间发放，而非用于激活休眠会员，或者使用周期过后发送，发送面值通常都是十元、五元无条件限制使用，而非根据会员的消费水平分层给予优惠。

会员福利的设置可以依照以下几点。

每日免费：选出一款用途广泛或者价格实惠、使用周期短的产品，例如面膜，作为免费赠送给会员的福利，设立会员使用门槛。

新品试用：适合化妆品店铺，每月使用日，设立会员门槛，产品选择新品10元即可试用，可迅速利用会员冲好评。

1V1服务：设立专门的VIP客服，对应层级会员，让其感到专门为其服务，需要在后台会员关系管理做标签。

会员进退制：对会员的等级递进、后退设立门槛，可以模仿京东商城的积分会员等级进退制。

特殊物流服务：最高级会员每次发顺丰，定期设立最快快递日，出血一回，同时刺激好评率，是个不错的选择。

我们有了会员制，那么接下来我们的推广就容易多了，因为会员营销我们有一定的购物群体，接下来我们只要稍微进行推广就好了。

Section 8.5 客户服务实用秘籍分享

本节将详细介绍建立客户的第一色彩视觉、嗅觉营销、控制消费周期以及提高顾客购买欲望等客户服务的实用秘籍。掌握这些秘籍，卖家就可以轻松与顾客建立联系，促成买家下单。

8.5.1 建立客户的第一色彩视觉

为什么色彩视觉营销如此重要？

1. 色彩影响心情

一个人的情绪会对购买决策产生巨大影响。为你的店铺选择恰当的色彩设计方案，这样的品牌和产品展示才能确保你的商店看起来对客户具有额外的吸引力，同时为顾客的体验定一个色彩基调。强对比的色彩不仅能迅速引起客户注意，还能激发他们不同的感受。在感情上，冷色调如绿色和蓝色制造宁静和信任

感，而暖色调则表示与快乐、兴奋和行动这些感受息息相关，而黑色是一种镇定剂，但它仍然是一种经典别致的颜色。

人类文明一开始，色彩就成为人类沟通的一种语言。人们用色彩表达情感、宣泄情绪、尽情沟通。在历史的长河中，不同的领域、不同的环境、不同的时间，向我们展示了一个五彩缤纷的色彩世界；色彩代表着一种历史过程、一种文化内涵、一种信仰精神、一种力量聚集。在品牌营销中，色彩起着激发消费者消费欲望的作用。客观上讲，颜色是视觉营销的一种支柱。对微商而言，色彩是一个能够吸引客户、巧妙地鼓励他们进行购买的最有力的工具。

色彩堪称世界性语言。在市场日趋成熟、竞争品牌林立的现代市场，要使你的品牌具有明显区别于其他品牌的视觉特征，更富有诱惑消费者的魅力，刺激和指导消费者，增加消费者对品牌形象的记忆，色彩语言的运用很关键。

公司的品牌识别体系中充满了颜色：标志要用颜色显示出来，产品也有颜色，公司制服、公司墙体、广告、包装也无一不是通过颜色来吸引消费者对品牌的注意。

颜色是品牌形象的重点之一，是品牌视觉识别的一部分。可口可乐红色、百事可乐的蓝色已经成为公司品牌资产的重要因素，并且受到法律保护。

颜色也是产品系列化策略的重要因素。颜色还可以标识产品，使本公司与竞争对手区分开来，如家电行业中，白色家电与黑色家电的区分，就是用颜色区分的。

企业可以通过颜色进行不同产品的定位。不同颜色给消费者不同的情感反应，如颜色越浓给人的感觉就越远，浅色给人感觉越近。红、橙、黄给人的感觉是精力充沛；而绿、蓝、紫看上去更宁静、内向；黑色给人神秘；金色给人豪华；银色给人明亮和优雅的感觉。产品包装、品牌识别用不同的颜色，就会传递给顾客不同的企业定位。

2. 色彩是商品的皮肤，更是商品的第一张名片

色彩也是商品最重要的外部特征，决定着产品在消费者脑海中的印象，而色彩为产品所创造的低成本高附加值的竞争力更为惊人。在产品同质化趋势日益加剧的今天，如何让你的品牌第一时间“跳”出来，快速锁定消费者的目光，是一个必须思考的问题。

色彩的定位会突出商品的美感，使消费者从产品外观和色彩上看出商品的特点，从色彩中产生相应的联想和感受。在信息宛如汪洋大海的现代社会，随时都有排山倒海的信息汹涌而来，消费者置身其中，往往茫然不知所措，能让其在瞬

间接受信息并做出反应的，第一是色彩，第二是图形，第三才是文字。

3. 色彩语言善于表达品牌思想

色彩是一种不可替代的世界性语言。在品牌设计中，通过使用适当的色彩语言，可以淋漓尽致地表现品牌的思想，使色彩成为品牌思想的传话筒，从而促使品牌更容易地被消费者和市场接纳。

4. 色彩是打开顾客心锁的无形钥匙

如何将商品的思想传达给消费者是营销的一个基本问题。色彩营销将传统的灌输手法表现为无形却又非常有效的沟通，在众多竞争品牌中独树一帜，吸引消费者的“眼球”，使产品脱颖而出，最终达到引起消费者购买行为的目的。

在这个形象竞争的时代，消费者追求的不仅仅是产品的功能，还是这一产品能否体现出其所有者的个性，即消费者更注重的是产品能否给他带来个性、时尚的需求满足。

5. 色彩在商品营销中增加产品识别记忆

走进商场，产品琳琅满目，要想使商品畅销，首先要抓住消费者的心理，商品要有足够的刺激强度，就是商品的外包装颜色要引起消费者的注意。

由于色彩在品牌竞争中具有独特的传达作用、识别作用与象征作用，所以毫不夸张地说，色彩不但具有塑造品牌个性，提升品牌形象的功能，而且有着不可低估的市场拉动作用。

6. 色彩容易让消费者产生信任感

曾经有人做过这样的试验，将煮好的咖啡分别倒入红色、黄色、绿色的杯中，让十几个人品尝。结果品尝者一致认为咖啡的味道不同：绿色杯中的味道有点酸，红色杯中的最好，黄色杯中的味道偏淡。

色彩极易让人产生联想，包装的色彩若能表现商品的内涵，那么会让消费者相信商品的功效。色彩是最具有视觉信息传达能力的要素之一；色彩具有其他文字和语言无法替代的作用，色彩具有左右人感情的能量。

8.5.2 嗅觉营销

嗅觉营销指的就是香味营销，在人类的全部感官中，嗅觉是最敏感的，也是同记忆和情感联系最密切的感官。科学证明，每个人的鼻子可以记忆一万种味道，而嗅觉记忆的准确度比视觉要高一倍。每天，我们都生活在味道中，体会着味道对情感、记忆、情绪以及行为所产生的重大影响。

气味也是引起购买欲望的一种有力工具。因此，我们可以利用人们的嗅觉来达到营销目的。嗅觉有别于传统的视觉刺激，它会吸引消费者关注、记忆认同并最终形成消费。

事实上，人们对于气味的敏感程度仅次于视觉，排在听觉之上。尤其是在大量视觉广告冲击疲劳的时刻，嗅觉带来的全新感知更让消费者觉得有趣。好闻的气味常常与人们某种美好的记忆联系在一起，就像你遇见爱情的那一天，你喜欢对方是因为一种你看不见的气息，你觉得这种气息对于你来说是轻松愉快的，而在同样轻松愉悦的环境下购物，成交的概率也会高一些。

气味决定购买，这听上去确实有点不可思议，但事实胜于雄辩，因为有时嗅觉带给一个人的一系列改变确实非同寻常。我们会因为街边传来诱人的烤鸭味道而内心浮想联翩，冲进烤鸭店来一只新出炉的烤鸭；也会因为香喷喷的奶香味面包，我们就突然发觉肚子里好像缺了点什么……这些都是我们可能会遇到的情况。

在商业上，气味的运用最常见于食品行业，比如街边的面包店、烤鸭店、烧烤店，他们可能并不精于这种气味营销，但是他们的产品确实在利用气味影响我们的购物倾向。我们在满是奶油味的面包店，有着浓浓咖啡味道的咖啡馆，有着淡淡油印味道的小书店，确实就陷入了一场以气味为工具的潜意识消费状态。其实在很多店里面都是可以采用这种气味营销的，只要这种气味是有助于消费者停留的气味，那么他购买的概率就会提升。在愉悦的心情下，人们更容易产生购买行为。

嗅觉营销，用气味征服客户这个方法是比较倾向于实体店的，可是并不代表不能运用在微商里。如果微商代理也注重这种细节，给一些消费者额外的购物体验，相信消费者黏度会有别于普通微商，这是一个每天进步一点点的细节。无时无刻不在销售的细节上努力，会为消费者带来惊喜和不一样的体验。

我们可以幻想一下，原本是密封的没有任何气味的产品，在打开一个包裹的时候，散发出沁人心脾的香气，你的心情会是怎样？仔细一看，原来包裹里有一个精美的卡片，是卖家给我的感谢信，上面说了一些心语，然后还鼓励我用完之后给卖家反馈，反馈之后还有精美的礼品送我，我会觉得很贴心。如果卡片的味道我很喜欢，我可能会收藏起来，放到我的包里。消费者不仅用了你的产品，享受了你的贴心服务，更重要的是他还收藏了一个与你的产品无关的附加值。对于一个卖家来说，这种精神上的价值是无法用金钱来衡量的，双方都有强大的内心满足感。

一张小小的卡片放在他包里，他会在不经意的时候可能想起你，复购率也会

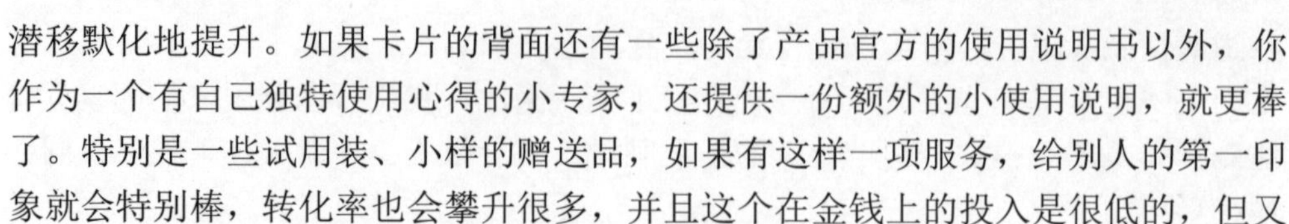

潜移默化地提升。如果卡片的背面还有一些除了产品官方的使用说明书以外，你作为一个有自己独特使用心得的小专家，还提供一份额外的小使用说明，就更棒了。特别是一些试用装、小样的赠送品，如果有这样一项服务，给别人的第一印象就会特别棒，转化率也会攀升很多，并且这个在金钱上的投入是很低的，但又让人觉得很入心，很容易碰触消费者的心弦。

8.5.3　控制消费周期

如何控制消费者的消费周期，其核心就是微商需要自己设计一套完整的记忆提醒和习惯培养的循环周期，从而通过各个细节的把控来实现控制消费者的消费周期。因为消费周期的控制，除了品牌商投入的广告和使用说明以外，每个微商自身在零售上的运作细节，才最终决定你的客户黏性和你的月收入。

1. 男人与女人的消费周期

从男人的角度来看，消费周期比较稳定的产品估计就只有烟和酒了。除了牙膏牙刷、洗发露、沐浴露，男人对于其他东西使用周期的稳定性，好像都不是那么强。相反，女人具有固定使用周期的产品就很多了，几乎所有女人的消费品都有特定的使用周期。

每一包烟上都会写吸烟有害健康，但是为什么多数人不能戒掉烟呢？这就源于一种上瘾的感觉。上瘾是一种可怕的状态，这种状态会让一个正常人变得不理智，不理智时就会做出很多不可思议的事情。套在营销领域里，这就会是一次疯狂的冲动型营销。

2. 尼古丁效应

长时间吸烟的人身体里会有一个尼古丁指标，一旦低于这个指标，身体就会出现一种莫名其妙的感觉，当然心理上的感觉会多一点，身体里尼古丁的含量是诱导你点起下一根烟的绝对因素。品牌营销的过程实际上就是一种隐形尼古丁的吸收过程，一旦在消费者内心形成一种尼古丁指标，就构成了消费购买周期的一个推进过程，形成习惯。

3. 影响消费者购买周期的两大因素

在影响消费者购买行为的因素中，记忆提醒与习惯培养是非常重要的。记忆提醒通常表现为定期的优惠券(利用人们不使用就吃亏的心理)或是呈轰炸趋势的广告(强制人们观看)，而习惯培养则表现为长久的行为习惯，如喝咖啡、喝茶等。

所以结合前几节的内容，第一个是色彩抓住人的眼球，第二个是利用气味营

销抓住人的感官神经，并且搭配小卡片，写在小卡片上的内容形成记忆提醒。同时，大家要结合自己的日常推广，隔三岔五地要有隐形的使用习惯记忆提醒类的推广，或者新品推送。因为从另一个角度讲，女人对她的消费用品，理论上来说是具有忠诚度和依赖性的，可实际上忠诚度并不高。难道用一个产品还可以，就不想用用其他的产品，去体验一些不一样的感受吗？所以说女人的衣服即使衣柜放满了也会觉得不够穿，其实是没什么忠诚度的。

因此，优惠券和客户回馈的活动不能断，一直要有，要让他们觉得不用优惠券就亏了，不用优惠券就心里难受，不参与客户回馈活动心里就过意不去，从而形成控制消费者消费周期的闭环。

大部分做网店的卖家仅仅是做到控制消费者的感觉，而这个感觉，其实很笼统。如果我们可以做到控制消费者的视觉、触觉和情感，并形成尼古丁效应，这将是脱颖而出的法宝。

8.5.4　提高顾客购买欲

每个顾客通过你发布的文字、图片找你询单的，或者老客户来逛逛，问东问西的，他们都有买东西的欲望，只是不是所有客户都是只买你家的产品，并且要现在就买，所以这些顾客流失，或者因各种理由没买的，都是因为他们的购买欲不够强烈，而你为了使顾客不要莫名其妙下线，要做的就是通过简短的聊天提高他的兴趣，给他现在要买的理由。如何提高购买欲望呢？

1. 让产品更接近于顾客的想象，当然要靠说的

你自己去买衣服，难道是想买丑的吗？一定是好看的，并且你会想象穿在自己身上是什么样子的，所以如果通过沟通让你觉得这件衣服真的会合适，会是自己想象中的样子，你就会越来越有兴趣，最后就是客服不催你买，不同意你的议价，你也会买。

当然不是说你要把产品吹得多好，我们是实战派，不断进来的客户不会有时间让你慢慢地去吹嘘自己的产品，你只要抓几个重点做出心理暗示即可。

2. 当你无法满足顾客的要求时，要懂得维护顾客的购买欲

这一点只要记住两个原则：对比原则、等价交换原则。

1) 对比原则

产品不可能百分百地满足全部顾客的需求，销售的过程中总会遇到一些顾客咨询其他的产品，遇到这种情况，不必灰心，要学会通过对比原则引导顾客。

2) 等价交换原则

你只要知道当你拒绝顾客之后就一定要给他点什么，否则他就会不开心，就会不买，理解这件事情，你就不会发生顾客议价你不同意，顾客就流失了的情况。一把刀可以换两头牛，只要让卖牛的那个人觉得刀的价值与两头牛相等，当然如果让他觉得更高他会更开心。

3. 不断地暗示与引导

这点是很重要的，因为顾客一开始问你，她适合什么肤质，包邮什么快递，问好可能就走了，所以你一直在等待加强购买欲的机会还没有出现，你们的聊天就已经结束了。所以只要在聊天，只要不突兀，你就要把事态往好的方面引导。

在平时回答问题的时候，加上一些暗示的词，让客户感觉自己买的是正确的，选择的是好的。可以引导“活动”“包邮”“保障”等，你要理解你们公司为你们制定包邮，制定赠品，就是为了更好地成交客户，如果你不懂得去说，去利用，岂不是白白浪费了资源。将这些知识理解并能利用到实际的接待中，客服应该是可以留住很多莫名其妙流失的客户的。

Section 8.6 成功案例——女孩网上卖草鞋年入10多万元

普普通通的草鞋对于大部分湘西人来说并不陌生，就是这样一双普通的草鞋却让这名90后女孩找到了生财之道，这让很多人意想不到。同时也让更多的人了解了草鞋的传统工艺。

1. 90后女孩将草鞋摆上网

她叫婷婷，今年22岁，也是一个8个月孩子的妈。在吉首乾州纱厂这套100多平方米的房子里，我们见到了婷婷，站在眼前的她和很多90后女孩有着不同之处，在她身上感觉不到90后女孩的稚气，相反，她举手投足间透露着几分成熟。

婷婷的老家在凤凰县的一个小山村，农闲之余，村里的老人有在家打草鞋到集市上去卖的习惯，而婷婷的奶奶也经常打草鞋卖。2014年，刚从吉大师院毕业的婷婷正在找工作，看到奶奶正在家里打草鞋，她突然有了一个想法，为何不将奶奶打的草鞋摆上淘宝来卖？说干就干，她尝试着将奶奶的草鞋摆上了淘宝，没过多久就卖出了第一双，这也增加了她的信心，于是她便走上了电商之路，如图 8-1 所示。

图 8-1

2. 持之以恒年收入 10 多万元

婷婷也是第一次到淘宝上卖东西，不懂就自己查百度，慢慢地学会了网上开店的知识，为了寻找货源，婷婷走遍了大部分苗寨去收草鞋，回到家后，对于每双收来的草鞋还要进行打理，量尺寸、做记录。随着信誉度越来越高，在她店里买草鞋的人也越来越多，在没有任何推广的情况下，她每天平均可卖出 50 单左右，一年下来，可实现纯收入 10 多万元。

3. 喜忧参半，打草鞋的手工工艺在逐渐消失

在聊到目前的困难和担忧时，她说目前由于没有仓库，自己的这套 100 多平方米的房子既是办公室又是仓库，她便在这个 100 多平方米的房子里完成了接单、打包、发货的整个流程。在房间里摆满了草鞋，客厅里、柜子里、书房里，装的都是草鞋，10 多个各式各样的鞋型足足有 5000 多双。

另一个担忧是由于打草鞋都是用手工制作，没有机器，一双草鞋赚不了多少钱，不少年轻人都不愿去学，而都只是一些年老的人在做。因此，这行手工业很有可能会在未来的某一天消失。婷婷希望有更多年轻人来学习编织草鞋的工艺。

第 9 章

建立物流渠道

网上开店做生意成功的关键是物流配送。网上生意的成败有相当一部分是由物流决定的。作为网店的经营者不能不对此引起重视和关注。开网店做生意，网店经营者必须对快递公司及邮政局做好充分的调查和了解，特别是价格。

Section 9.1

选择送货方式

开网店，每个月都有很大一笔邮寄方面的开销，虽说羊毛出在羊身上，但若质量相同、价格一样，买家肯定会选择邮费更低的产品，降低邮费将使你的产品更具竞争力，可见选择合适的送货方式是非常重要的。

9.1.1 邮政业务

平邮是最慢的运送方式，并且无法查询物流信息，但是价格比较实惠，而且网点多，适合偏远地区使用。平邮一般的运送时间为全国 7～30 天，平邮不像快递送货上门，邮递员事先会将通知单发送至买家平邮普通信封的家庭信箱或门卫，用户需要凭通知单和收件人身份证去就近邮局领取包裹。目前，这种方式已经很少采用。图 9-1 所示为中国邮政官网首页。

平邮的包裹分为国内普通包裹和国内快递包裹，国内普通包裹最慢，国内快递包裹稍快。国内快递包裹根据各地区的规定不同及物品的不同，有的投递包裹单，有的投递包裹(实物)。

平邮信件或者包裹需要知道收件方和寄件方的准确邮政编码、地址、姓名和常用联系方式，以便邮政系统准确投递或者退回。

EMS(Express Mail Service)是邮政特快专递服务，由万国邮联管理下的国际邮件快递服务，在中国境内是由中国邮政提供的一种快递服务。图 9-2 所示为 EMS 网站首页。

该业务在海关、航空等部门均享有优先处理权，它以高质量为用户传递国际、国内紧急信函、文件资料、金融票据、商品货样等各类文件资料和物品。

EMS 速度相对更快，但费用也较高，但是网点多，全国没有盲点，都能送到，可以查询物流信息。现在还有 EMS 的变种 E 邮宝。

图 9-1

图 9-2

9.1.2　快递公司

快递公司是指通过火车、汽车和飞机等交通工具，对客户的货物进行快速投递，其特点是点到点，快递员投递到户，快速方便。原来快递公司外省走空运的较多，所以无论外省和省内，均能做到隔天到货，但价格较高，一般外省较远的要 15 元。现在高铁和高速公路发达了，走航空的少了，价格相对便宜，只是时间长了些。常用的快递公司有：申通、圆通、中通、汇通、韵达、天天快递、顺丰速运、一邦速递、宅急送等。下面详细介绍一些主流快递公司的优缺点。

1. 顺丰快递

优点：服务好，态度好，全国统一服务电话, 监督机制好，快递速度高。因为它不是加盟形式的，由总部统一管理的企业, 所以各地的服务水准都保持基本统一。

缺点：很多稍微偏远的地方还没有网代点，其次是费用比其他公司稍高。

2. 百世快递

优点：价格便宜；国内信息化和自动化的核心能力；高效运作的快递网络；为电子商务企业量身定制速递方案；提供个性化、一站式优质服务。

缺点：运送速度相对较慢，快递员素质差异大，常常存在快件丢失短小等问题。

3. 宅急送

优点：网络优势和路网优势， 通过绿色割据拥有 480 多家分支机构，业务覆盖全国 2000 多个城市，而且能够提供 222 个国家国际快件，实现了与国外快递接轨；完善的系统追踪系统，宅急送综合管理系统由 17 个子系统构成，分运营管理、客服管理、综合管理三大类，分为仓库管理系统、条码技术、全球定位

系统、货物跟踪系统，灵活性强；精准的战略定位，宅急送选择的市场定位是国内快速物流服务，即门到门快递服务精准的战略定位；增值业务，代收货款业务，其现在已成为网上购物、电视购物的代名词，宅急送的业务仅次于邮政，同时，在客户的返款周期上，宅急送定为 15～30 天，仓储，标准库房，实行双人双锁管理，安全性高；价格低，在中端市场非常有竞争力，价格灵活。

缺点：宅急送选择同业多元化，忽视了物流行业应该做精、做深、做大、和全球化；管理落后，宅急送属于典型的家族式企业，家族中很多人在公司的关键部门任职，导致公司新鲜血液注入较少，严重限制了公司机构模式的优化发展，且机构庞大臃肿，不易控制；装备现代化、作业信息化等仍没有普及，致使分拣工作困难；竞争力差，作为民营快递企业的领头者，宅急送虽然送货价格低廉，但是服务质量较差，员工素质偏低，代理费用高，服务项目不齐全；管理水平和技术水平不高，发车频率低，远距离运输费用高，成本高；经营不善，对市场扩张缺乏有力的财务支持，只拥有有限的固定资产。

4. 中通快递

优势：优越的地理环境；运费相对低廉，针对学生群体；快速、安全、准确、周到的服务方针；加盟网点采用统一的客户服务规范，确保客户服务的快捷；各网点采用电脑系统，所有管理信息在一个系统中完成扫描、上传和查询。

缺点：速度一般，而且快递运输过程中短少、丢失问题不断，投诉较多。

5. 申通快递

优势：失货率是所有公司最低的；采用航空运输，速度快；全国任何地方均可到达；收取货均是上门服务；服务网点多、广；价格相对便宜。

缺点：发往珠江三角洲地区的速度和 EMS 差不多，价格比 EMS 便宜一些，但发往其他地区的质量就很一般了；服务态度一般；有部分地区不可送达。

6. 圆通快递

优势：为客户提供个性化服务功能、涵盖仓储、配送等一系列专业服务；从客户需求出发，第一个“全年无休”。

缺点：网点不够广泛，偶尔有丢件等情况，员工素质因人而异。

7. 韵达快递

优势：价格便宜，服务水平高；科技手段先进；自营中转站点运行稳定；全国各地区网点覆盖率高；应需而变，个性化服务。

缺点：速度较慢，一般时限为4～5 天；业务操作不规范，丢失件、破损件数量多。

8. 天天快递

优势：网点全，价格适中，省内 6 元省外 8～10 元，速度适中。

缺点：经常压货，经常擅自将包裹转给其他快递公司，物流信息更新不及时。

9.1.3　物流托运

托运，是物流的一种形式，指托运人委托具有托运资质的公司将货物运输到指定地点，交给指定收货人的服务。根据托运方式不同，可分为海运托运、陆路托运、空运托运。

1. 海运

编制船期表。外运公司按月编印出口船期表，分发给各外贸公司及工贸企业，内列航线、船名及其国籍、抵港日期、截止收单期、预计装船日期和挂港港口名称(即船舶停靠的港口)。各外贸公司及工贸企业据此进行催证、备货。

办理托运。外贸公司在收到国外开来的信用证经审核(或经修改)无误后即可办理托运。按信用证或合同内有关装运条款填写《托运单》并提供全套单证，在截止收单期前送交外运公司，作为订舱的依据。

领取装运凭证。外运公司收到有关单证后，即缮制海运出口托运单，并会同有关船公司安排船只和舱位；然后由船公司据以签发装货单，作为通知船方收货装运的凭证。

装货、装船。外运公司根据船期，代各外贸公司往发货仓库提取货物运进码头，由码头理货公司理货，凭外轮公司签发的装货单装船。

换取提单。货物装船完毕，由船长或大副签发“大副收据”或“场站收据”，载明收到货物的详细情况。托运人凭上述收据向有关船公司换取提单。

发出《装船通知》。货物装船后，托运人即可向国外买方发出《装船通知》，以便对方准备付款、赎单、办理收货。如为 C&F 或 FOB 合同，由于保险由买方自行办理，及时发出《装船通知》尤为重要。

2. 陆运

编报车皮计划。各外贸公司及工贸企业每月向外运公司编报隔月车皮计划，注明去向，并据此进行催证、备货，办理托运。各外贸公司及工贸企业在收到国外开来的信用证并经审核无误后，便可办理托运，即按信用证或合同内有关装运条款，以及货物名称、件数、装运日期，填写《托运单》并提供有关单证，送交外运公司，作为订车皮的依据。

落实装运车皮。外运公司在收到《托运单》后，根据配载原则、货物性质、货运数量、到站等情况，结合车皮计划，与火车站联系，并由火车站据以向上级铁路分局申请车皮。

提货、装车。外运公司根据装期，代各外贸公司往发货仓库提取货物并运至车站货场，车站凭货运单据将货装车。

收取提单。货物装车完毕，由车站司磅员签发货运单，载明收到货物的详细情况。有条件就地封关的，可由海关监管加封，办妥转关手续。外运公司则凭运单签发承运货物收据，即陆运提单。

发出装车通知。货物装车后，外贸公司或工贸企业即可向买方发出《装车通知》，以便买方准备付款、赎单，办理收货。

3. 空运

办理托运。各外贸公司及工贸企业在备齐货物，收到开来的信用证经审核(或经修改)无误后，就可办理托运，即按信用证和合同内有关装运条款，以及货物名称、件数、装运日期、目的地等填写《托运单》并提供有关单证，送交外运公司作为订航班的依据。

安排货舱。外运公司收到托运单及有关单据后，会同中国民航，根据配载原则、货物性质、货运数量、目的地等情况，结合航班，安排舱位，然后由中国民航签发航空运单。

装货、装机。外运公司根据航班，代各外贸公司或工贸企业往仓库提取货物送进机场，凭装货单据将货物送到指定舱位待运。

使用物流托运的注意事项有以下几点。

确定箱子的尺寸以及每个箱子的装载限重。索要书面说明，以便合理选择所需箱子类型及数量。

制定计划托运物品的时间表，明确何时让运输公司上门收货，以及预计多长时间送达指定目的地。

警惕有些公司随意降价，接受其报价前，请确认没有隐藏额外的目的地费用。

确认代理已经为您提供了完整的文件资料，以便您的行李物品得以顺利托运。许多国家均禁止夹带兽皮、食品、水果及种子等；忽视相关海关法规将导致高额罚款甚至触犯法律。请留意代理是否已经提供所有法规细节！

请不要接受口头报价，应索取您所预定服务项目的明细报价单。

请不要以为所有目的港费用都包含在报价中，除非明确说明。每项费用都应列举并说明，避免提货时产生不必要的误解。

请不要以为托运的物品已自动被保险。保险通常需要额外的费用，您可在托运时决定是否投保以及投保的类别，保险条款应提前了解清楚。投保的物品如在运输途中发生意外，将可得到保险公司相应的赔偿。

请不要使用诋毁或轻视其竞争对手的公司服务。所有公司都应遵循严格的商业行为准则。请确保选用专业且具良好声誉的私人物品运输公司，并请确认您所选用的公司已经投保了财物风险，托运物品不会因公司经营风险而无法送达目的地。

托运人托运货物时，是否需要拟办理保价或保险，完全以托运人自愿为原则，铁路不以任何方式强迫办理保价运输或者货物运输保险。从托运人、收货人的利益立场出发，应办理保价运输。因为托运人一方面要求铁路运输企业安全、迅速、经济地将货物送到达站；另一方面，当发生货损货差时，总希望得到与货物价格最为接近的赔偿额，保价运输较能解决以上问题。

(1) 不办保价运输货物：从货物安全来讲，货物运输管理虽按现行的铁路货物管理有关规章办理，但未能得到与保价货物一样的特殊安全措施的保护，故发生货损货差的机会比保价货物大；从赔偿方面讲，虽然不办保价也不办保险，故不用支付保价金和投保金，但因为铁路受理货物时，不论货物贵重与否，都按货物重量收取运费，如果发生货损货差赔偿时，则按货物价值赔偿，这对铁路运输企业来讲，是不公平的，因此铁路采取限额赔偿，但这样对托运人(特别是托运贵重货物的托运人)利益影响很大。

(2) 办理保价运输货物：因为保价责任主要是因为铁路责任造成的货物损失，铁路为了减少事故赔偿，必然认真对待货运事故，而且货物保价运输是运输合同的组成部分，铁路作为合同的一方直接参加货物的运输工作，并通过对事故的调查、分析、总结，有条件对保价货物采取安全管理措施，改进内部的管理工作，提高货物运输安全质量和服务质量。从这方面讲，铁路与托运人利益是一致的。从赔偿方面讲，托运人虽然支付了保价金，但铁路以货物实际价格(保价额)承运，发生铁路责任时，按不超过保价额赔偿，托运人能得到合情合理的经济利益，因此，保价运输解决了铁路限额赔偿不足的矛盾。

(3) 投保货物运输险：保险责任是自然灾害、意外事故等非人为因素造成的损失，保险公司不参与运输管理，赔偿只是一种对货物损失后的经济补偿形式。

不论货物办理保价运输还是投保运输险，都属于保护措施。铁路办保价是针对铁路责任的，对于不属于铁路责任的损失，铁路不承担保价赔偿；托运人要求得到比保价运输更高的赔偿时，也可办理投保运输险。

物流托运一般是运送大宗货物的，如果你的产品体积大、重量大等可以采用物流托运。物流托运慢，不送货上门，但发货费用非常低，一般小件产品不建议选这种公司。现在也大多可以到达目的城市后另外付费送货上门了。常用的公司

有佳吉物流、德邦物流等。

Section 9.2 包装商品

网店要经营得好，产品包装很关键。在包装方面有着独特且完善的方法的卖家不一定成功，但一个成功的卖家在包装方面一定下了功夫。一个成功卖家的衡量指标之一就是包装细节。

9.2.1 服饰类商品

如果是衣服，就可以用布袋包装。用布袋包装服装时，选用白色棉布或其他干净、整洁的布最好。淘宝上有专卖布袋的店，大小不一，价格也不一。如果家里有废弃的布袋，也可以自己制作布袋，但要保证自己的布袋是干净、无异味的。在包装的时候，一定要在布袋内再包一层塑料袋，以免布袋进水和损坏，弄脏了宝贝。也可以使用快递专用加厚塑料袋，可在网上买，特点是防水、防辐射，用来邮寄纺织品是一个非常不错的选择，经济实惠，而且方便安全，如图 9-3 所示。

图 9-3

9.2.2 首饰类商品

首先，一定要用纸箱包装。

其次，一定要填充报纸或其他可填充物，以免首饰盒或者首饰袋在纸盒里晃动。

最后，纸箱的四个角一定要用胶条包好。因为邮寄的时候有很多不可知因素。比如和你的货品在一个包装袋里的货品有水质的，万一货品包装不严，出现洒漏，你的货品也会有被浸泡的风险，这也是防止磕碰的保障。当然，邮局工作人员也会在包装的时候检查，并封上四角的，但是卖家自己还是要做好塑封工作。

尽量少用挂号信邮寄首饰。理由如下：你不能更好地包装；货品只能放在小的密封袋里发货，会有挤压；不能保证你的货品安全；更不要说你优质的服务了，因为各地区邮局分拣是会有不同的。

9.2.3　化妆品、香水、护肤品

化妆品大部分是霜状、乳状、水质，多为玻璃瓶包装，因为玻璃的稳定性比塑料好，化妆品不易变质。这一类货物一直是邮局查得最严的，因为它是物流运输途中货物泄漏事故的“高发地带”，所以除了包装结实，确保不易破碎外，防止渗漏也是很重要的。最好先找一些棉花把瓶口处包裹严实，并用胶带缠好扎紧，卖家一定要封好封口处(用透明胶带用力绕几圈)，然后用棉花整个包住(要厚一点)，最后包一层塑料薄膜，这样即使漏出来也会被棉花都吸住并有塑料薄膜做最后的保障，不会流到纸盒外面污染到别人的包裹。

9.2.4　食品

易碎食品、罐装食物如饼干等宜用纸盒或纸箱包装，如图 9-4 所示。在邮寄前请先确认买家的位置，即你平邮出货品多少时间可以到达对方手上。食品是有保质期的，其保质期与包装、时间、温度都有关系。所以，对于距卖家比较远的用户，宝贝又是易变质食品时，建议提醒买家用顺丰快递或者包邮顺丰快递。

图 9-4

9.2.5 易碎商品的包装

易碎品的包装一直是一个难点，这一类产品包括瓷器、玻璃饰品、CD、茶具、字画、工艺笔等。通常要求易碎品外包装应具有一定的抗压强度和抗戳穿强度，以保护易碎品在正常的运输条件下完好无损。

对于这类产品，包装时多用一些报纸、塑料薄膜或者泡面、泡沫网，这些东西重量轻，而且可以缓和撞击。先将宝贝用气泡袋裹 3 层，这个主要是为了防止宝贝遭受挤压。再将由气泡袋裹好的物品用胶带绑紧，让宝贝不会动摇，这个主要是为了防止运输途中宝贝和宝贝之间的摩擦，如果没有绑好，两个宝贝之间摩擦得多了，可能会致使宝贝刮花，碎裂。然后将泡沫割得和纸箱一样长，厚度为 2.5～3cm，放在纸箱的底部和边侧，再把整张报纸用手揉成一团(千万不要省报纸，多放一点)。再把宝贝放进去，边上都塞紧，最上面再放几团报纸和一块与纸箱口一样大小的泡沫，最后用胶带封好。这样，就算是让快递员轻轻地扔几下，也不会有事。

9.2.6 书刊类

卖书的利润十分微薄，因此应控制好邮费。这一类商品该如何包装和邮寄才能既经济又实惠呢？经验丰富的卖家的建议是，用牛皮信封和牛皮纸就很不错，因为纸张的厚度足以保护书籍不受损坏。

报纸、杂志可以借鉴书籍的包装方法，用大的信封或者牛皮纸包装都可以。这类物品的包装方法如下。

准备好书、牛皮纸、封箱胶带、双面胶、剪刀、绳子等，用塑料袋把书装起来，以防书在运输途中弄脏、受潮，再包上一层报纸，再用牛皮纸包上一层，封口处用双面胶粘好，用包装绳捆成十字，把包好的书装进牛皮纸信封，再用包装绳打成十字。

VCD、DVD 等光盘类产品，淘宝上有出售专用光碟的包装邮寄纸箱，比邮局的便宜。如果只是邮寄几张光盘，且无外包装的产品，最好的方法是用三层的 12 号纸箱，但不要折成纸箱型，平板用报纸包装好盘片，用胶带全面包裹即可发货。

9.2.7 数码电子产品

数码电子产品在各行各业中算得上是上等产品，是很精密的产品，包装也很讲究，通常用纸箱或托盘。在货物比较轻的情况下可以用纸箱，但纸箱的质量一定要好。包装时一定要用泡沫包裹结实，再在外面多套几层纸箱或包装盒，以保护电子产品，如图 9-5 所示。买家收到商品后，一般也要当面检查确定完好无损后再签收。因为数码产品的价格比较高，如果出现差错会是一件比较麻烦的事。

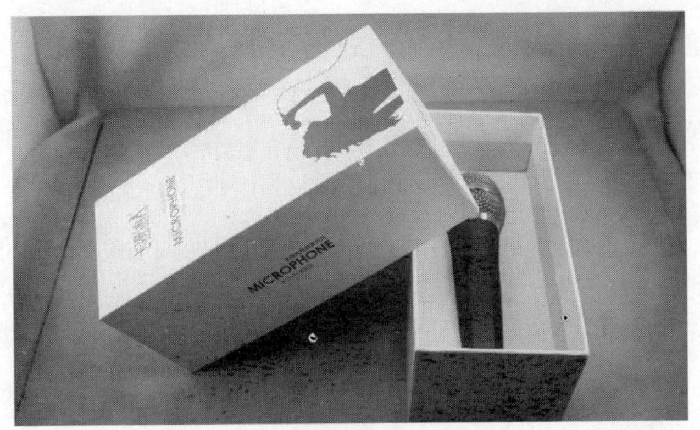

图 9-5

Section 9.3 物流选择与包装秘籍分享

本节将详细介绍如何让我们的包装更有价值、如何利用包装赢得买家好感、如何利用包装提高销量以及如何选择好的快递公司等内容。

9.3.1　如何让我们的包装更有价值

很多网店的新手卖家，可能还不知道怎样包装网店的商品是最合适的，既能让买家感到满意，也能为自己的网店起到一定的推广作用。所有买家都希望收到一个完好无缺、看起来更具品质的商品，那么卖家如何让外包装看起来更高端、更有价值呢？下面介绍几点建议。

1. 发送店铺名片

在发送商品的时候，可以在包装内塞上几张名片，名片上要印上自己的网店名、店铺经营范围、电话号码等联系方式。一般来说，买家如果觉得你的商品不错的话，都会留下你的名片以便下次购买，或是将你的店铺收藏并推荐给其他需要此类商品的好友。

2. 问候贺卡

现代社会通信发达，人们的沟通方式已经从信件扩展到短信、电话、电子邮件、视频等。很多人已经好多年没有收到过信件了，所以在邮寄商品的同时，附赠一张温馨的贺卡，必定会唤起很多人熟悉的感觉，增加买家对卖家的好感。

3. 赠送小礼物

许多买家都希望得到一些小赠品，即使这些东西对他们来说可能并没有多大作用，但是收到的时候也一定会觉得很高兴。一个质量好的赠品可以起到画龙点睛的作用，但如果卖家收到的是一个粗制滥造的赠品，那么他们对你店铺的印象也会大打折扣，还不如不送。

4. 热卖产品介绍

不是每个买家都会十分耐心地看完卖家店里的所有商品的，所以在运送商品时，可以送上一份店铺的产品介绍。可以是店铺里最热销的商品或新上架的商品，整理成一个小小的推荐表。不要小看这张推荐表，它对顾客的作用，可比店铺里的产品介绍要强得多。

9.3.2 如何利用包装赢得买家好感

看一个店长经营网店是否用心，看发出来的商品包装就知道了。用包装赢得买家的心是最简单的一个方法。包装不会发出声音语言，但它具有很好的视觉语言。包装可使买家在无须销售人员的介绍或示范的情况下，仅凭包装上的图文介绍，就可以了解商品。

如今，产品包装所起的作用不只是方便携带，好的产品包装能说明产品属性、迅速识别品牌、传递品牌内涵、提高品牌形象等。同样，这些包装上的文字、图像、色彩等都能起到宣传效果，同时可以美化商品、促进销售。

从陈列环境入手，在包装的色彩、图案、款式等方面突出品牌的视觉冲击力，以区别于同类商品，最终脱颖而出。

从品牌定位、品牌个性化方面入手，明确针对的人群，选择合适的渠道，从而决定包装设计风格，以突出品牌及利益点等消费者关注的重要信息。

根据渠道和价格差异，设计有附加值、品质感及美感的包装。这些要素都与品牌价值相辅相成，是提升品牌美誉度的重要手段。

不同的商品需要不一样的包装。根据你的宝贝，花一些心思，包装完全可以胜人一筹。比如卖衣服，可以在衣服外面多套一个防水的塑料袋；卖玻璃香水，可在盒子外面写上温馨提示：请立即检查是否破损；卖陶瓷、工艺品，最好用木箱包装；卖数码产品，要填充更多填充物等。

9.3.3　如何利用包装提高销量

1. 融入文化元素，尽显品牌内涵

文化是源远流长的，是品牌永恒的生命力，将文化融入品牌，并得以在终端展示，这是展现品牌内涵，提高品牌美誉度的极好方法。所以，将文化元素体现在包装上，产品也便有了厚重的文化底蕴，这种产品也更能经得起时间的考验。

2. 优化图文设计，巧用色彩装束

产品包装的图文设计和色彩搭配是获取消费者目光的先锋兵。图文设计精美，色彩搭配和谐，且让人赏心悦目的产品包装必然最先跃入消费者的眼帘。

3. 创新包装形式，满足不同用途

包装的功能很多，例如保护产品，便于储运；吸引注意力，进行促销；方便购买、携带；提升品牌价值，等等。

设计良好的包装能为消费者创造更多的使用价值，为生产者创造更多销售额和利润。

4. 提供必要信息，提高品牌档次

包装关键在于深入产品内核，将与品牌相关联的产品文化、名称、图案、文字、色彩、材料、造型等一系列元素激活。其中产品信息的提供和表现非常重要，包装信息与产品信息必须保持一致。品牌名称、标志等信息的设计表现要尽可能地体现品牌个性和差异性。

9.3.4　如何选择好的快递公司

找到一家快递公司不难，关键在于鉴别这家公司是否真的“价廉物美”。有一些快递公司实际上很不正规，几个人骑着电动自行车就敢到各个公司送快递，这样的公司根本无法保证时间、服务以及赔偿等相关问题。在选择一家快递公司的时候，我们可以参照以下几个标准。

1. 营业执照

作为一家注册的正规快递公司，都会有营业执照，在进行合作前必须亲眼看到他们的营业执照以及批号(切记：复印件没有用)，如果涉及签订合同的问题时还要向快递公司所在的工商所求证，证明所提供的营业执照是真实的，并且可以从工商所了解到该快递公司的口碑如何，这对于合作很重要。

2. 规模

如果公司每天发送的快件很多，卖家在找快递公司的时候还要注意考虑规模问题，有些快递公司确实有营业执照，但其实是规模很小的，如果同这样的快递公司合作，很容易造成快件被耽误，直接影响工作，所以要详细了解快递公司的规模、业务、所覆盖的服务范围等，了解得越仔细，对以后的工作越有好处。

3. 诚信

快递是服务行业，诚信很重要，因为这里涉及赔偿的问题。可以先从行业内了解该快递公司的信誉，也可从快递公司现有的客户处了解它的服务。快递重在短时间高效率，如果快件被耽搁，业务受影响或快件被损坏、丢失、送错等问题出现就涉及赔偿的问题，如果不选择一家信誉好的公司合作，很容易在送快件过程中出现纰漏，到时会使公司和业务双重受损。如果快递费是按月结算的话，信誉就更重要了，信誉好的公司可以保证按劳索酬，不会出现虚报的情况。

4. 人员素质

在考虑了快递公司的各种硬件设施之后，还要看看快递员的个人素质，因为快件是需要快递员直接经手的，如果快递员的个人素质不高，或者道德有问题，很可能导致贵重物品的丢失、钱财的丢失等问题，这会直接影响到卖家的日常工作。

5. 服务

快递提供的服务讲究时效性，很多快件要求在非常短的时间里送到买家手里，这就是考验快递公司服务质量的时候了。建议卖家在选择一家快递公司长期合作之前，要多看几家快递公司的服务，选择服务最好的，即使多付些快递费也值得，因为当你快递现金、支票、贵重物品时会减少担心。

Section 9.4 成功案例——“海龟”夫妇带火妇女扎蟹队

每年 9～11 月大闸蟹的市场总是热火朝天，一对从英国留学回来的年轻夫妇，他们放弃了北京的高薪工作，为了继续深造而下到江南，借助淘宝创业，不但做起了“塘主”养殖大闸蟹，还带火了一队乡村妇女。

1. 海归瞒着家人裸辞，因一次宴请扎根江苏

9 月 20～23 日是阳澄湖的开湖时间，也是蟹农忙碌大半年准备一鼓作气、大干一场的时候。“可不，辛苦了这么久，憋着这一股劲儿，就等现在。”蟹塘主的老板娘卢小珍说道。

看着面前这位妆容精致的姑娘，若不是晒黑的双臂和被蟹钳夹伤的手指，实在无法与蟹农联系起来。不过卢小珍笑称，她的老公 Louis(路易斯)更具违和感，“他人很白净，还是那种只晒红不晒黑的肤质，每次下塘都不太像是能干活的。”卢小珍说，“初来乍到，大家都以为我们是去玩或者买螃蟹的，根本没想到我俩是去养蟹卖蟹的。”可就是这样的两个读书人，如今牛郎织女式地当起了蟹农。

时间回到 2010 年，卢小珍从河南郑州大学毕业，在一家银行零售部找到了一份可以说是铁饭碗的工作。两年后，再辗转到北京某知名互联网公司管理层就职，当时的月薪除去五险一金已有 15 000 元。与此同时，Louis 在英国拿到硕士学位后，归国就业的第一站也放在了北京，就职于中关村某金融平台，薪资待遇也很不错。但租房、挤地铁疲于奔命的生活让两人觉得理想、抱负变得无所适从，便任性了一次。2016 年，在毫无准备的情况下，两个人裸辞，结束了北漂生活。

“刚来到南京，我们没想过自己能做些什么事情，也没有找工作，只是一个偶然机会，我老公在英国的老师过来参加了一个学术论坛，我们也去听了。”卢小珍和 Louis 当天还宴请这位外国老师吃了淮扬菜，可没想到，一个外国人点的第一道菜竟然是大闸蟹。

外国人热衷于大闸蟹，这个小细节，在卢小珍脑中留下了深刻印象。当晚睡前，卢小珍就提议干脆在江苏做大闸蟹的生意。于是说干就干，便有了现在的“蟹塘主”。

2. 组建“妇女扎蟹队”，有人最多一天赚 1000 元

说起来容易做起来难，门外汉卢小珍和 Louis 开始在人生地不熟的江苏寻找养殖基地，语言、交通甚至连住宿都成了他们的难题。

听人说起，红膏蟹才是大闸蟹中最好吃的，于是两人来到江苏兴化。从南京到兴化，242 公里，每周两次来回奔波，不过与北京不同的是，这一次他们是在为自己的学费打拼。

既然做了就要做好，夫妻俩请了专业人士协助采集了兴化水域和大闸蟹年产值的数据和资料，并对比了 12 块水域的水质资料后，最终选取了现在的这片区

域，200 亩蟹塘，作为自己的螃蟹养殖基地。

承包蟹塘，两人已拿出了全部积蓄，从选蟹苗放养到清塘巡视，每一个环节，夫妻俩都是亲力亲为。

“没想到养蟹这么苦这么难！”卢小珍说，“你知道吗？一只蟹要脱 17 次壳，昼伏夜出，我们基本上都要在下半夜睡觉，很多时候会累得直接钻进蟹塘上的棚子过夜。”

虽然辛苦，但相爱的两人在一起共同努力，相互扶持，一切都是值得的。为了提高蟹的品质，饲料都是选取蒸玉米、进口鱼粉等。卢小珍不喜欢鱼粉的腥味，所以喂螃蟹的活儿，都交给 Louis 处理，卢小珍主要负责销售。

在卖蟹的过程中，卢小珍花了很多心思，这也将是文章开头提到的“妇女扎蟹队”的由来。“我们捆扎螃蟹的工具有绳子和香草两类，香草成本高。不过，我收到过很多评价说用香草捆的蟹蒸出来特别香，成本高也值了。”刚做生意，为了在客户群中留下良好口碑，卢小珍连扎法都做了一番研究。她回忆，当时想着请一位村里赋闲的妇女帮忙，没想到她速度很快，三下五除二就扎好了。精益求精，卢小珍就思量着，要是来个花式扎法会不会更好。因此，两人最终研究出了一套新花样。随着销量的增加，卢小珍需要更多人手来节约时间，提高效率。于是，她说服了那位大姐将她的手艺传播给村民，实现共赢。目前，在他们麾下已有一个五六人的团队，组成了“妇女扎蟹队”。按扎一只蟹 3 元的预算，一位妇女一天最多能收入 1000 多元。

3. 开淘宝店扩大销售，每天发完货就很踏实

其实，在刚刚回国期间，夫妻俩就看到国内电子商务的发展势头。因此除了亲力亲为维护好蟹塘，组建“妇女扎蟹队”，他俩最终在淘宝上开一家店铺，扩大销售。

不仅如此，夫妻俩也帮助了村里不少蟹农开起了网店，增加了营收。卢小珍说：“在这里很开心，大家都很朴实。虽然头发剪短了，人晒黑了，皮肤也有了皱纹，但是我俩每天都盼着把货发完的那一刻，很踏实。”

第 10 章

移动营销新时代

随着智能手机的普及，以及各种手机端软件的开发，人们上网的方式开始从 PC 端过渡到移动端。用手机上网的不断风靡，也预示着品牌营销模式的转变，移动营销时代已经来临。本章将详细介绍有关移动营销的相关知识。

Section 10.1 正确认识移动营销

移动营销不同于传统的网络营销，有它自己的特点和优势。本节将详细介绍移动营销概述、移动营销的主要参与者、移动营销的发展历程以及移动营销的未来趋势等内容。

10.1.1 移动营销概述

移动营销(Mobile Marketing)是指面向移动终端(手机或平板电脑)用户，在移动终端上直接向分众目标受众定向和精确地传递个性化即时信息，通过与消费者的信息互动达到市场营销目标的行为。随着智能手机的普及，将生产者、销售者与购买者这非一层面的三者紧密联系。移动互联网技术的发展促使互联网冲破PC枷锁，开始将网络营销从桌面固定位置转向不断变动的人本身。

移动营销早期称作手机互动营销或无线营销。移动营销是在强大的云端服务支持下，利用移动终端获取云端营销内容，实现把个性化即时信息精确有效地传递给消费者个人，达到“一对一”的互动营销目的。移动营销是互联网营销的一部分，它融合了现代网络经济中的“网络营销(Online Marketing)”和“数据库营销(Database Marketing)”理论，既是经典市场营销的派生，也是各种营销方法中最具潜力的部分，但其理论体系才刚刚建立。

移动营销是基于定量的市场调研、深入研究目标消费者，全面制定营销战略，运用和整合多种营销手段，来实现企业产品在市场上的营销目标。

移动营销的目的非常简单——提升品牌知名度；收集客户资料数据库；增加客户参加活动或者拜访店面的机会；提升客户信任度和增加企业收入。

随着移动互联网技术的发展，企业对移动营销方面也表现得更加重视，移动互联网最主要的特点是比传统的互联网更加即时，更快速，更便利，而且不会有任何地域限制。据 CNNIC 数据显示，2012 年我国手机网民数量为 4.2 亿人，由69.3%上升至 74.5%，其第一大上网终端的地位更加稳固。很多企业也开始觊觎移动营销这片市场，研究如何做好移动营销。

移动营销的模式，可以用“4I 模型”来概括：Individual Identification(分众识别)、Instant Message(即时信息)、Interactive Communication(互动沟通)和 I(我

的个性化)。

Individual Identification(分众识别)：移动营销基于手机进行一对一的沟通。由于每一部手机及其使用者的身份都具有唯一对应的关系，并且可以利用技术手段进行识别，所以能与消费者建立确切的互动关系，能够确认消费者是谁、在哪里等问题。

Instant Message(即时信息)：移动营销传递信息的即时性，为企业获得动态反馈和互动跟踪提供了可能。当企业对消费者的消费习惯有所察觉时，可以在消费者最有可能产生购买行为的时间发布产品信息。

Interactive Communication(互动沟通)：移动营销一对一的互动特性，可以使企业与消费者形成一种互动、互求、互需的关系。这种互动特性可以甄别关系营销的深度和层次，针对不同需求识别出不同的分众，使企业的营销资源有的放矢。

I(我的个性化)：手机的属性是个性化、私人化、功能复合化和时尚化，人们对于个性化的需求比以往任何时候都更加强烈。利用手机进行移动营销也具有强烈的个性化色彩，所传递的信息也具有鲜明的个性化。

10.1.2　移动营销的主要参与者

广告主、营销服务商、移动媒体和受众是移动营销的主要参与者，如图 10-1 所示。新时期的市场背景下，各个参与主体展现了鲜明的特色。

图 10-1

广告主越来越多地接受移动营销，开始尝试并接受程序化购买等新的投放形式，移动端预算进一步增加。

移动营销服务商中，大量广告网络平台转型成为 DSPAN，程序化购买成为

共同的发展方向，但目前通过 Ad Network 投放的移动端广告依然占多数。

移动媒体体量分级，App 成为移动营销主战场，平台级 App、Hero App、中长尾 App 在定价模式、投放方式等方面均有差异。

App 数量大增，服务覆盖了受众的生活基本面，移动端受众行为更加碎片化，更丰富，受众注意力时长大增，移动端成为受众使用“第一屏”，为移动营销提供了更丰富的目标受众监测维度和标签。

10.1.3 移动营销的发展历程

技术进步、内容优化和流量爆发催生了程序化时代的到来。中国移动营销市场的发展与移动互联网技术进步、移动载体内容优化、移动端流量增长息息相关。最初移动 Wap 端和 App 流量极小，移动营销集中在短彩信、移动增值业务等简单模式；之后移动端 Wap 内容仍在摸索和沉淀，有了少量的流量规模，移动互联网 Wap 广告应运而生，但体量极小；2009—2011 年移动互联网流量渐增，Wap 广告规模增长，App 经过发展蓄力开始有了一些流量，但基本没有广告位；2011 年后 App 流量持续增长，广告位从无到有，搜索、视频、积分墙等多元化的营销形式百花齐放，但整体以 PC 端为主，PC 端广告程序化购买产业也在此期间快速成长；2014 年进入移动程序化元年，随着移动端活力的全面爆发，移动程序化购买开始快速发展，高性价比的受众注意力购买，一体式、程序化、全案型将成为基本服务模式，差异化受众、差异化标签、差异化广告成为营销主线。

10.1.4 移动营销的未来趋势

随着移动端渗透率的不断提升，全球市场对移动端有了越来越多的关注，在线广告也正面临前所未有的市场增长机遇。移动营销未来的趋势包括以下几点。

1. 内容是基于消费者角度的广告和故事

广告主需要营造一种经历来驱使大众互动，甚至让大众从中找到自己的影子。红牛就是一个将其品牌故事转变为一种不断传达企业内容的例子。它大力宣传非常惊艳的绝技，比如有史以来世界上最高的高空极限跳伞，这帮助红牛吸引了超过 3600 万人的关注。此外红牛还积极投资于普通大众的冒险活动，建立了一群忠实的品牌粉丝。

2. 广告媒体和信息流内容相匹配

“原生广告”是一种相对较新的策略，不再呈现传统的广告内容，而是通过更“和谐”的内容来呈现广告信息，它所带来的转化率很高。内容的相关性可以

促进读者内部间的交流，从而提高点击率。因此，广告商现在需要明确的是，找出让他们的广告内容与出版商或者使用者的社会订阅习惯相结合的最佳方式。幸运的是，对于手机而言，原生广告实现了完美的转变。为什么?因为它的展示内容已经压缩成更小的表现形式，这等于瓦解了边缘化的广告平台。广告商的帖子和我们的好友动态以及订阅的新闻捆绑在了一起。

3. 在线广告联盟成为一个社区

作为具有广告功能的网络群体，社交平台被公认为是最成功、规模最大的广告模式。其中，Facebook 由于持有 16.91%的移动广告收入增长股份，目前已成为业绩收入排名第二的数字化广告提供商。由于掌握着 48.76%的移动网络广告收入，谷歌始终稳居第一位。这其中最大的挑战就是如何不断地创新广告模式，使移动广告增长股份和利润率得到大幅度的提升。

4. 移动广告搭上移动搜索

简化用户体验，优化移动网络模式，可以使移动网络多半会成为人们的首选，尤其是在他们随身携带手机的时候。当网络的移动性真真切切得到优化时，用户将体验到通过手机定位接收广告信息，从而促成交易。

5. 移动互联网将广告商和消费者串联成线

随着零售商选择“全渠道”策略，通过各个渠道追踪消费者行为的功能成为关键。一方面，它打通了全方位零售通路；另一方面，它能更好地评估媒介推广费用在什么地方或者在哪些人身上实现了转化。由实践可知，对于 Cookie 管理器而言，这种操作并不容易，因为它无法承载大量的手机流量。

Section 10.2 移动营销传播

在这个反映商业模式的信息通信革命时代，移动营销这一新的商业模式给商家带来了更多的机会。本节将介绍移动互联与营销商机、适合移动营销的行业、手机在移动营销中的功能以及在移动互联网时代要想做好销售必做的事等内容。

10.2.1 移动互联与营销商机

随着网络技术的发展，4G 网的普遍应用，移动互联网用户在近几年迅速增长。在众多移动社交软件的引领下，人们的消费习惯在不知不觉中被改变。以往的 PC 端便利被智能手机替代，人们的衣食住行越来越依赖移动互联网。

从查询出行路线，到查附近的美食以及好玩的地方等，通过互联网能够随时随地查询自己想要了解的信息。所谓用户在哪里，营销就在哪里，用户集中在哪里，营销价值就在哪里，移动互联网已然成为商业蓝海。

虽然说现在 PC 端营销已经很成熟了，但是移动互联网巨大的用户量代表着巨大的商机，越来越多的商机可以从移动互联网上进行挖掘。当移动互联网越来越火爆的时候，越早将眼光定位在移动互联网的企业，抓住的机遇就会越多，通过移动互联网进行营销已经成为一种必然选择。

对于企业来说，庞大的用户量就是商机，因此建立营销型移动端网站抓住移动互联网庞大的用户量，可以为企业带来商机。并且可以随时随地充分了解用户，用户的需求就是企业营销重点，在满足用户需求的前提下进行营销，往往更容易获得用户的信任，从而将产品或者服务推送出去。

另外，移动互联网的营销终端目前基本是智能手机，所以有效挖掘手机上的营销潜力，移动互联网营销就可以事半功倍。相比线下的营销推广手段，更方便、效果更好，并且能随时随地把信息传递给潜在用户。

移动互联网时代让消费模式从传统 PC 交易转变为移动端交易，这些都说明了未来已经是移动互联网的天下。企业应该迅速抓住移动互联网的机遇，布局自己的移动互联网营销策略，将营销进行到底。

10.2.2 适合移动营销的行业

1. 通信服务类，借力节点赚吆喝

(1) 线上定制化，线下体验化。

(2) 就是要“节外生枝”。

2. 出行服务类，小优惠积累大数据

(1) 线上线下保持一致，质量让用户放心。

(2) 技术细节要重视，实现线上线下高效运营。

(3) 为用户提供线上多种小优惠，才能积累更大的消费。

3. 游戏娱乐类，瞄准出租移动平台

(1) 利用微信平台，开展游戏新营销。
(2) 联手出租车等移动屏，实现 O2O 转化。

4. 医疗服务类，一站式解决方案

(1) App 医生预约，提供网络医疗服务。
(2) 打通线上线下，实现完美闭环。

5. 金融服务类，在线业务全流程

(1) 线上业务办理一步到位、快捷便利。
(2) 线上咨询和互动要做到位。

6. 生活缴费类，联合第三方创佳绩

(1) 微信支付缴纳水电费。
(2) 与更多第三方支付平台合作，给用户多重线上选择。

7. 旅游资讯类，线上搞定一切手续

(1) 机票加酒店的营销模式。
(2) 绑定营销，让旅游产品全面开花。

8. 餐饮服务类，理性选择会员营销

(1) 搭建一个“高大上”的线上平台。
(2) 理性选择会员，打通线上线下会员体系。

9. 家具行业类，完善入店体验

(1) 线上线下孰轻孰重。
(2) 电子商务+体验馆。

10. 服装用品类，务实“服务+产品”

(1) 建立线下体验店，让用户对产品有一个 360 度的认识。
(2) 线上线下服务一体化，让用户放心购物。

10.2.3　手机在移动营销中的功能

1. 客服功能

企业官方网站需要客服，淘宝店铺需要客服，售后服务需要客服，任何和人

打交道的行当里面都需要客服。移动互联网的出现才真正解决了这一痛点，即使用户半夜咨询问题，也可以通过客服来解决，而且能做到图文并茂。

如今使用移动客服功能频率最高的是微信公众平台，不仅让用户通过平台自主解决问题，还可以选择人工一对一服务。除了微信，还有专业平台可以提供服务。微讯通是一款以在线客服系统为主的多用途即时通信软件，彻底打破了各种网络之间的鸿沟，让交流无处不在。既可以用于网站作为在线客服系统，也可以在企业内部用于办公交流。当然，在客服功能中，手机营销还有一个特色功能，就是可以无限制地与用户聊天、培养感情，这样可以拉近企业与客户之间的关系，增进感情。企业在这个过程中，可以多使用一些网络表情、网络语言、亲密词语等表达对用户的感情。

2. 参与功能

小米在产品研发和营销中都让用户切实参与进来，也实现了用众生力量解决问题。对于移动端来说，更要做好参与功能，使用户可以随时地通过手机参与企业的运营。

飞猪侠科技在运营初期建立了以微信为载体的用户参与平台，名字是“飞猪侠成长记”，通过活动和员工朋友等渠道聚集了一部分种子粉丝，一共 1.4 万名“弱关系”粉丝和 2000 名“强关系”粉丝，从品牌定位到 LOGO 设计都让粉丝提供意见，设计出来的形象也让大家来选择，最关键的是产品研发阶段，产品实用性功能都会根据粉丝提供的建议可行性地修改，而且每当产品进入某一个节点，都会发出文章公布给参与的人，提出建议被采纳的用户，在产品生产手册中会标出他们的名字，真正使用户获得参与的成就感。在产品真正上市时，参与的这些用户会自豪地说，他们曾经也参与过研发。利用这个功能最大的好处就是可以激发更多的用户来了解产品，并且选择共同参与。

3. 支付功能

如果企业做移动互联网却没有支付功能，会流失许多用户，如今有很多支付平台供我们选择。

支付宝：是国内领先的第三方支付平台，致力于提供“简单、安全、快速”的支付解决方案。支付宝公司从 2004 年建立开始，始终以“信任”作为产品和服务的核心。旗下有“支付宝”与“支付宝钱包”两个独立品牌。自 2014 年第二季度开始成为当前全球最大的移动支付厂商。

微信支付：是集成在微信客户端的支付功能，用户可以通过手机完成快速的支付流程。微信支付以绑定银行卡的快捷支付为基础，向用户提供安全、快捷、高效的支付服务。

快钱：是国内创新性的互联网金融机构。基于 10 年间在电子支付领域的积累，快钱充分整合数据信息，结合各类应用场景，为消费者和企业提供支付、理财、融资、应用等丰富的综合化互联网金融服务。公司总部位于上海，在全国 30 多个地区设有分公司，已覆盖超过 4 亿名个人用户，400 余万个商户，对接超过 100 家金融机构。2014 年，快钱与万达集团达成战略控股合作，正在将互联网金融业务辐射到更多的产业和场景中。

Apple Pay：是苹果公司在 2014 年苹果秋季新品发布会上发布的一种基于 NFC 的手机支付功能，于 2014 年 10 月 20 日在美国正式上线。2016 年 2 月 18 日凌晨 5:00，Apple Pay 业务在中国上线。

除了不同的互联网平台可以支撑企业移动支付外，还划分了几种支付方式，企业可以在运营过程中结合平台使用。

1) 短信支付

手机短信支付是手机支付的最早应用，将用户手机 SIM 卡与用户本人的银行卡账号建立一一对应的关系，用户通过发送短信的方式在系统短信指令的引导下完成交易支付请求，操作简单，可以随时随地进行交易。手机短信支付服务强调移动缴费和消费。

2) 扫码支付

扫码支付是一种基于账户体系搭建起来的新一代无线支付方案。在该支付方案下，商家可以把账号、商品价格等交易信息汇编成一个二维码，并印刷在各种报纸、杂志、广告、图书等载体上发布。

3) 指纹支付

指纹支付即指纹消费，是采用目前已经成熟的指纹系统进行消费认证，即顾客使用指纹注册成为指纹消费折扣联盟平台成员，通过指纹识别即可完成消费支付。

4) 声波支付

声波支付则是利用声波的传输，完成两个设备的近场识别。其具体过程是，在第三方支付产品的手机客户端，内置有“声波支付”功能，用户打开此功能后，用手机麦克风对准收款方的麦克风，手机会播放一段“咻咻咻”的声音。

5) 面部识别支付

人脸识别支付系统是一款基于脸部识别系统的支付平台，它于 2013 年 7 月由芬兰创业公司 Uniqul 全球首次推出。该系统不需要钱包、信用卡或手机，支付时只需要面对 POS 机屏幕上的摄像头，系统会自动将消费者面部信息与个人账户相关联，整个交易过程十分便捷。

10.2.4 在移动互联网时代做好销售必做的事

1. 智能硬件

继智能手机以后的新科技概念，颠覆移动互联网的新潮流必将是智能硬件，从可穿戴设备到科技检测设备和虚拟与现实(VR)，仿佛高科技产品正在向我们走来。随着科技的进步，笔者相信量产的智能硬件未来五年会到来，也特别期待代替手机的下一个硬件到底长什么样。

当然，这些都是对未来的预测和憧憬，现在能做的是在移动互联网浪潮中先霸占智能硬件的一席之地，无论是创业公司还是传统企业，最根本的动作是通过移动平台和智能硬件做连接，先带动智能硬件的发展，再反过来超越。

目前智能硬件崭露头角的行业有哪些？

1) 智能家居

2015 年 1 月，美的 M-Smart 系统开发的智能家电管理应用——美居 App 正式通过苹果官方审核并上线发布至 App Store。通过这款 App 可以控制美的系列产品，例如夏天时快到家的时候，直接用手机通过远程操作把空调打开。

2) 智能穿戴设备

直接穿在身上，或是整合到用户的衣服或配件中的一种便携式设备。可穿戴设备不仅仅是一种硬件设备，而是通过软件支持以及数据交互、云端交互来实现强大的功能，可穿戴设备将会对我们的生活、感知带来很大的转变。目前市场上智能穿戴设备已有很多，例如 Microsoft Band，它是微软出品的智能手环，可以支持包括 iOS、Android、WP 等多种系统，全身集成多达 10 个传感器，可谓是目前市面上功能最强大的手环；爱普生 Moverio BT-200 智能眼镜，虽然它的外形并不时髦，但爱普生的第二代增强现实眼镜 Moverio BT-200 已经非常完善了，售价为 700 美元。不同于谷歌眼镜，Moverio BT-200 使用了 LCD 投影的设计，让增强的现实图像可以覆盖在整片视野上，同时 960 像素×540 像素分辨率的显示屏还能够保持透明，所以眼前的现实环境并不会被遮挡。

2. 物联网

物联网是现代信息技术的重要组成部分，也是信息化时代的重要发展阶段。其英文名称是“Internet of things(IoT)”。顾名思义，物联网就是物物相连的互联网。这有两层意思：其一，物联网的核心和基础仍然是互联网，是在互联网基础上延伸和扩展的网络；其二，其用户端延伸和扩展到任何物品与物品之间，进

行信息交换和通信，也就是物物相息。物联网通过智能感知、识别技术与普适计算等通信感知技术，广泛应用于网络的融合中，也因此被称为继计算机、互联网之后世界信息产业发展的第三次浪潮。物联网是互联网的应用拓展，与其说物联网是网络，不如说物联网是业务和应用。因此，应用创新是物联网发展的核心，以用户体验为核心的创新 2.0 是物联网发展的灵魂。

物联网的概念是一个“中国制造”的概念，它的覆盖范围不断扩大，已经超越了 1999 年 Ashton 教授和 2005 年 ITU 报告所指的范围，物联网已被贴上“中国式”标签。

截至 2010 年，发改委、工信部等部委正在会同有关部门，在新一代信息技术方面开展研究，以形成支持新一代信息技术的一些新政策措施，从而推动我国经济的发展。

物联网作为一个新经济增长点的战略新兴产业，具有良好的市场效益，《2014—2018 年中国物联网行业应用领域市场需求与投资预测分析报告》数据表明，2010 年物联网在安防、交通、电力和物流领域的市场规模分别为 600 亿元、300 亿元、280 亿元和 150 亿元。2011 年中国物联网产业市场规模达到 2600 多亿元。

Section 10.3 微信营销设计思路

微信营销不存在距离的限制，用户注册微信后，可与周围同样注册的“朋友”形成一种联系，订阅自己所需的信息，商家通过提供用户需要的信息，推广自己的产品，从而实现点对点的营销。

10.3.1　微信营销的常用方法

1. 病毒式传播

助力营销，是病毒式传播的一种，它是通过朋友间的不断转发支持，实现快速传播和全民关注。助力思维通常的方式是，技术公司在制作活动微网页时，添加助力一栏。用户参加活动时，在活动页面上输入姓名、手机号码等信息后，点击报名参与，即进入具体活动页面。用户如想赢取奖品，就要转发至朋友圈并邀

请好友助力，获得的好友助力越多，获奖的概率也就越大。为发挥助力者的积极性，也可以让参加助力的好友抽奖。因为有大奖的吸引，所以就可以通过报名者与其众多好友的关注和转发，达到广泛传播的目的。

2. 抢红包思维

抢红包思维，顾名思义就是为用户提供一些具有实际价值的红包，通过抢的方式吸引客户积极参与，引起强烈关注，找到潜在客户，并实施针对性营销。抢红包的思维方式比较适合电商企业，客户得到红包后即可在网店中消费，这样一来，既起到了品牌推广的作用，又拉动了商城销售。

抢红包思维营销一般由商家提供一笔总体金额，由此分散出多个不同金额的红包。想要参与的用户首先关注并填写注册信息，成为某商家的会员，然后到活动页面领取红包，并在指定时间内抵扣消费。

3. 流量思维

互联网时代，流量为王，网站如果没有流量，那就是“无源之水，无本之木”。对手机上网族而言，流量就像“人之于水，车之于油”。因此，抓住消费者的痛点，也就抓住了营销的根本。流量思维的基本思想是转发送流量，用户只要转发某家公司或某个产品的微网页，就可以得到一定的流量。

如果你每天准备送出 1 万元流量，那么按每人 5MB/2 元计，每天将有 5000 人受益，而为抢流量转发的可能会达到 1 万人甚至更多。试想，如有 1 万人转发活动微网页，以每个转发者平均拥有 300 个朋友计算，每天就有 300 万人在关注活动。1 万元让 1 万人参与活动，同时获得 300 万人的眼球，这就是流量思维的魅力和魔力。如果想要实现快速传播，就可以采用流量思维。

4. 游戏思维

游戏思维的概念很简单，就是通过游戏的转发传播，来认识某个品牌。在微信的战略发展中，游戏与社交是其重点，足见游戏在移动互联网中的地位。微信小游戏的特点普遍是设计新颖，而且呆萌，规则简单却不单调，可以在短短几分钟内吸引大量用户。

5. 节日思维

逢年过节，互致问候是中国人的优良传统。在经历了书信、电话和短信贺年祝节后，今年开始，微信祝福逐渐流行，一段语音、几句文字、一个视频，简单却温暖。节日思维，就是利用节假日人们互送祝福的机会，在微信文字或视频中植入品牌信息，恰到好处地进行传播推广。

6. 大奖思维

“重赏之下，必有勇夫”。自古以来，奖与赏是很多人难以拒绝的诱惑。借用互联网的说法，设奖促销，是搔到了用户的痒点。在当下的微信营销中，给奖甚至给大奖，是媒体和企业用得最多的招数，实力雄厚的，用房子或车子作为大奖；实力稍弱的，也常常用年轻人最爱的 iPhone、iPad 等通信工具，或者门票、电影票和旅游券等作为奖品，而且效果良好。

7. 众筹思维

众筹是指用团购或预购的形式，向用户募集项目资金的模式。相对于传统的融资方式，众筹更为开放，更为灵活。对圈子的精准把握，是微信适合众筹最核心的竞争力。

8. 生活思维

生活思维，就是把人们所关心的日常生活知识，发布到微信平台上，通过这些信息的转发，起到良好的传播效果。如今，人们对生活质量的要求越来越高，对生活知识的需求也越来越大，有关生活类的知识在网络上的转发率相当高，比如冬病夏治、节假日旅游、十大美食去处、最美民宿等，凡是与生活、旅游、美食、教育等相关的信息，都会引起人们的关注。这些信息不但适合转发，而且很多人还会收藏，这样就对信息进行了二次传播。因此，在这些生活类信息中植入产品图片、文字或者做链接进行传播，是个不错的思维方式。

9. 新闻思维

新闻思维，是借助突发性新闻或关注度较大的新闻夹带图片进行传播。移动互联网时代，新闻的传播速度已经是以秒计算，地球上任何一个地方发生的重大新闻，都能在瞬间传递到地球的各个角落。而它在微信圈的阅读量，往往是以十万甚至百万计。因此，如果在转发率如此高的新闻中植入广告，其传播影响力自然不可估量。

10. 测试思维

测试思维，也就是通过一些小测试，比如智商测试、情商测试、心理测试等来对一些品牌进行传播。如今的微信圈内，各类测试甚是风靡，这些测试情商、智商的题目，抓人眼球，很容易让人点进去测试。而这些测试的最后，往往都会跳出“分享到朋友圈，分享后测试答案会自动弹出”提示，这样一来，无疑进行了二次传播，而藏在这些题目开篇或结尾的网站或咨询机构，也在再传播中宣传了自己。

10.3.2 打通 O2O 闭环系统

O2O 即 Online to Offline。O2O 闭环是指两个 O 之间要实现对接和循环。线上的营销、宣传、推广，要将客流引到线下去消费体验，实现交易。但是这样只是一次 O2O 模式的交易，还没有做到闭环，要做到闭环，就要从线下再返回线上。线下用户消费体验的反馈、线下用户引到线上交流、线上体验等行为，实现了闭环。从线上到线下，然后又回到线上的过程称为闭环。

在生活服务领域，用户的行为不像商品电商一样都在 Online 一端，用户的行为分成线上、线下两部分。从平台的角度来说，若不能对用户的全部行为进行记录，或者缺失了其中的一部分，那么平台很可能会担心对商家失去掌控，也就是失去了议价权，这样平台的价值就小了，因此闭环是 O2O 平台的一个基本属性，这是 O2O 平台和普通信息平台的重要区别。

那么如何实现闭环呢？

如果一个企业建立了全面的在线商城系统，在线下也有了众多实体店面，但是只要没有把数据打通，这个 O2O 的模式就是有断层的。当一个实体店的会员到你的网络商城购物时竟然还需要重新注册，或者线上的用户在线下购物时会员身份无法被识别，这些都是十分尴尬的场面。只有通过数据的统一把线上与线下整合在一起，全触点地采集数据，建立起自己的大数据中心平台对上层的应用管理系统和经营决策系统进行辅助，才能真正打通线上与线下两个层面，才能实现对消费者的精准营销，并对企业的经营决策进行数据分析与支持。

具体操作上首先就是会员数据的统一，建立起全局会员的唯一标识，在线上和线下全渠道地识别用户。对于会员的识别与服务都要基于全局体系而不能把线上与线下割裂开。

其次就是全触点地采集数据，通过 WiFi 感应、LBS、对接商户 POS 系统等方式精准地采集用户数据，包括用户的行为数据和交易数据。线上与线下两条线互相补充，形成最完整的用户数据信息采集。

下面就要建立大数据中心对上层的应用系统进行支撑了，通过各种渠道采集到的用户信息不一定是结构化的、完整的，这个时候就需要对数据进行梳理，把非结构化的数据结构化，然后对数据进行深度挖掘之后才能为上层的应用系统形成支持。

大数据中心的构建需要整合企业自身的特点，逐步累积数据挖掘结构，整合各个数据源，把线上和线下的数据进行统一整合，这需要在一个长期的积累过程中逐步完善。这包括要对线下的经营类目进行梳理，建立起企业的类目体系；同

步建立消费者的类目体系，对消费者的行为特征进行分类整理，支撑起企业数据的分析需求。在这个基础上就可以构建实时的场景体系，对消费者的行为进行分析，判断消费者的消费倾向，激活个性化的营销。

10.3.3　挖掘微信的价值

微信的功能和 QQ 有相似之处，产生的数据一定程度上能够准确地反映用户的个人信息，当微信数据加入后将直接开启 O2O 通道，如此巨大的“金矿”怎么去开采，如何应用？下面为大家提供一些方向。

1. 关系链管理

微信通讯录已经和手机通讯录的地位相差无几，里面存有家人、好友、同事、客户等各种社会关系，此外还有微信群、公众号等。其实在这个庞大的关系网中提取有用的信息，就是数据挖掘。

2. 客户关系管理

公众号无疑可以作为小商家的初级 CRM(客户关系管理系统)来使用。使用第三方公司开发的微网站的制作会员卡功能，收集客户信息、统计客户信息，非常方便。很多做生意的小老板现在都在用微信加客户，朋友圈里发发新款，微信上进行售前售后服务，毫不费力就可以做生意。

3. 数据智能分析和决策指导

目前为商家做数据分析的，比如淘宝，就有淘宝店铺的数据分析功能，方便卖家掌握销售情况。有了微信用户数据后，甚至可以帮助商家进行经营决策。这种决策类似于人工智能的应用，依据的是微信中的数据。举个例子：a 店只卖包子，b 店只卖牛奶，现在通过微信数据告诉 a 店，来买包子的人通常在之前或者之后会去 b 店买牛奶，而且人数不少，频次很高，那么 a 店可以搭卖牛奶，或者干脆收购 b 店，这些在以前 PC 互联网时代是无法想象的。

4. 实时的线下商家搜索

用“查找附近的人”功能就可以搜索到微信会员卡商家，这是个很好的 O2O 入口。很多第三方开发者，比如微盟等制作了功能丰富的微信二次开发平台，提供管理标准和支付环节，大量线下资源可以通过各个第三方应用对接进入，微信必将成为中国最大的 O2O 平台。

5. 基于用户行为分析的精准推荐

现在所谓的垃圾短信、垃圾邮件，被很多商家广泛使用。其实这些信息本身是有价值的，只是投递给没有需要的人，所以成了垃圾，而现在通过对微信用户行为数据进行分析后，就可以更精准地投放了。客户可以获得自己想要的信息，也提高了预期效果。

6. 富媒体应用

组织传播、群体传播和大众传播在微信中都有所体现，传播内容也日益丰富，表现形式更加多样，微信成为名副其实的“富媒体”，而且其后台还可以做数据分析。

总而言之，微信聚集了移动互联网上最多的用户，目前有很多第三方运营商通过二次开发，在他们的产品中也有一些微信数据挖掘的简单应用，这是不小的进步。

在这个移动互联网快速发展的时代，手机记录了丰富的个人信息。巴拉巴西在其书中就反复强调：人的行为是可以预测的，而来源就是大数据。现在，微信的数据挖掘可以为我们做这件事！商业数据的可量化无疑将进一步提高微信平台的商业价值。

10.3.4 如何做好微信营销

一个注册量过亿的社交产品对于网络营销人士来说，无疑又多了一个广告渠道，当年微博崛起的网络大 V 纷纷筑巢微信，跟风似乎是小企业最喜欢玩的一款游戏，于是各行各业纷纷注册了自己的微信公众号，圈地圈粉丝的运动就这样开始了，但是无论是个人还是企业，都面临着同样一个问题，如何让消费者关注自己？通常微信公众号口碑名气与粉丝的提升过程要把握住 5 个关键词。

1. 定位

账号定位很关键，是做一份内容输出还是全民产生内容的微信号，这是一个很值得思考的问题。原始积累最辛苦，通常新手会采取求量不求质的方法，要么互粉要么买粉，当你习惯了这种水分很大的营销模式后，当你经历了粉丝暴涨的虚假繁华后，你就基本上告别了单纯，告别了成就一个微信大号的机会。不是你的真实受众，互粉一万个又有什么意义呢？

2. 内容

如果你不能积累真实的 500 个粉丝，那么劝你从一开始就放弃微信。当进入

501 个粉丝的阶段，你的内容就开始起到绝佳的作用，如果是刷的粉丝或者互粉而来的僵尸粉，就等于自己要自己玩，这样的营销模式，即使再好的内容输出也没有任何意义。只有有效的内容对应真实的受众才能收到相应的反馈，为你的粉丝提供他们感兴趣的话题，他们才有参与互动的可能，初期可能就是一个讨好粉丝的过程。推送的内容一定要有主题性、有策略性，而不能今天是娱乐，明天又是情感，要根据定位产生内容，并跟随当下热点。

3. 活动

无论是送奖品还是参与话题的探讨，活动一定是粉丝增长速度提升最快的一种模式，通常的营销领域以书籍赠送为主，这种活动分享到朋友圈，虽然推广效果不明显，但是可以增加粉丝的互动活跃度。快消品、餐饮行业等，通过活动增加的速度就很明显，免费试吃的活动就可以推动粉丝分享到自己的朋友圈，如果好友看到朋友圈转发的内容而到店消费也免单，那就更疯狂了。

4. CRM

微信，不应该将它当作一个营销渠道，而应当作一个 CRM，当作一个有趣的客户关系管理系统。它是维护忠实粉丝的一个渠道，你可以跟粉丝聊很多更有意义的东西，比如梦想、爱情、人生，而不是聊聊打八折还是全场满 200 送 30。用好了微信是一种品牌提升，用不好微信就成了走过路过不要错过的全场只要 2 元的小店。

5. 精准

有朋友问我，我积累了几千微信粉丝，都是真实的，为啥做个活动，怎么就没有反应呢？每天的互动量怎么才几十个呢？微信不同于微博之处就在于，它所追求的不是粉丝量而是精准的粉丝数，一个微博可以洋洋洒洒几百万粉丝，每天笑话、“鸡汤”、正能量，微信要的是绝对的精准人群，宁愿吸引 300 个行业精准粉，而不是把自己的粉做成一个乱炖粉丝。

要做到以上 5 点，实际上是一个漫长的过程，而从 0 到 10 000，对于用户来说，可能就是几个活动而已，不过关键取决于粉丝的真实性。做微信一定要从头开始，可能很多人以为我先搞个 500 僵尸认证，认证了就好推广了，这是自欺欺人，连 500 个粉丝你都搞不定，谈什么搞定 501～1000 的档次。只有经历了原始积累，才能摸索到最适合自己的推广方式。

Section 10.4 建立移动营销流量库

本节将详细介绍建立移动营销流量库的方法，包括常用的移动营销手段、HTML 5 营销的优点与缺点、App 程序开发与营销定位以及 App 程序推广渠道等内容。

10.4.1 常用的移动营销手段

在当下的互联网时代，打开手机、电脑，随处可见利用互联网进行的营销。互联网营销其实就是把网络当作一个营销平台，目前的移动互联网营销包括哪几种方式呢?

第一种方式：即时通信营销

即时通信营销又叫 IM 营销，是企业通过即时工具 IM 帮助企业推广产品和品牌的一种手段，常用的方法主要有两种：第一种是网络在线交流，如一般中小企业都建立了网店或者网站，一般会有即时通信在线，这样潜在的客户如果对产品或者服务感兴趣自然会主动和在线的商家联系。第二种是广告，中小企业可以通过 IM 营销通信工具，发布一些产品信息、促销信息，或者可以通过发布一些图文并茂或者喜闻乐见的东西来吸引网友的眼球，当然要加上企业要宣传的标志，从而达到营销的目的。

第二种方式：聊天群组营销

聊天群组营销是即时通信工具的一种延伸，具体是利用各种即时通信软件中的群功能来展开营销。目前有 QQ 群、旺旺群、米聊群等。聊天群组营销时使用即时通信工具具有即时效果和互动效果强、成本低的特点，广为企业采用。聊天群组营销也是通过发布一些图片、文字等方式来进行企业品牌、产品的传播和服务，从而让目标客户更加深刻地了解企业的产品和服务，最终达到宣传企业产品、品牌和服务的效果，是一种加深对市场认知度的网络营销活动。

第三种方式：搜索引擎营销

搜索引擎营销是当下最主要的网站推广营销手段之一，因为是免费的，受到

众多中小网站的重视。搜索引擎营销方法已成为网络营销方法体系的主要组成部分；分类目录登录、竞价排名、付费搜索引擎广告、搜索引擎登录、搜索引擎优化、关键词广告、网站链接策略、地址栏搜索等是搜索引擎营销的几种主要方法。

第四种方式：BBS 营销

BBS 营销又称论坛营销，就是利用论坛这个交流平台，通过图文、视频等方式传播企业产品、品牌和服务信息，从而让客户更加深刻地了解企业的产品和服务，达到宣传企业产品、品牌和服务的效果，加深对市场认知度的网络营销活动。BBS 营销就是利用论坛的高人气，通过专业的论坛帖子策划、撰写、发放、监测、汇报流程，在论坛空间提供高效传播，包括各种普通帖、多图帖、连环帖、视频帖、论战帖、置顶帖等；然后利用论坛作为平台举办各类灌水、踩楼、帖图、视频等活动，调动网友与品牌之间的互动来达到企业品牌传播和产品销售的目的。

第五种方式：病毒式营销

病毒式营销，其实是一种较常用的网络营销方法，一般用于进行网站推广、品牌推广等。病毒式营销利用的是用户口碑传播的原理，在互联网上这种“口碑传播”更为方便，可以像病毒一样迅速蔓延，因此病毒式营销成为一种高效的信息传播方式。由于这种传播是用户之间自发进行的，所以几乎是不需要费用的网络营销手段。

第六种方式：网络事件营销

网络事件营销是组织、企业主要以互联网为传播平台，通过精心策划、实施可以让公众直接参与并享受乐趣的事件，并通过这样的事件达到吸引或转移公众注意力，增进、改善与公众的关系，塑造组织、企业的良好形象，以谋求企业更好效果的营销传播活动。

第七种方式：网络图片营销

网络图片营销就是组织或企业把设计好的富有创意的图片，在各大论坛、博客、空间和即时聊天工具上进行传播或通过搜索引擎的自动获取，从而传播企业产品、品牌、服务等信息，以达到营销的目的。

第八种方式：网络视频营销

网络视频营销指的是组织或企业将各种制作好的视频短片放到互联网上，达到宣传企业产品、品牌以及服务信息的营销手段。网络视频的形式类似于电视广告

短片，它具有电视广告的种种特征，形式内容多样、肆意创意等，同时具有互联网营销的优势，比如互动性、主动传播性、传播速度快、所需成本低等。可以说，网络视频营销是将电视广告与互联网营销两者优点集于一身。

第九种方式：网络软文营销

网络软文营销，又叫网络新闻营销，一般是借助网络上的门户网站、地方或行业网站等平台来传播一些具有新闻性、阐述性和宣传性的文章，包括一些深度报道、网络新闻通稿、案例分析等，把人物、企业、产品、品牌、服务、活动项目等相关信息以新闻的方式，及时、有效、全面、经济地向社会广泛传播的新型营销方式。

以上是组织、企业常用的几个网络营销方式，在这样一个移动互联网时代，一句话，一个图标，一段网络语也许就是一种营销。

10.4.2 HTML 5 营销的优点与缺点

1. 优点

HTML 5 营销的优点有以下几个方面。

1) 社交分享便利，传播性强

品牌 HTML 5 本身的发布渠道及传播阵地主要集中在移动互联网的社交平台，在传播过程中的障碍很少，微信朋友圈、微博的传播力是十分强大的。在品牌了解了用户需求、把握了用户传播偏好后，能很好地促使用户主动传播品牌要传播的信息。

除了在传播途径上的优势，HTML 5 自身的多设备跨平台特点也有利于品牌H5 的传播。跨平台的特性使得 HTML 5 在传播过程中不存在技术或设备障碍，像 Flash 动画或是 App 在传播过程中是需要用户设备自带插件或是自行下载应用才能体验的。

2) 用户感官体验丰富，互动性好

互动性和用户体验效果是用户对一个产品好坏的重要评判标准，同样品牌H5 营销传播内容的互动性与用户体验效果的好坏也直接影响其传播效果。HTML 5 自身的绘图功能及可以实现三维效果的特点有力地提高了品牌 H5 的互动性及用户感官体验效果。HTML 5 绘图功能与三维效果的结合从技术角度来说可以实现很多动画形式，制作出来的画面十分美观，再结合触屏、重力感应等技术，使用户的感官体验也更加丰富。

最先在微信朋友圈爆发的 HTML 5 也正是一些互动性很强的小游戏。随后的品牌 H5 营销传播过程中除了小游戏类型的 H5 外，主题类、功能类的 H5 也都离不开对互动性、用户体验的增强。

3) 制作及传播成本低，优势明显

(1) 开发成本方面的优势。品牌 H5 开发成本方面的优势也是由 HTML 5 技术的特性决定的。HTML 5 技术的多设备跨平台优势使得在开发过程中无须分平台分系统来开发。这样企业在人工、时间上的成本都可以大为缩减。

(2) 测试及维护成本降低。品牌 H5 营销传播内容制作出来后需要有个测试过程，针对传播过程中暴露出来的问题也需要补救维护。等同于开发成本的降低，HTML 5 的多设备跨平台特性也节省了品牌 H5 的测试及维护成本。

(3) 传播方面的成本低。品牌 H5 营销传播从发布渠道到后续传播的主要阵地都是些品牌自有的社会化媒体平台，这样一种传播方式对于品牌来说传播成本并不高。

4) 利于效果追踪，数据反馈方便

品牌 H5 营销传播终究要看的是传播效果，传播效果追踪及数据反馈是品牌最为关心的部分。基于 H5 营销传播的效果可以实现跨平台监控和数据反馈及整合，当然能有这样的优势也是与 HTML 5 多设备跨平台特性有关的。在此之前，基于不同平台开发出来的产品技术上会有所区别，因而在效果监测数据统计方面都使用不同的计算方法进行监测统计，这样既增加了效果追踪、数据统计的工作量，也降低了统计结果的可信度，而在对品牌 H5 营销传播进行效果追踪、数据统计工作时则没有这一缺陷。

2. 缺点

品牌 H5 营销传播存在的劣势有以下几个方面。

1) 微信态度不明，传播环境限制性强

当下品牌 H5 营销传播的一个重要平台就是微信平台，在微信传播过程中如果品牌 H5 内容优秀能掀起用户传播热潮，但其中存在着一个很大的传播隐患——微信的限制甚至屏蔽。当然微信的限制与屏蔽并不是只针对小游戏类 H5 的。在“支付宝十年账单”上线数天于微信朋友圈频频刷屏时，也遭到了微信的屏蔽。具体表现就是用户分享到朋友圈功能可以用，但实际上在朋友圈中看不到该内容，被微信给屏蔽了。所幸，“支付宝十年账单”话题在新浪微博以及门户网站都能看到，最终微信的屏蔽对其传播并没有太大影响。不过如果换成其他品牌 H5 营销过程中遭到微信这样的屏蔽，打击会是巨大的。

2) 用户黏性不高，留存率、二次点击率低

当下，HTML 5 技术产品走的都是轻应用的路线。轻应用的特质使得品牌 H5 的传播性及用户体验流畅性方面具有优势，但弊端也明显。弊端主要在于其承载的内容少、单一，多为“一次性消费”的内容。因而用户主观上在第一次体验完后第二次点击进入的可能性很小，这对于品牌营销的持续性来说非常不利。

另外从用户角度来说，用户在点击进入品牌 H5 营销内容再退出后二次点击过程复杂、障碍多、干扰性大。以用户通过微信二次进入为例，用户需要先打开微信，然后进入朋友圈或是企业公众号查找品牌 H5 链接才可以点击进入，而在这个过程中，用户很有可能被微信的其他信息所干扰。

3) 社会化媒体信用削弱，对用户吸引力下降

品牌 H5 营销作为一个移动互联网营销的新热点，仍是社会化营销范畴。在移动互联网时代，社会化营销的威力正在削弱，社会化媒体平台的信用正消耗殆尽。如今的微信也开始显现疲态了，上文中提到的微信对朋友圈中品牌 H5 营销传播内容分享功能的限制也反映了微信自身的警惕性。这对于品牌 H5 营销来说面临的不仅仅是平台如微信对其传播的限制，更为重大的隐患在于用户。如今，品牌营销已处于过度营销的状态，在微信社交生态环境被企业个人营销破坏到一定程度时，用户将对企业的营销传播内容视而不见甚至主动屏蔽，而这对于品牌 H5 营销传播来说是致命的威胁。

4) 技术本身仍不完善，影响用户体验

HTML 5 最终由万维网联盟确定是在 2014 年 10 月。至今，HTML 5 技术发展得并不是特别成熟。从国内情况来看，HTML 5 是被 H5 小游戏在“移动+社交”传播背景下过早引爆的。现如今，HTML 5 技术仍存在需要完善之处，用户在体验过程中容易出现问题。比如页面切换卡顿、不流畅，多个音频播放时出错，重力感应技术失灵等问题。这样的一些问题对用户体验效果不利。

5) 总体上 H5 作品质量不高，同质化现象严重

一个营销传播热点出现后，往往会引发企业追风营销的现象，H5 营销出现后也不例外。一些品牌在对 H5 不了解的情况下就盲目跟风尝试 H5 营销传播，这样最终出来的 H5 作品缺乏创意，只是有个华丽的页面，而无实际吸引用户的内容，同质化现象严重。这样既不利于品牌自身的 H5 营销传播效果，也会破坏 H5 营销的生态环境，容易使用户对 H5 产生审美疲劳，甚至致使用户今后对品牌 H5 视而不见，不利于品牌 H5 营销传播的良好发展。

10.4.3 App 程序开发与营销定位

App 项目定位是 App 开发的基本要点，合理的 App 项目定位首先需要从产品的自身出发。在发现开发需求之后，需要清晰自身具备哪些资源、预算、推广能力等。如果资金比较有限，可适当降低预期，缩小推广范围，以尽可能地保证达到预期目标。总体来说，定位最重要的是切合实际，其次才是针对用户真正需要的内容。

1. 产品定位

用一句话清晰描述你的产品，如陌陌，是一款基于地理位置的移动社交工具。

2. 产品核心目标

产品目标主要是解决目标用户的某一个问题，对此问题分析越透彻，产品定位越准确，如 360 安全卫士解决用户使用电脑的安全问题。

3. 目标用户定位

按照年龄段、收入、学历、地区等维度定位目标用户群体。

4. 目标用户特征

常用用户特征：包括年龄、性别、收入、职业、兴趣爱好、性格特征等。

用户技能：包括熟练电脑办公，是外语能力强，还是其他。

与产品相关特征：如电子商务类，购物习惯、年度消费预算等；交友类，是否单身、择偶标准。

5. 用户使用场景

用户的使用场景就是指将目标用户群投放到实际的使用场景中，根据用户的购物、消费习惯等，分析用户在某种消费场景下的需求，进而满足用户需求，以及分析不同场景下需要解决用户的哪些问题。

10.4.4　App 程序推广渠道

1. 免费渠道

对于创业者来说，最看重的肯定是免费渠道。目前，免费的渠道有应用市场首发、应用市场自荐、应用市场专题申请、SNS 运营和互推以及垂直媒体投稿等。不过免费渠道获取频次较低的，后期要想快速上量，还是得做付费推广。

1) 应用市场首发

目前国内的主流应用商店除豌豆荚外，都支持首发申请并且免费。从产品角度来看，首发分成新品首发和更新首发两种；新品首发指产品还未在各市场上架，更新首发则是指每次更新版本时的首发。另外，首发又分为独家首发(在一个市场首发)和联合首发(在多个市场首发)。关于首发，大市场的首发不一定效果

就好，如果位置不好，效果一般。但是像魅族、OPPO 等渠道，如果可以首发，效果还是非常不错的。对于首发申请来说，可以同时申请几个市场首发，在撰写更新说明时，可以多写一些更新内容，这样可以提高通过的概率。

2) 应用市场专题

应用商店除了首发外，还有专题申请这一免费资源。目前魅族、小米、华为、搜狗手机助手、联想都有专题申请，魅族、小米、搜狗的专题都在开发者论坛里面申请，华为、联想的则是在开发者后台申请。专题一般看重的是产品的品质以及和专题的契合度。

3) 新品自荐

魅族、小米、360、华为、联想都可以新品自荐，一般要求上架 6 个月内，如果一次申请不上，可以多次申请。其实 OPPO、小米、华为等的编辑也会选择品质较好的产品给予一定推荐位，而且位置一般比较好，效果很明显。

另外，最美应用、DEMO8 等也有产品推荐模块，只要产品独特、有趣，都可以申请。

4) 微信微博运营/互推

创业者基本都有官方微博和微信，如果经营得好，是可以带来很多用户的。同时，可以尝试和其他品牌进行微博/微信互推，目前也有这样的互推 QQ 群(QQ 群搜索关键词就可以)，可以直接在这样的群里找到互推伙伴，不断互推也是可以带来一定流量的。

5) 垂直媒体投稿

垂直媒体投稿，更偏向于 PR，不过大的垂直媒体，带来的效果还是很不错的，尤其是可以让更多的圈内人和投资人看到。目前 36Kr、虎嗅、猎云网、创业邦、i 黑马等都可以自主投稿或者申请项目报道，为了提高报道概率，也可以找朋友引荐这些媒体的采编人员。

2. 付费渠道

App 程序推广的付费渠道包括以下几点。

1) 应用商店投放

应用商店都有付费的推广，基本都是按照 CPD(按下载)或者 CPT(按时间)计费，豌豆荚、应用宝等也有关键词竞价。总体来说，应用市场单个用户获取成本较高，如果初期没有较高预算，可以不做尝试。

2) 刷榜

目前我了解到的刷榜公司可以做的榜单有 91、安卓、360、小米和 OPPO。虽然目前刷榜效果不如 2012 年、2013 年那么好，但还是性价比不错的方式，不过

91 和安卓基本没什么流量了，可以直接忽略。360、小米、OPPO 等市场的刷榜效果还是不错的，单个激活成本可以保持在 1 元钱左右。不过各大市场也都加强了对刷榜、刷量、刷评论等的监控，还是有一定风险的。

App Store 目前也有很多公司做分类榜单和总榜，不过价格就高很多了，基本上分类前 100 名就要一万元左右，但是实际上在分类 100 名左右，不怎么出名的产品每天的自然激活也仅有 1000～1500，如果新增跟不上，维护榜单也比较困难，所以 iOS 上的刷榜，真的是有钱人玩的。

3) ASO 优化

ASO 是目前炒得比较火的推广方式，ASO 主要是提高自己的 App 在各类关键词下的排名。首先，开发者应该在名称目标词、关键词、应用描述上下功夫，多匹配一些有希望带来流量的冷词和热词。对于小众的关键词来说，开发者可以自己通过点击或者买一些激活来提升排名；对于热词，除了自己逐步提升排名外，可以找专业做 ASO 的公司来做，做到排名第一的话，一天的成本要一万元左右，折算下来成本就很高了。对于创业初期的公司来说，ASO 可以做一定尝试，先努力把长尾的小众的词做好。

4) 微博九宫格

微博九宫格推广最早应该是 2016 年 10—11 月@同道大叔推广自己的 App 陪我，单一通过个人微博，一个月的激活就接近 30 万。这之后有很多 App 就开始了微博推广的尝试，也就是联合 9 家 App，找一些 App 介绍类型的微博直发(如@app 菌)，然后找一些大号转发(如@微博搞笑排行榜、@英国报姐等)。在 2014 年 12 月到 2015 年 2 月这段时间，基本上吸量的产品，单个激活都在 0.5 元内，好点的也只有 0.2～0.3 元，以前推一次一般费用也就两三千元，但是激活却有四五千元，像工具类、女性类、视频阅读类产品甚至可以一次激活增加七八千元，而且微博推广带来的用户都是通过应用市场搜索下载，直接带动了应用市场的排名。可惜好景不长，随着各大博主的价格水涨船高，微博官方也加强了对这类微博的监控和屏蔽，目前很多博主都只能走微任务了，同时粉丝对广告的识别度也越来越高，微博热度也在降低，目前微博的效果差了很多，但依然是目前付费类渠道里面性价比较高的，单个激活还是在 2～3 元，单个注册成本在 3 元左右。

5) 换量

换量是目前比较常规的一种推广方法，一般就是你帮我带量，我给你按对应的比例还量。其实，换量也可以作为一种免费手段，但是对于推广初期的产品来说，自己并没有多少量，很多时候都需要买量，所以这里就放在了付费的渠道。如果创业者觉得自己产品量级太小，这时就可以走围魏救赵的路线，比如 A 产品可以给我们带 10000 的量，但是我们只能给 A 产品带 3000 的量，那么这剩余的 7000 量，可以找其他渠道去买，这样就达成了一比一的换量要求。

另外还有一种方式，很多大的 App，都有内置的应用推荐位，可以找这些公司的负责人买量，这样带来的用户量不错，而且价格也不贵。

6) 垂直论坛

目前，大型垂直类论坛保留有一定的流量和用户，而且用户活跃度高，是创业者初期一个不错的推广渠道。目前常见的就是豆瓣小组和百度贴吧，一个 30 万成员的小组，一般置顶一个月也就 600 元左右，效果还是不错的。因为贴吧的广告太多，最好就是和吧主合作做活动，这样效果会更好。

7) 网盟/广告平台

网盟属于鱼龙混杂的一个渠道，积分墙、锁屏类、静默渠道、PUSH、插屏、市场推荐位等，市场推荐位量少，但是用户质量好，创业初期可以考虑，其他类渠道量多，但是用户质量低，为了完成 kpi，很多公司都会走到这一步。一般网盟类，一个激活在 1.5 元左右，一个注册在 2.5 元左右，有很多渠道推广 QQ 群可以加(QQ 群搜索互联网、移动互联网、互联网商务等关键词)，也有渠道类的网站，比如 cpa 之家等，可以在上面发信息，基本上每天会有数十家联系你，自己择优即可。有米、百度联盟、谷歌 adsense 等也都是目前比较知名的网盟平台，不过更多的都是按点击收费，Tapjoy 平台目前可以按激活付费，一个激活 0.1 美元左右，用户不限制区域的可以尝试。

广告平台一般单指各大平台或日流量活跃度超高的产品的广告平台，比如腾讯的广点通、微博的粉丝通、今日头条的广告体系，现在陌陌也开设了广告体系，这类成本相比于前面几种会稍高一点。

8) 校园地推

校园地推被很多人说烂了，但是很多并没有回答如何以较低的价格去推广。地推分两种，一种是在学校摆点宣传，说得好听点就是路演，这种是要场地的，北上广深，基本上一天的场地费都要两三千元，而且一场路演带来的注册量也就两三百，算下来成本比较高了，但是品牌宣传好，起码半个学校都知道你了。另外一种是扫楼，就是找学生、社团，让他们直接拉人下载注册，或者进宿舍宣传。北京、上海这类的扫楼注册成本已经到 6 元以上了，不太建议做，但是在其他二线城市，这类成本还是可以控制在 4 元一个真实注册的。说个最简单的方法，找几个学生兼职扫楼，到男生宿舍，下载一个送一瓶可乐，这样基本上 60% 以上的男生会下载，一个人每天扫一栋楼就有一两百人注册了，给这个兼职一天 200 元报酬，但是必须扫满栋楼，至少有 100 个人下载，这样成本也不会很高。其他的校园合作如社团赞助之类就可以暂时不要考虑，还不如发宣传页，1000 张宣传页(彩色 A5，双面)印刷费也就 60 元，派发费用 80 元，宣传页设计得好点效果还是不错的。

Section 10.5 移动营销秘籍

本节将详细介绍有关如何做移动互联下的全网营销、移动时代如何做好移动营销以及以移动营销的 5 个要点等内容。希望对读者全面理解移动营销和实践移动营销有一定的帮助。

10.5.1　如何做移动互联下的全网营销

移动互联时代的到来对全网营销而言，既是机遇又是挑战，机遇是未来没有单一的渠道，全部是全渠道，渠道即营销，营销即品牌，如果能够全网有效布局，在未来的营销竞争中肯定具备立足之地；挑战在于随着整个互联网的格局和渠道发生变化，整个消费行为也在发生着深刻的变化，向移动互联网迁移是不可阻挡的趋势和潮流，新的格局产生了新的情况，新的营销手段也应运而生；未来会进入精选时代，而不是单纯的推送时代。精选时代的诞生，就开始让消费者更加任性，更加知道我应该选择什么样的品牌，更加知道我识别什么样的品牌。

在这种环境下，首先要对移动互联网时代的营销趋势有一个立体的认识，这种趋势表现在：新闻咨询的社交深化，UGC 正在成为未来移动媒体的核心要素，要关注移动平台入口(社交类的微信、支付类的支付宝、出行打车类的快的、滴滴等)的变化，因为在移动环境下的内容、关系、服务三者的交融，使移动媒体的平台化成为趋势。

1. 营销布局

如何进行营销布局呢？

1) 找准我们的目标用户，用户在哪我们在哪

用户群体的选择，直接影响消费能力、商品单价、市场规模等，在目标用户群的选择上，一定要根据产品特征和产品周期设定，做理性的用户群体选择。另外选择好用户群体之后，就需要深入挖掘和了解用户需求，同时利用与用户的深入沟通或者通过技术手段捕捉用户的习惯特征，从而制定针对性的营销策略。

2) 产品的二次回炉

如何打造一款能够对用户产生价值，而不仅仅是满足其需求的产品，是在这

个移动互联网竞争异常激烈的时代，必须重视的课题。首先是满足用户需求层的产品回炉；其次是如何使产品对用户产生价值，如何通过优良的品质、极致的服务、合理的价格来吸引用户消费也是商家要考虑的问题。在产品服务之外，如何融入运营推广以及传播元素，也许是通过某种互动机制，也许是通过某种特色包装来引导用户去传播分享，带动话题……这是非常重要的一环。

3) 要分清新媒体营销和全渠道营销

在移动互联网环境下，营销即渠道，渠道即品牌，不要一谈互联网营销就想成“新媒体营销”，在移动互联网环境下，新营销的渠道一定不只有微信、微博。并且，做好微信公众号和利用微信来做好营销又是完全不一样的概念。

2. 营销网

移动互联网时代，如何编织我们的营销网呢？

1) PC 端

移动互联网兴起之后，PC 端的使用频次、关注度大打折扣，但是并不代表我们在移动互联网时代就应该放弃 PC 端渠道的价值。在 PC 上还是有很多有价值的营销渠道可以为我们所用。PC 端营销涵盖的范围主要包括：网页搜索、图片搜索、视频分享、B2B 平台、B2C 平台(自有和第三方)、门户媒体、分类信息平台、垂直行业论坛、博客推广、知名百科。

2) 移动(社交+社区+交易)端

社交端首选就是微信和微博，微信的价值就不再赘述了，那么是不是一定要通过微信公众号的运营来进行营销呢？不然。一个微信公众号的运营，内容、活动、推广、互动等缺一不可，当我们要选择一个营销渠道或者工具的时候要分析它的核心价值与我们自己的需求是否匹配。另外，微信个人号拥有非常强的互动沟通特点，可以深度与用户交流互动，增强用户黏性，提高用户服务体验。而微信群就是微信个人号的放大版，通过微信群将用户区分管理，按小区地理位置或者会员级别进行区分，再针对性地进行服务。要分析工具的特征与我们的需求是否匹配，在时间精力允许的情况下多加利用。

社区端的主要代表如知乎、豆瓣、百度贴吧等人群比较聚集的平台，几乎每一个渠道都会有一个非常鲜明的特征，如人群细分、功能性定位、内容偏好等。

比如知乎，口号是“认真的问答社区”，这里除了有高质量的问答互动，可以获取丰富的知识和资讯之外，由于知乎对“软性植入”的容忍度非常高，在知乎上随处可见“×××达人，微信××××”，然后贴出一大篇的答案，知乎的态度是只要你提供的答案够认真，我就允许你认真地推广自己，只要不太过分。同时，知乎的问答记录在百度等搜索引擎的收录能力也非常高，如果能适当增加关键词的植入，可以在搜索引擎获得不错的流量。

交易端以手机淘宝、手机京东、手机唯品会之类账上交易平台为主，在手机交易端，淘宝依旧是主流，利用社媒工具进行传播，在淘系平台进行运营和沉淀，是靠谱的策略。

3) 个人自媒体

在移动互联网时代，微博有微博红人，淘宝有淘宝红人，豆瓣有豆瓣红人，人人网也有人人红人。这些红人，在各自平台的相关领域，都有着巨大的影响力。由于他们的跟随者众多，他们起着一个信息中介或者信任代理人的角色，成为社会化媒体传播过程中重要的环节，作为企业的创始人，你就是企业最佳的发言人，你就是企业最大的公关；作为企业创始人或企业高管，都应该建立个人的自媒体平台来与企业的品牌平台遥相呼应。这些平台除了微信公众平台、微信个人朋友圈外，还包括今日头条、一点资讯、界面以及各类新闻门户平台(搜狐、网易)等。

总之，当你看不到未来的时候，你很可能就没有未来。你越多关注未来，你越会看清脚下的路该怎么走。

10.5.2　移动时代如何做好移动营销

1. 智能终端成为数字营销的主战场

随着智能手机和平板电脑的普及，移动网络的访问量急剧增长，用户在智能手机和平板电脑平台上花费的时间也越来越多，中国移动广告市场呈现快速增长的态势。中国移动广告市场发展迅猛，增长近 6 倍至 64 亿美元，超越英国和日本成为全球第二大移动广告市场，未来的中国广告市场移动端支出将在所有数字广告板块中起主导作用。智能终端将成为数字营销的主战场，广告主需要及时调整营销战略，合理分配营销预算，并结合企业自身特点，积极布局移动营销领域。

2. 大数据的应用让移动营销更精准

依托大数据为驱动力将使得移动营销更加精准、投资回报率更高。大数据移动营销不仅仅是量上的，更多的是数据背后对用户的感知。移动营销公司利用数据挖掘技术，分析受众的个人特征、媒介接触、消费行为甚至是生活方式等，帮助广告主找出目标受众，然后对广告信息、媒体和用户进行精准匹配，从而达到提升营销效果的目的。大数据的应用让移动营销更精准体现在三个方面：一是精准定制产品，通过对移动用户大数据的分析，企业可以了解用户需求，进而定制个性化产品；二是精准信息推送，避免向用户发送不相干的信息造成用户反感；三是精准推荐服务，通过对用户现有的浏览和搜索行为数据的分析，预测其当下及后续的需求，由此开展更精准和更实时的营销推广。

3. 移动电商改变整个市场营销生态

如果说电子商务对实体店的生存构成巨大挑战，那么移动电子商务则正在改变整个市场营销的生态。智能手机和平板电脑的普及，上网流量资费的降低，大量移动电商平台的创建，为消费者提供了更多便利的购物选择。移动电商购物良好的消费体验，例如比实体店更低的价格、丰富的产品选择、简便的购物流程、安全的支付系统、快捷的物流配送等，都为移动电商市场规模的扩大创造了条件。

4. 新型城镇和农村成移动新蓝海

随着国家新型城镇化战略的实施和移动终端网络的不断普及，三、四线城市，新兴城镇和农村市场成为移动电商的新蓝海。事实上，阿里、京东、1 号店、苏宁易购等电商近年来已经大跨步进军三、四线城市和农村市场。农村网购市场蕴含巨大的开发潜力。农村居民对网购接受率达 84.41%，人均年网购消费额在 500～2000 元人民币，主要集中在日用品、服装、家电等品类。随着新型城镇和农村智能手机及互联网普及率的稳步提升，移动电商消费市场空间巨大。

5. App 营销是移动营销的主要形式

现阶段移动互联网流量主要由各种 App 产生，App 产生的流量占 70%以上，App 的数量在 iOS 和 Android 系统上都在百万个以上，App 无疑成为移动营销的主要形式。庞大的 App 数量和广告形成两个巨大的长尾市场，通过大数据分析可以让用户在合适的时间、合适的地点、合适的场景，看到合适的广告信息。智能手机和平板电脑的 App 分为两种，一是线下安装，二是主动下载。无论是线下安装还是用户主动下载的 App，都需要增强用户体验，提供奖励优惠，激励用户参与，建立情景消费联想。

6. 本地化移动营销市场空间广阔

本地化移动营销是人、位置、移动媒体三者的结合。由于广告主及数字广告代理商不断寻求一种既具有高度本地化又具有高度相关性的传递商品信息的方式，本地化移动营销得以快速发展。本地化移动营销的核心发展主要体现在三个领域：一是增强现实，二是移动支付，三是游戏化。例如，百度地图和麦当劳联合推出的樱花甜筒跑酷活动。打开百度地图，或是使用“附近”“搜索”功能，会看到一个漂浮在地图上的甜筒标识。这是百度地图结合 LBS 大数据分析和智能推送技术，对麦当劳甜品站周边三公里的用户进行匹配，挑选部分用户推送了“樱花甜筒跑酷 0 元抢”的优惠信息。用户在规定时间内跑到麦当劳甜品

站，就可以免费领取樱花甜筒。这种两家企业结合自身优势推广的活动，很快引起了“樱花风暴”，实现了共赢。

7. 移动营销打造 O2O 营销新模式

移动 O2O 营销模式充分利用了移动互联网跨地域、无边界、海量信息、海量用户的优势，同时充分挖掘线下资源，进而促成线上用户与线下商品服务的交易。在移动互联时代，企业需要思考如何将线上和线下有效整合，将线上的推广活动转化为实际销售。

8. RTB 成移动广告投放主导模式

RTB(Real Time Bidding，实时竞价)是一种利用第三方技术在数以百万计的网站上针对每一个用户展示行为进行评估以及出价的竞价技术。与大量购买投放频次不同，实时竞价规避了无效的受众到达，而针对有意义的用户进行购买。在美国，程序化广告投放将继续作为相关的显示广告投放中的最大份额，而 RTB 广告投放将占据程序化投放的最大份额。在中国移动广告市场，RTB 日益成为广告投放的主导模式，多盟、有米、芒果、木瓜移动等众多国内移动广告公司均已推出了实时竞价广告交易平台(Ad Exchange)和需求方平台(DSP)。

9. 多屏整合成移动营销必然趋势

华通明略(Millward Brown)发布的报告显示，中国消费者使用智能手机、平板电脑等多屏媒体的频率要高于世界上任何其他地区。多屏整合将成为移动营销的主导方向。这里的多屏整合包含两层含义：一是多屏整合的大数据分析。用户可以同时使用手机屏、iPad 屏、电脑屏、电视屏、户外屏等终端，数字广告平台需要知道用户在多屏上浏览的信息和行为模式，从而通过跨屏来修正和完善对消费者的认知，让移动广告投放更精准、更有效。事实上，百度、阿里巴巴和腾讯等互联网巨头已经开始做跨屏的数据分析。二是多屏的整合营销。即将智能手机与 PC 电脑、电视、户外广告等进行较好的关联和互动，实现线上线下的整合推广。例如，1 号店在地铁站做户外广告，根据地铁站的人流来判断大家喜欢买什么样的产品，你在上下地铁时，用手机扫描二维码并完成购买，等你到家，东西可能已经送到家里了。

10. 建立战略联盟是移动营销平台的方向

大数据时代，大数据、技术和创意将是移动数字营销公司的核心竞争优势。建立战略联盟是移动营销平台发展的必然选择，数字营销公司建立战略联盟可以通过以下途径：一是大型互联网企业之间的战略联盟。例如，2014 年 10 月 30

日，阿里巴巴集团和优酷土豆集团在京举办联合战略发布会，双方宣布展开全面合作，共同推进中国营销领域的 DT 化进程(Data Technology)。优酷土豆和阿里妈妈还分别发布了基于大数据的精准营销方案“星战计划”和开放数据管理平台“达摩盘”(Alimama DMP)。二是数字广告平台与移动媒体之间的战略联盟。大数据时代对于广告产业而言是一个极富挑战的时代，也是一个充满机会的时代，亟须广告公司调整经营战略，快速布局数字营销和移动营销。

10.5.3 移动营销的 5 个要点

现在很多人存在一个误区，认为移动营销就是微信营销，实际上微信营销仅仅是移动营销的一部分。移动营销应该是一个综合的营销策略，其营销策略应该涉及微信“微网站”的建立、iBeacons 位置推送、LBS 位置营销、Wi-Fi 营销、电子会员卡管理、数据分析管理等方面。

1. 微信“微网站”的建立

建立微网站就是要在微信平台上建立一个网站，将商家应有的信息发布在微网站上。内容一定要能满足客户的查询需求，如产品介绍、服务方式、联系方式、优惠信息等。

2. LBS 位置营销

LBS 位置营销是一种低付出高回报的营销方式。简单地说，LBS 营销就是商家抓取到客户信息后(抓取信息方式有：成为微信粉丝或者收藏商家电子优惠券)，在任何时间一定范围向客户推送广告信息。目前开发的技术对范围的限定为城市中建立 10 个基点，每个基点覆盖半径 1 公里。可以说 LBS 位置营销是一种广范围、低成本的广告推送方式。

3. iBeacons 位置推送

iBeacons 位置推送与 LBS 位置推送都是一种位置营销方式。但是它们的适用范围和抓取客户的信息方式不同。iBeacons 的适用范围为 50m，远小于 LBS 位置适用范围，但是 iBeacons 的位置营销能做得更细致、更专业。例如，在 Ibeacons 功能下，客户走进咖啡店就能得到当日菜单信息。同样在此功能下，客户停留在某服装展台就能在手机上看到该服装的样式、颜色、价格等信息。要实现这些功能不得不提 iBeacons 的抓取方式，iBeacons 是通过蓝牙抓取客户信息的。从蓝牙现在的使用率来看，很多人担心此功能的实用性。

4. 电子优惠券管理

电子优惠券管理是指通过 Passbook 管理优惠券以便维护客户的管理方式。电子优惠券也是 LBS 抓取客户信息的前提条件，也就是说，只有客户收藏了电子优惠券 LBS 功能才能实现。相比于传统会员，管理电子会员卡更加灵活，更加信息化。电子优惠券随着每期的优惠活动不断更新，以满足客户的需求。电子优惠券也可以转发朋友派生客户。电子优惠券直接与大数据分析相结合，让商户分析出每位客户的喜好做出适合客户的优惠券。

5. Wi-Fi 营销

现在商铺都提供了 Wi-Fi 服务，但是大部分商铺都没有利用 Wi-Fi 做好营销。如果商铺通过客户手机号的方式设置 Wi-Fi 登录，商铺就可以得到每日店铺的到客量以及客户的相应信息。再换一种方式，通过关注微信公众号登录 Wi-Fi 可以使商铺的微信粉丝迅速增加。

Section 10.6 成功案例——小保安开网店买车买房

即将三十而立的段飞在 2015 年之前一直是一个保安，月入 2200 元，之后他回到家乡选择站上“风口”，开了一家淘宝店卖土特产品。此后三年他一步一个台阶，买了宝马车，还在西安买了一套房。

1. 总有一个创业梦在心里

陕西富平，全国 21 个现代农业示范区改革与建设试点县，是国家林业局命名的“中国柿乡”。段飞从小生长在富平县一个叫党沟村的地方，吃着柿子长大，但从未想过因为柿子而致富。2015 年之前，段飞和任何一个外出务工的乡村青年没有不同：没有资金、没有背景，看不到未来，但又时刻梦想着有一天发家致富，荣归故里。

在福建莆田，做保安一个月 2200 多元钱的工资只能糊口。当时，回乡创业，门槛最低、看起来最可行的就是做电子商务。于是在回乡之前，他选择学点经验，开始了 3 个月的“卧底”学习。在一家淘宝鞋店，每天早晨 8 点，段飞就要开始帮助老板干活，打印订单、包装、送货，凌晨两点还要起来给老板的小孩

喂奶。这 3 个月的短工并没有工资，没有生活来源的他只能晚上在街边靠骑摩的拉人挣钱。

2. 柿饼哥赚大钱了

最初，把家乡的柿子放到网上去卖的想法也只是试试看，让网友试吃，没想到反响出奇的好，“我感觉这个在网上肯定能做起来，我一个人身兼数职，客服、打包、装运都得自己弄，身体虽然很累，但是很开心。”段飞说。可由于不慎将 0.25 千克的试吃重量标成 2.5 千克，加上贴进去的运费，500 个试吃名额让他在卖柿饼的第一年就亏了近 3 万元。但也不是没有收获，世界柿饼优生区——富平的柿饼在他的网店收获了极好的口碑，客户好评不断，当年就卖出 1 吨。

此后，柿饼的销量突飞猛进，到 2016 年的“双十一”，他接到的订单多达 1500 余张，售出柿饼 3 吨，并为另外一家规模更大的电商代加工柿饼 50 吨，全年网店销售额突破 900 万元。目前，段飞年销售柿饼已经超过 300 吨，远销海外，成为全国知名的柿饼电商。在网店的宣传彩页上段飞自称“柿饼哥”，两年内，他在西安买了房，开上了宝马车。

“互联网+农特产品”改变乡村

段飞网店销售的农特产品，从最早的柿饼，已经扩大到土鸡蛋、茶叶、花椒等。因为柿饼是季节性产品，段飞不能一年只卖一样东西。2015 年他主导成立了合作社，像之前收购村民的柿子一样，运用“公司+合作社农户”的模式和村民合作，既解决了村民农产品的销售问题，也拓宽了自己网店的经营品种，土鸡蛋、红薯粉条、花椒、茶叶等土特产品，都开始出现在网店里。“我们村是贫困村，想带动乡亲一起致富。”段飞说。很快，示范效应就在当地显现出来。

在段飞的带领下，所在村组的 80 户中，从事网店营销的已经达到 30 余户，以销售地方农特产品与电子商务服务包装为主。2016 年，该村年销售额已达 1000 万元。截止到 2017 年 3 月底，富平县共注册电子商务企业 30 户，各类网店微店 800 余户。其中，各类网店 200 余户，各类微店 600 余户。2018 年，富平县电子商务交易额预计达 4 亿元，极大地扩大了农产品销售渠道，提高了农民收入，在推动县域经济社会发展方面发挥了重大作用。

第 11 章

移动营销常用工具

在数字生活空间，用户每天上网产生大量的数据信息，这些非结构化的数据通过大数据挖掘技术和应用正在显现出巨大的商业价值。智能手机、平板电脑等移动终端设备的不断普及，大数据、智能化、移动化必将主导未来的营销格局。

短信

短信(Short Message Service，SMS)是用户通过手机或其他电信终端直接发送或接收的文字或数字信息。短信的出现，让人们又增加了一种表达思想的途径。

11.1.1 短信概述

世人把 1973 年第一部手机的问世归功于当年的摩托罗拉总设计师马丁·库珀，而直到将近 20 年之后手机最具价值的一项附加服务短信才宣告诞生。手机短信的发明人是芬兰人，因为北欧人的感情比较含蓄，不喜欢通过电话来表达，于是就突发奇想而发明了短信。

在中国，2009 年 1 月 15 日起各运营商用户之间互发短信统一收取 0.1 元/条，并实行包月制——按条计费。短信存在以下缺点。

1. 信息容量小

短信平台因为只能用文字编辑，缺乏相应的图像资料，所以略感乏味，并且短信广告泛滥，阅读率不一定太高。彩信的发送成本又太高。

2. 终端资料难收集

短信平台需要有相应的号码才可以发送，而具体这些号码怎么收集，以及收集后应该发给哪些客户就成为一个很重要的问题，所以短信平台的客户覆盖率不一定全面。

3. 发送受到限制

一般短信平台的发送数量都有一定的限制，都在几千甚至几万条以上，晚上八点以后基本不能发，灵活性、管理性不如短信电网。

由于短信存在以上缺点，且随着即时聊天软件的出现，人们已经渐渐减少使用短信的次数，甚至不再使用短信，人们收到的短信大多为淘宝卖家、银行等发送的提示、推销短信。

11.1.2　小区短信

小区短信业务是通过获得手机用户的位置变动状态信息，是现在特定的区域(如商业街、车站、商场、酒店、旅游景点、会议地点)、特定时间(如开业期间)，对特定客户群(如本地、外地移动用户)发送特定短信的短信增值业务。

小区短信的特点包括位置关联、精确分钟、定向性、用户许可及用户可选择性和信息分类提供。

11.1.3　集团短信

集团短信是运营商为集团客户推出的具有用户信息管理、信息发送、资料查询等功能的信息类业务。集团客户可用电脑同时向拥有手机的员工或客户传达通知、信息、公告等，员工或客户可利用手机从数据库里获取资料。集团客户还可以充分利用行业专有信息资源，通过短信的方式向有需求的公众提供信息服务，使信息资源价值化。

集团短信的应用行业包括票务中心、学校、物业、集团企业、证券、银行、营销渠道、保险、商场、公安系统、房地产、俱乐部等。

集团短信以低廉的价格发送大量手机短信服务，是信息帮客的大容量短消息发送服务。集团短信保证发送质量和稳定的服务。使用服务器、网络、电源等各种双重系统。提供 365 日 24 小时连续服务。利用黑客防范安全技术，确保安全性。可以做大容量的发送处理。利用简单的系统增设，可以增加大量的处理容量。

集团短信与移动通信及其他 SMS 服务相比，具有低廉的资费结构，并提供以文件形式(.txt 和.csv 两种形式)发送短信等功能。提供预约发送等附加功能。提供已发短信、预约短信按月使用量统计等使用信息管理功能。提供 MYPAGE 等个人信息管理功能。

11.1.4　彩信

彩信的英文名是 MMS，是 Multimedia Messaging Service 的缩写，意为多媒体信息服务，通常又称为彩信。它最大的特色就是支持多媒体功能，能够传递功能全面的内容和信息，这些信息包括文字、图像、声音、数据等各种多媒体格式的信息。

彩信在技术上实际并不是一种短信，而是在 GPRS 网络的支持下，以 WAP 无线应用协议为载体传送图片、声音和文字等信息。彩信业务可实现即时的手机端到端、手机终端到互联网或互联网到手机终端的多媒体信息传送。

彩信包括以下特点。

丰富：除基本的文字信息以外，更配有丰富的彩色图片、声音、动画、震动等多媒体的内容，图文并茂，生动直观。

新颖：彩信广告是一种全新的媒体传播形式，时尚新颖，客户新鲜感强。

大容量：容量为 300K 的彩信，相当于 10 幅精美图片或 15 万个汉字(字符)，这是原本只有 70 个汉字的普通短信无法比拟的。如果所编辑的彩信文件体积过大，超过 300KB，由于运营商和手机本身的限制，将有可能造成发送或接受不成功。

直告：全新直投式广告媒体弥补传统四大媒体的空白。彩信广告对客户而言，是一种富于创意的全新直投式广告形式；和普通短信一样，彩信广告的发布时间可以自由控制，不受传统广告制作、发行周期的影响，直接投放。

再营销：制作精美的彩信广告用户更是会保存甚至转发给相关有需要的亲朋好友查阅，能产生长远的社会效益。

Section 11.2 彩铃

彩铃是“个性化多彩回铃音业务(Coloring Ring Back Tone)”的简称，是一项由被叫客户为呼叫自己移动电话的其他主叫客户设定特殊音效(音乐、歌曲、故事情节、人物对话)的回铃音的业务。

11.2.1 彩铃概述

被叫客户开通彩铃业务后，主叫客户在拨打该用户手机等待接通的时候，听到的就不再是“嘟……嘟……”的回铃音，而是为主叫客户提供一段音乐或一句问候语来替代普通回铃音。善解人意的彩铃业务，充分展现您的独特个性与品位，让简单的通信过程充满乐趣。

彩铃的实用性功能包括提示功能、心理学功能和社会应急功能。

11.2.2　彩铃的特点

可以让主叫用户在等待接听的过程中享受到悦耳的音乐或问候语，代替普通的回铃音。

可以为不同的主叫用户设置针对不同的时间段播放不同的回铃音。

回铃音内容存放在网络端的，对用户手机终端没有要求，具有广泛的客户群。

企业可以将自己的相关信息和产品特色录制成彩铃，给公司的座机、销售人员的手机等都设置成统一的彩铃，这也是移动营销的一种方式。

Section 11.3　微信

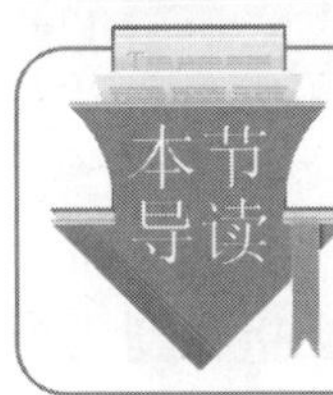

微信是一种快速的即时通信工具，具有零资费、跨平台沟通、显示实时输入状态等功能，与传统的短信沟通方式相比，更灵活、智能，且节省资费。

11.3.1　微信概述

2011 年 1 月 21 日，微信正式推出，微信具有零资费、跨平台、拍照发给好友、发手机图片、移动即时通信等功能。同时，可以显示对方实时打字状态，以实时掌握对方的响应情况。通过共享流媒体内容的资料和基于位置的社交插件“摇一摇”“漂流瓶”等的智能手机移动即时通信软件。

11.3.2　微信的特点

支持发送语音短信、视频、图片(包括表情)和文字。

支持多人群聊(最高 20 人)。

支持查看所在位置附近使用微信的人(LBS 功能)。

支持腾讯微博、QQ 邮箱、漂流瓶、语音记事本、QQ 同步助手等插件功能。

支持二维码，“秀出自己二维码”，支持扫描二维码添加好友的功能。

微信支持多种语言，支持 Wi-Fi 无线局域网、2G，3G 和 4G 移动数据网络，iOS 版，Android 版、Windows Phone 版、Blackberry 版、诺基亚 S40 版、

S60V3 和 S60V5 版。

登录网页版，即可进行手机与电脑的文件传输。使用键盘来输入更方便。此外，通过文件传输助手，还能在电脑与手机之间快速进行文件传输。

图片、语音和视频优化，1M 可发约 1000 条文字信息，1000 秒语音信息，约 1 分钟视频信息。

后台运行只消耗约 2.4K/小时。

11.3.3 微信营销

微信营销是移动营销的一种，是网络经济时代企业营销模式的一种创新，是伴随着微信的火热而兴起的网络营销方式。微信不存在距离的限制，用户注册微信后，可与周围同样注册的“朋友”形成一种联系，用户订阅自己所需的信息，商家通过提供用户需要的信息，推广自己的产品，从而实现点对点的营销。优拓互动的微信营销，包括微信平台基础内容搭建、微官网开发、营销功能扩展；另外还有微信会员卡以及针对不同行业，还有微餐饮、微外卖、微房产、微汽车、微电商、微婚庆、微酒店、微服务等个性化功能开发。

微信营销具有以下特点。

点对点精准营销：微信拥有庞大的用户群，借助移动终端、天然的社交和位置定位等优势，每个信息都是可以推送的，能够让每个个体都有机会接收到这个信息，继而帮助商家实现点对点精准化营销。

形式灵活多样的漂流瓶：用户可以发布语音或者文字然后投入大海中，如果有其他用户“捞”到则可以展开对话。

位置签名：商家可以利用“用户签名档”这个免费的广告位为自己做宣传，附近的微信用户就能看到商家的信息。

二维码：用户可以通过扫描二维码来添加朋友、关注企业账号；企业则可以设定自己品牌的二维码，用折扣和优惠来吸引用户关注，开拓 O2O 的营销模式。

开放平台：通过微信开放平台，应用开发者可以接入第三方应用，还可以将应用的 LOGO 放入微信附件栏，使用户可以方便地在会话中调用第三方应用进行内容选择与分享。

公众平台：在微信公众平台上，每个人都可以用一个 QQ 号码，打造自己的微信公众账号，并在微信平台上实现和特定群体的文字、图片、语音的全方位沟通和互动。

强关系的机遇：微信的点对点产品形态注定了其能够通过互动的形式将普通关系发展成强关系，从而产生更大的价值。通过互动的形式与用户建立联系，互动就是聊天，可以解答疑惑，可以讲故事，甚至可以“卖萌”，用一切形式让企业与消费者形成朋友的关系，你不会相信陌生人，但是会信任你的“朋友”。

Section 11.4 微博

微博，即微型博客(MicroBlog)的简称，即是博客的一种，是一种通过关注机制分享简短实时信息的广播式的社交网络平台。

11.4.1　微博概述

微博是一个基于用户关系信息分享、传播以及获取的平台。用户可以通过 Web、WAP 等各种客户端组建个人社区，以 140 字(包括标点符号)的文字更新信息，并实现即时分享。微博的关注机制分为可单向、可双向两种。

微博作为一种分享和交流平台，其更注重时效性和随意性。微博更能表达出每时每刻的思想和最新动态，而博客则更偏重于梳理自己在一段时间内的所见、所闻、所感。因微博而诞生出微小说这种小说体裁。

微博包括新浪微博、腾讯微博、网易微博、搜狐微博等，但如果没有特别说明，微博就是指新浪微博。

微博提供了这样一个平台，你既可以作为观众，在微博上浏览你感兴趣的信息；也可以作为发布者，在微博上发布内容供别人浏览。发布的内容一般较短，例如 140 字的限制，微博由此得名。也可以发布图片，分享视频等。微博最大的特点就是：发布信息快速，信息传播速度快。例如你有 200 万听众(粉丝)，你发布的信息会在瞬间传播给 200 万人。

首先，相对于强调版面布置的博客来说，微博的内容只是由简单的只言片语组成，从这个角度来说，对用户的技术要求门槛很低，而且在语言的编排组织上，没有博客那么高。其次，微博开通的多种 API 使得大量用户可以通过手机、网络等方式来即时更新自己的个人信息。

微博网站即时通信功能非常强大，通过 QQ 和 MSN 直接书写，在有网络的地方，只要有手机就可即时更新自己的内容，哪怕你就在事发现场。

类例于一些大的突发事件或引起全球关注的大事，如果有微博客在场，利用各种手段在微博客上发表出来，其实时性、现场感以及快捷性，甚至超过所有媒体。

与博客上面对面的表演不同，微型博客上是背对脸的交流，就好比你在电脑前打游戏，路过的人从你背后看着你怎么玩，而你并不需要主动和背后的人交流。可以一点对多点，也可以点对点。当你跟随一个自己感兴趣的人时，两三天就会上瘾。移动终端提供的便利性和多媒体化，使得微型博客用户体验的黏性越来越强。

在微博客上，140 字的限制将平民和莎士比亚拉到了同一水平线上，这一点导致大量原创内容爆发性地被生产出来。李松博士认为，微型博客的出现具有划时代的意义，真正标志着个人互联网时代的到来。博客的出现，已经将互联网上的社会化媒体推进了一大步，公众人物纷纷开始建立自己的网上形象。然而，博客上的形象仍然是化妆后的表演，博文的创作需要考虑完整的逻辑，这样大的工作量对于博客作者而言是很重的负担。“沉默的大多数”在微博客上找到了展示自己的舞台。

微博客草根性更强，且广泛分布在桌面、浏览器和移动终端等多个平台上，有多种商业模式并存，或形成多个垂直细分领域的可能。无论哪种商业模式，都离不开用户体验的特性和基本功能。

信息获取具有很强的自主性、选择性，用户可以根据自己的兴趣偏好，依据对方发布内容的类别与质量，来选择是否“关注”某用户，并可以对所有“关注”的用户群进行分类。

微博宣传的影响力具有很大的弹性，与内容质量高度相关。其影响力基于用户现有的被关注数量。用户发布信息的吸引力、新闻性越强，对该用户感兴趣、关注该用户的人数也越多，影响力越大。只有拥有更多高质量的粉丝，才能让你的微博被更多人关注。此外，微博平台本身的认证及推荐也有助于增加被“关注”的数量。

内容短小精悍。微博的内容限定为 140 字左右，内容简短，不需长篇大论，门槛较低；信息共享便捷迅速。可以通过各种连接网络的平台，在任何时间、任何地点即时发布信息，其信息发布速度超过传统纸媒及网络媒体。

11.4.2 微博营销

微博营销是指通过微博平台为商家、个人等创造价值而执行的一种营销方式，也是指商家或个人通过微博平台发现并满足用户的各类需求的商业行为方式。微博营销以微博作为营销平台，每一个听众(粉丝)都是潜在的营销对象，企业利用更新自己的微型博客向网友传播企业信息、产品信息，树立良好的企业形象和产品形象。每天更新内容就可以跟大家交流互动，或者发布大家感兴趣的话题，这样来达到营销的目的，这样的方式就是互联网新推出的微博营销。

该营销方式注重价值的传递、内容的互动、系统的布局、准确的定位，微博

的火热发展也使得其营销效果尤为显著。微博营销涉及的范围包括认证、有效粉丝、朋友、话题、名博、开放平台、整体运营等。自 2012 年 12 月后，新浪微博推出企业服务商平台，为企业在微博上进行营销提供一定帮助。

微博营销的特点如下。

1. 发布门槛低，成本远低于广告，效果却不差

140 个字发布信息，远比博客发布容易，对于同样效果的广告则更加经济。与传统的大众媒体(报纸、流媒体、电视等)相比，受众同样广泛，前期一次投入，后期维护成本低廉。

2. 传播效果好，速度快，覆盖广

微博信息支持各种平台，包括手机、电脑与其他传统媒体。同时传播的方式有多样性，转发非常方便。利用名人效应能够使事件的传播量呈几何级数放大。

3. 针对性强，利用后期维护及反馈

微博营销是投资少、见效快的一种新型的网络营销模式，其营销方式和模式可以在短期内获得最大的收益。

4. 多样化、人性化

从技术上看，微博营销可以同时方便地利用文字、图片、视频等多种展现形式。从人性化角度上看，企业品牌的微博本身就可以将自己拟人化，更具亲和力。

5. 开放性

各种话题都可以在微博上进行探讨，而且没有什么拘束，微博就是要最大化地开放给客户。

6. 拉近距离

在微博上面，美国总统可以和平民交谈，政府可以和民众一起探讨，明星可以和粉丝互动，微博其实就是在拉近交流距离。

7. 便捷性

微博只需要编写好 140 字以内的文案即可发布，从而节约了大量时间和成本。

8. 高技术性，浏览页面佳

微博营销可以借助许多先进的多媒体技术手段，从多维角度等展现形式对产品进行描述，从而使潜在消费者更形象直接地接收信息。

9. 操作简单

信息发布便捷。一条微博，最多 140 个字，只需要简单的构思，就可以完成一条信息的发布。这点就要比博客方便得多。毕竟构思一篇好博文，需要花费很多时间与精力。

10. 互动性强

能与粉丝即时沟通，及时获得用户反馈。

Section 11.5 使用移动营销工具的秘籍

本节将详细介绍使用移动营销工具的秘籍，主要包括微博营销的技巧、微信营销的技巧以及个人运作微信营销的思路等内容。

11.5.1 微博营销技巧

1. 创建新浪微群吸粉

玩过新浪微博的人都知道微群，新浪微群是新浪乐居公司推出的服务，它能够聚合有相同爱好或者相同标签的朋友，将所有与之相应的话题全部聚拢在微群里面，让志趣相投的朋友以微博的形式更加方便地进行参与和交流。新浪微群建立于房产行业的垂直领域中，主要由四类组成：小区微群、房产微群、家居微群、生活微群。它类似于豆瓣小组，不过它的内容形式是一条条微博。我们可以去加一些常规群，例如感情群，这种群人气很高，互动很活跃，然后在群里我们可以去发相关情感类的微博。

通过加入互粉相关微群，在群里面发互粉信息，你发信息 1～2 分钟后一般会有人关注你，可以加入多个群重复操作。

每天坚持去微群首页一个个粉发“互粉信息”的人，一定不要浪费了每天关注其他人的机会，控制好回粉率。

2. 发布微博@大 V 借力营销

借力营销指的是借助外力或别人的优势资源实现自己指定的营销目标。正如我们要把产品卖给河对岸的客户，就必须借助轮船和驾驶员把产品托运到河对岸一样。通俗地说，我们个人的能力很有限，要想在最短的时间内达到效益最大化，就需要借助外在力量。借力在营销领域屡试不爽，借力可以造势，可以打造背书。

在新浪微博中，早期玩转微博的推广服务商已成为人气很旺的大 V，并且都拥有大量稳定的粉丝和高信誉度，因此他们所发的微博转发量也不会很低，我们如果想充分利用微博这个网络推广渠道，自然就可以考虑让这些微博大 V 帮助我们宣传。那么怎样去跟这些微博大 V 合作引流呢？合作推广方式包括两种：免费模式、付费模式。

免费模式：方法很简单，比如我们在新浪的微博广场可以看到新浪会去推荐一些领域内的重要人物，这时我们可以去关注他们，并经常去@他们。如果其中有一个重要人物转发了你的微博，你的粉丝数量就会直线上升。

这方面有一个典型的案例：当初因为姚晨无意中看到“冷笑话精选”的一条有意思的微博，进行转发之后，“冷笑话精选”的粉丝一天之内涨了 1000 个，这就是名人效应。同样，我们可以去@一些有几千、几万粉丝的微博账号，这样你的微博的曝光度和被转发的机会也会增加。

还有一种免费模式是专门有一些微博大 V 为粉丝提供信息发布服务，特别是电商类，我们可以积极投稿，让他们帮我们发布。

付费模式：最简单有效的方法就是和微博大 V 合作，或者达成协议，自己付费请对方为自己发宣传微博。这样的合作方式最快速，可以有针对性地去选择符合自己产品消费群体特征的大 V，通过这种合作方式所得到的粉丝质量也是非常高的。

3. 利用第三方博客进行低成本营销

博客营销是利用博客这种网络应用形式开展的网络营销。利用第三方博客平台的博客营销可以归纳为 5 个基本步骤：选择博客托管网站、制订博客营销计划、坚持博客写作、综合利用博客资源与其他营销资源、对博客营销的效果进行评估。

博客具有多方面的网络营销价值，博客营销的这些价值只有通过博客所发布的每一篇博客文章体现出来，而且可能需要一个长期的资源积累过程，因此发挥博客营销价值的基本策略是立即行动！

11.5.2 微信营销技巧

1. 内容定位——内容为王

内容的定位应该结合企业的特点，同时又从用户的角度着想，而不一味地推送企业自己的内容，微信不是为企业服务的，而是为用户服务的，只有从你的微信中获得用户想要的东西，他们才会加更忠实于你，和你成为朋友，接下来的销售才会理所当然。用户是冲着你的内容才来的，推荐也是因为觉得内容有价值，所以内容为王。对于微信的内容，我们有一个“1+X”的模型，“1”是最能体现账号核心价值的内容，“X”则代表了内容的多样性，迎合和满足用户的需求，增强内容的吸引力。

2. 内容推送——拒绝骚扰

现在绝大多数的微信公众账号每天都有 1 次群发消息的功能，很多人嫌少，我觉得太多了。现在每个用户都会订阅几个账号，推送的信息一多，根本看不过来。关于内容推送，我主要讲两个方面。

(1) 推送频次：一周不要超过三次，太多了会打扰到用户，最坏的后果可能是用户取消对你的关注；当然，太少了，用户也会抱怨，觉得你的微信只是一个摆设，根本不会从你这里获得什么。所以这个度一定得把握好。

(2) 推送形式：是指内容不一定是图文专题式的，也可以是一些短文本，文本字数一般一两百字左右，关键在于内容能引发读者思考，产生思想的火花，形成良好的互动效果。在微信中，我们定期会开展一些小调查，以短文本的形式，询问读者对于内容和推送时间的建议等。这样的效果非常好，一次小调查，我们通常会收到几百条用户回复，这样我们既实现了互动，也更了解用户，而用户也能看到他们想要的内容，应该说是多赢的结果。

3. 人工互动——沟通是魂

微信的本质是沟通平台，沟通需要有来有往，所以人工互动是必不可少的。我个人比较反对设置消息自动回复，就像 QQ 里的聊天自动回复，很没诚意。企业微信公众账号，要能够做到适时的人工互动，做不到这一点，很难玩好微信。我比较在意微信的人工互动，我经常会主动找我关注的号互动，如果几次下来没有任何回复，我很快就会取消关注。

4. 关键词回复系统——丰富易查

微信运营久了，积累的素材很多，这些内容沉下去很可惜，建立丰富易查的关键词回复系统就非常必要。这是关键词回复系统的第一个功能，第二个功能是为了方便用户找到他需要的内容，同时增加互动。目前微信的每个规则预设 10 个关键字，配备 5 条推送内容(随机推送)，而规则只能设置 60 个，也就是说关键字最多设置 600 个，内容为 300 条，尽管这远远不能满足海量用户的个性化需求，如果利用好了，也能产生非常好的效果。

5. 从线上到线下——怀念不如相见

现在很少有人提微信的线下互动，但从沟通的效果而言，见面显然是效果最好的方法，也更容易拉近感情。线上线下活动结合的意义在于面对面的交流更容易培训忠实的粉丝，产生更鲜活、更接地气的内容，这样的微信公众号才会显得更真实，更有亲和力。另外，微信只靠自然增长用户会很有限，线下活动也是增加微信用户的重要手段。

6. 他山之石——对手是最好的老师

竞争对手是最好的老师!要积极关注竞争对手的微信，如果你关注了 100 个竞争对手的微信，就会有 100 个账号在教你怎样做好微信营销。另外，千万不要一个人坐在家里学习微信营销，可以经常去一些微信营销的 QQ 群、论坛等，看一看大家都在聊什么，在那里你能学到很多东西。

7. 二次开发——千万别迷恋

微信公众平台首页推荐的招商银行信用卡、南方航空等大企业的微信应用案例都经过了大量的二次开发，将微信公众平台和企业的数据库对接，实现强大的客服功能，这也是微信公众平台最富有想象力的地方。现在也涌起很多提供第三方开发的微信开发平台，提供更为丰富的应用。但是，回到微信沟通的本质，技术的价值是为了更好地实现沟通，为了开发而开发非常不可取。微信公众平台目前提供的功能已经基本可以满足这些需求，再做开发容易画蛇添足。所以千万别迷恋技术和二次开发，踏踏实实做好内容和互动，等有了坚实的用户基础，再整体考虑定制化的二次开发。

11.5.3　个人运作微信营销的思路

1. 微商自媒体化

微商曾经是朋友圈广告的代名词，是三无产品的代名词，如果说 2016 年还

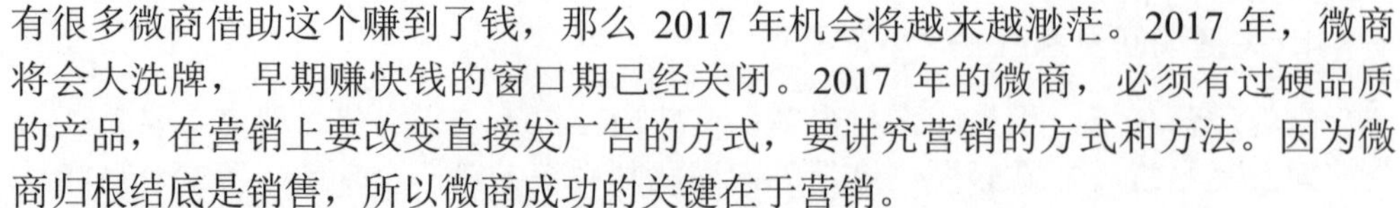

有很多微商借助这个赚到了钱，那么 2017 年机会将越来越渺茫。2017 年，微商将会大洗牌，早期赚快钱的窗口期已经关闭。2017 年的微商，必须有过硬品质的产品，在营销上要改变直接发广告的方式，要讲究营销的方式和方法。因为微商归根结底是销售，所以微商成功的关键在于营销。

微商要想获得成功，不要贪大、贪多，只需要选准一个小而美的品类入手，像做自媒体一样做微商。当综合电商、垂直电商都在探究电商媒体化的时候，微商要走向自媒体化。无论是电商媒体化，还是微商自媒体化，需要研究的主体都是人，研究的是一群客户，这和传统电商将中心放在商品上有本质的不同。

2. 慢慢来，比较快

赚快钱，死得快。微商自媒体化，就是要你不要天天想着赚钱，而是想着如何给你的粉丝(客户)带来价值。当你给粉丝(客户)带来了价值，赚钱是水到渠成的事情。当你的营销简单到直接在朋友圈发广告的时候，你离被拉黑已经不远了。互联网思维都说是羊毛出在猪身上，让狗买单，还有是说挂着羊头卖狗肉，这两个俗语都是告诫我们，互联网的玩法就是让赚钱不那么直接，而是隐藏起来，尤其不要直接赚粉丝的钱，而是赚第三方的钱。

现在大部分的自媒体和媒体开始走向一个死循环，就是为了赚钱写软文，内容没法看，然后粉丝离去……并不是说夸赞某个企业的文章就是软文，鉴定软文的唯一标准就是是否对你的粉丝有价值。软文通常说的是结果，有价值的文章注重的是过程，注重的是在说企业结果的过程中是否有值得借鉴的经验和干货。

3. 做一个独特的人

微商的本质是人，有两层含义，一层是说你要一切以你的粉丝(人)为中心，关注他们的需求，了解他们的痛点。另一层是说你要包装你自己，让自己在粉丝心目中成为一个独特的人。微商自媒体化的关键在于“自”，就是找到自己的特色，然后放大，持续地讲自己的故事，塑造自己的形象。

4. 来点情怀

如果你实在找不到有什么独特性，那么不妨来点情怀。罗永浩让情怀变得争议化，但是情怀仍然很容易让我们感动。让自己和某一种情怀相连接，能够让很多粉丝在心底赢得认同。马云的“梦想还是要有的，万一实现了呢？”就很让我们触动。

5. 讲故事

广告已死，故事永生。除了创始人的故事，自媒体化的微商可以讲述的故事还有很多，可以讲述品牌的故事，讲述产品的故事。每一个品牌和产品的背后都有故事，就看你是否愿意去发现和挖掘。实在没有故事，也可以包装，还可以编，最重要的是你要有“你卖的不是产品，而是故事”的思想觉悟。

6. 超级符号

超级符号就是超级创意，你的品牌、你的产品要想让粉丝记住，简单的、富有冲击力的超级符号是非常重要的。这个超级符号可能是一句话，可能是一个词语，可能是一个卡通形象，可能是一个 LOGO，最好能做到只凭名字就可以传播一个故事。还有视觉冲击力，产品包装是最好的媒体之一，你要思考你的产品包装是否可以做成超级符号。

7. 借势热点

营销不是一时，而是持续的，借势热点就非常重要。借势热点能够让自己的品牌和产品始终成为热点。对于小而美的微商来说，更是成本小、见效快。你要养成每天看新闻、刷微博、看朋友圈的习惯，快速借势，实现对自己品牌的植入。现在的热点稍纵即逝，所以行动要快。你的微信朋友圈、你的微信订阅号、你的微博都是你借势内容发布的媒体。

8. 仪式感

仪式感也是为了营销，就是要将简单的东西复杂化，让粉丝客户在使用产品时产生联想，形成故事。某茶叶强调“谷雨节气的第一天清晨采集的嫩芽，温之以少女的体香”；某酒类品牌的生产过程本身就是一种民俗仪式：“在女孩子出生之日，父母将新酿的黄酒埋于树根下，18 年后女儿出嫁之日取出。”这些都是一种仪式感，让用户尖叫，让用户愿意参与进来帮你营销。

9. 多渠道

微商是微信电商的缩写，但营销从来都是多渠道的。微信、微博、论坛都要用，乃至百度贴吧、百度百科、百度知道、QQ 空间等都是可以利用的营销阵地。另外，就是要善于巧妙利用大公司的资源，例如百度现在正推广直达号，也可以考虑将微商开到直达号上。

10. 互动性强

能与粉丝即时沟通，及时获得用户反馈。

Section 11.6 成功案例——大学生网上开店月入10万元

刘雨生是电子商务专业一名在读的大二学生，再过一个月就是他20周岁的生日，虽然年龄不大，但刘雨生现在正经营着一家自己的淘宝店，拥有一个8人的创业团队，月营业额在30万左右，每个月的纯收入超过了10万元。

1. 因为一双篮球鞋，与网购结缘

中考结束后，刘雨生在五金店找了一份销售工作，工作两个月后他领到了800多元的工资，但是这份工资远远不够支付自己喜欢的篮球鞋。“我喜欢打篮球，对篮球鞋也是情有独钟，那时看上了一双耐克的篮球鞋，在实体店需要1299元，我根本买不起啊！”刘雨生说。

在这种情况下，刘雨生将目光转向了网络，他发现在网上这双篮球鞋只要800元，自己刚好可以支付，但是在兴奋之余，刘雨生又开始担心第一次在网上购物如果买到了假货怎么办？两个月的工资岂不是要打了水漂？为了确保买到正品篮球鞋，他从各种渠道找来资料，从鞋标、鞋边针脚数、印刷字体等方面研究如何分辨篮球鞋的真假，最后他终于买到自己朝思暮想的篮球鞋。

回忆起第一网购经历，刘雨生自嘲地说：“我也许算不上是最好的淘宝店主，但我肯定是态度最认真的消费者。”而这次网购经历也给了他一次愉快的消费体验。

2. 16岁开网店，开店就像打游戏

刘雨生初中就开始接触网络游戏，因为游戏玩得好，还经常把自己写的游戏攻略和游戏教学视频发到网上去。到了高中，刘雨生感觉游戏对于他来说已经失去了挑战性，玩起来也不像以前那么带劲了。这时一个偶然的机会让刘雨生成了一名淘宝店主。

高一下半学期，刘雨生在匡威论坛以100元的价格抢购了一双限量版的鞋，但是鞋号太大自己穿不了，于是只好卖出去。他在虎扑论坛交易区发帖寻找买家，很快就有网友联系刘雨生买鞋，双方经过一番讨价还价，鞋价最终锁定在200元，但是对方提出必须通过第三方平台在线上进行交易。无奈之下，刘雨生只好用了一天的时间建立了一个简易的淘宝店，并成功进行交易。

刘雨生平时喜欢收藏篮球鞋和复古鞋，但是这些鞋动辄就上千元，有的甚至更高，作为一个高中生，实在是无力支付这样的高额费用。经过上一次的卖鞋经历，刘雨生产生了新的想法："我为什么不能以玩养玩，通过开淘宝店，支付自己的球鞋收藏费用呢？"

3. 跑遍北京 90 多家鞋品折扣店，寻找低价货源

说干就干，刘雨生开始为自己的淘宝店寻找合适的货源，他从网上搜集了大量北京鞋品折扣店的信息，利用周末一家一家地找，刘雨生说："在那段时间，被拒绝成为一种常态，绝大部分的折扣店都不愿意跟我合作，可能是觉得岁数小不靠谱吧。"在不断的被拒绝中，刘雨生跑遍了北京 90 多家鞋品折扣店，获得了内部货源信息，淘宝店也逐步走上正轨。

但这些并没有让刘雨生停下追逐的脚步，为了找到更便宜的正品货源，刘雨生开始尝试通过亚马逊、E-bay 等网络电商平台进货，而这种尝试也使他很快尝到了甜头，淘宝店进货成本迅速降低了 30%。功夫不负有心人，通过半年时间的不断摸索，刘雨生的淘宝店每月的纯收入稳定在 8000 元钱左右。

4. 关闭月入 8000 元的淘宝店，到大型电子商务公司学习

2015 年刘雨生顺利考入河北工程技术学院，入学后他有了更多的时间打理自己的生意，但是在这时他毅然关掉自己收入不菲的淘宝店。刘雨生说："当时网店发展遇到了瓶颈，销售额很难进一步提升，我需要更多的理论支撑，也想去大的电子商务公司学习。"

关掉淘宝店后，刘雨生开始专心学习并考取了淘宝大学电子商务运营专才证，随后他来到石家庄裕华区一家主营健身器材的电子商务公司开始实习。这段时间他奔波于课堂、单位、宿舍之间，紧张而充实，"那时候时间根本就不够用，我每天留给自己的空闲时间不到 40 分钟，但是这段经历对现在开店有很大帮助。"

半年的实习期很快就过去了，刘雨生也在实习岗位上做出了不小的成绩，他连续 3 个月成为公司的业绩冠军，一个月能销售一百万的健身器材。

5. 以大数据为依托，实现月收入 10 万元

实习完成后的刘雨生就像闭关而出的武林高手，心态相较于以前也有了不小变化，用他自己的话说："如果以前开淘宝店是玩票性质的，那么我现在就是把电商当成自己的事业来做的。"

刘雨生没有急着再开一家淘宝店，而是先沉下心去进行一个月的市场调查。他将手串和手串饰品作为调查对象，每天早上 9 点和晚上 12 点半分别对这两类商品的 uv、pv、行业转化率等 10 项数据进行记录，并且每 7 天做一次数据分

析，一月下来他记录了 300 多个 Excel 副表，通过大量的数据分析，刘雨生最终决定这次淘宝店的主营商品为手串，淘宝店开业不久，他每月的纯收入很快就超越了此前的淘宝店，突破了 10 000 元。

在经营手串淘宝店的同时，刘雨生仍旧坚持进行数据整理和分析，通过海量的数据分析，他再一次转变淘宝店的主营商品，将经营重点转入手串饰品，通过这次调整，淘宝店营业额也开始了爆发式增长，每月营业额一举突破 30 万元，自己的月收入突破 10 万元。

刘雨生感慨地说："我每一次投资和经营调整都是有数据支撑的，并不是凭借感觉进行盲目的选择，这些得益于前期理论学习和实习经历，使我建立了大数据的思维方法。"

第 12 章

微信公众号营销

在微信时代，企业可以在微信上完成从市场检验到客户管理、客户服务、销售致富、老客户维护、新客户挖掘等工作。企业要做的就是让目标人群依赖于己，将信任度加深，将黏度加强。

Section 12.1 微信公众号介绍

微信公众号是开发者或商家在微信公众平台上申请的应用账号，通过公众号，商家可在微信平台上实现和特定群体的文字、图片、语音、视频的全方位沟通、互动。形成了一种主流的线上线下微信互动营销方式。

12.1.1 微信公众号概述

微信公众平台，简称公众号。曾命名为官号平台、媒体平台、微信公众号，最终定位为公众平台。

利用公众账号平台进行自媒体活动，简单来说就是进行一对多的媒体性行为活动，如商家通过申请公众微信服务号，进行二次开发，展示商家微官网、微会员、微推送、微支付、微活动、微报名、微分享、微名片等，已经形成了一种主流的线上线下微信互动营销方式。

微信在 2013 年 8 月 5 日从 4.5 版本升级到了 5.0 版，同时微信公众平台也做了大幅调整，微信公众账号被分成订阅号和服务号，运营主体是组织(如企业、媒体、公益组织)的，可以申请服务号，运营主体是组织和个人的，可以申请订阅号，但是个人不能申请服务号。各种账号类型的区别如下。

公众平台服务号，是公众平台的一种类型，旨在为用户提供服务。

(1) 1 个月(自然月)内仅可以发送 4 条群发消息。

(2) 发给订阅用户(粉丝)的消息，会显示在对方的聊天列表中，相对应微信的首页。

(3) 服务号会在订阅用户(粉丝)的通讯录中。通讯录中有一个公众号的文件夹，点开可以查看所有服务号。

(4) 服务号可申请自定义菜单。

公众平台订阅号，是公众平台的一种账号类型，旨在为用户提供信息。

(1) 每天(24 小时内)可以发送 1 条群发消息。

(2) 发给订阅用户(粉丝)的消息，将会显示在对方的“订阅号”文件夹中。点击两次才可以打开。

(3) 在订阅用户(粉丝)的通讯录中，订阅号将被放入订阅号文件夹中。

在微信 4.5 版本之前申请的订阅号可以有一次机会升级到服务号，新注册的微信公众平台账号在注册到第四步的时候有一个类型让你选择订阅号或者服务号，这个一旦选择就不可以改变了，一定要确定好，作为企业推荐选择服务号，因为后期对服务号腾讯会有一些高级接口开放，企业可以更好地利用公众平台服务你的客户。个人申请，只能申请订阅号。

公众平台企业号，是公众平台的一种账号类型，旨在帮助企业、政府机关、学校、医院等事业单位和非政府组织建立与员工、上下游合作伙伴及内部 IT 系统间的连接，并能有效地简化管理流程，提高信息的沟通和协同效率，提升对一线员工的服务及管理能力。

12.1.2 账号设置及技巧

当微信公众账号通过审核之后，我们可以正常通过注册邮箱登录账号，此时我们的公众账号是一片空白——无头像、无昵称、无介绍，这就需要我们完善这些基础设置，同时也是公众账号营销的第一步。

特别需要注意的是，我们设置头像、功能说明、昵称和微信号的目的，是更好地获取自然搜索和提升用户的关注度。我们需要在设置之前，仔细考虑账号的定位和传播目的，而设置得当的头像、功能说明能够达到事半功倍的效果。

1. 头像设置：一图胜千言

一个抓眼球的头像能够提升账号的关注率。公众号头像最保险的做法就是用企业 LOGO 作为头像，有能力的还可以重新设计一个新的头像，当然目前企业 LOGO 作为头像的还是很多。如果是个人自媒体、公众号创业者，那么头像就需要更多的设计与思考。尤其注意的是，手机屏幕尺寸比电脑屏幕小很多，很多电脑上细节化的设计在手机上是很难看到的。很多微信用户用自己的照片作为头像，如果比例设计不合适，在手机中显示效果非常不好。当然，作为个人使用微信这都是小问题，但作为一个微信公众号，目的就是更好地传播自己和吸引用户，选择合适、清晰、辨识度高的头像是我们运营的基础要点之一。

2. 账号功能介绍设置：吸引粉丝的必杀计

功能介绍出现在微信用户关注公众号时介绍的界面。做微信公众号，积累用户是基础，而关注页面除了头像，就是公众账号的功能介绍，因此好的功能介绍能够大幅提升账号的关注率。那么我们如何编写自己的功能介绍呢？

功能介绍需要我们对自己的账号进行卖点的深度提炼，需要寻找并牢牢抓住

用户的痛点，再把解决方法写上去。当然也有很多舆论红人或网络大咖根本没有功能介绍，直接跳过这一步骤，如果你不是舆论红人或网络大咖，还是老老实实写点能让用户眼前一亮的文案作为功能介绍吧。

3. 起名也要吸引粉丝

好名字必须容易记和具有独特性，看上去简单，其实要求很高。好名字是稀缺资源，如果你运营的是公司微信公众号，一般就以公司名字作为账号名称，但是要注意简洁。如果公司全名是“北京市海淀区 ABC 科技有限责任公司”，直接照搬的话，手机屏幕小的用户可能不会将名字全部显示出来，所以一般以“地区+ABC”即可，甚至直接叫“ABC”就可以。如果你运营的是自媒体或者创业型账号，就需要动点脑筋了。像“罗辑思维”“大象公会”等自媒体账号，一旦取好名字，就再也不能改了，甚至需要注册商标来保护。

4. 微信号的设置

刚注册的微信公众账号是没有微信号的，需要我们在微信公众平台中自行设置。一个好的微信号，能够让用户迅速记住并找到你，微信号需要以字母开头，最低 6 个字母或数字。需要注意的是，微信号是唯一的，而且个人微信与公众微信都是同一个规则，当微信全球用户达到 7 亿之后，容易记忆的微信号基本已经被抢完。如果运营者基于注册微信号，很容易出现最后随便注册一个完事的情况，但是微信号一旦注册就不可更改。微信官方在 2015 年 6 月提供了微信号检测的优化功能，用户可以直接输入微信号进行查询。

Section 12.2 公众账号推广营销

本节将详细介绍熟悉微信公众号的基础功能、了解排版技巧、栏目建设和运营推广等微信公众号推广营销方面的知识。

12.2.1 熟悉微信公众号的基础功能

做任何事，万变不离其宗的是学会了走才能跑。很多管理公众号的人问怎么做微信运营，新媒体运营应该注意哪些事项，但是自己并不怎么关注微博、微信，而且从没注册运营过任何公众号。微信运营需要沉下心来，微信的红利在逐渐过去，更需要扎实的基础和耐得住寂寞的心。

第一阶段，你应该对微信公众号的申请注册、自动回复、自定义菜单栏、素材管理、消息群发和公众号设置这 6 个功能模块非常了解。下面 10 个问题是初学者必须知道的。

如何注册微信公众号？

订阅号和服务号有什么区别？

公众号名称、简介等内容的设置(尤其是公众号名称设定后就不能更改)？

如何设置关键词回复？

如何设置首次关注回复？

如何设置菜单栏？

如何群发消息？

如何创建多图文的消息？

如何添加素材(图片、文字、链接等)？

公众号有哪些统计功能(如用户、浏览量、关注等)？

如果对于微信公众号的基本功能点都不了解，又何谈运营好一个微信公众号呢？

12.2.2　了解排版技巧

熟悉微信公众号的基本功能后，就需要了解微信的排版技巧了，这也是所有新媒体初学者比较头疼的，因为微信自带的编辑器功能太一般。对于微信公众号内容的排版，我们需要借助两个工具：Word 和微信编辑器。

Word 很好理解，一般建议新媒体运营者先把素材内容写在 Word 上，这样就可以有一个备份，而且便于随时修改。因为微信后台经常有 Bug，内容稍有不慎就没保存好。了解公众号排版之后，完全可以不用编辑器，全部用 Word 搞定。

微信编辑器其实就是一个网页编辑器，只不过上面有各种样式的编排提供，并且可以直接在上面进行排版操作。目前比较好的微信编辑器首推 135 编辑器和秀米编辑器。但是很多人矫枉过正，把微信编辑器当作神器，喜欢堆叠各种格式的内容，以为这样就很好看，殊不知，这样看着五颜六色，杂乱不堪，最好看的永远是简单自然大方的排版。

关于微信排版，建议初学者除了文章开头和文章末尾的微信介绍内容，套用编辑器的固有格式外，其余部分全部手动编辑。一般的内容编排有如下技巧。

(1) 文字内容较多的图文，建议 2～4 行作为一段，这样整体阅读起来层次分明，不会很累。

(2) 文字内容较少的图文，建议每到一个标点为一行，并且居中，这样看着非常简洁清晰。

(3) 如果文字内容较多，建议文本全部左右对齐，注意，微信自带的编辑器无法左右对齐，可以利用微信编辑器进行操作。

(4) 从字体舒适度来说，微软雅黑优于宋体。

(5) 从字体大小来说，15 号字体最佳。

(6) 从阅读舒适性来说，中灰比黑色更适合阅读。

(7) 从行距来说，如果是大段性文字，行间距与 1.75 倍较合适，如果内容较少，尤其是居中性的文字，行间距以 2.0 倍更合适。

微信图文的编排其实就可以当作 Word 一样在微信编辑器的文本框里面编辑，这样也更容易，不要总想着借助一些布局样式。

12.2.3 栏目建设

从微信运营的角度来说，大家需要遵循营销管理和传统，讲究微信内容应该切合定位、栏目突出、内容交错。

无论是运营个人号还是企业的微信，都需要准确定位。不要总想着发“鸡汤”、段子和天气八卦，应该结合产品的特色或者自己的优势、技能、知识点，去确定产品的定位。不然后面的栏目建设和内容宣传会使你感到没有头绪。

举个例子，如果产品是与校园社交相关的，那么微信的定位应该是校园交友。围绕这个定位，微信公众号涉及的内容为校园相关的新鲜事(大学排名、专业分析、考试资料、大学趣闻、考试技巧等)以及交友相关的内容(8 分钟约会、校花推荐、聊天技巧、扑倒女神攻略等)，每天围绕这些选择素材就会得心应手。

如果只是有一个单纯的定位，其实实际运营起来内容也会杂乱，这时就得讲究栏目建设。你的微信其实就和电视台一样，粉丝就是观众，你也应该建设一些好玩的栏目去迎合观众。栏目的建设重在独特新奇以及可持续性，一方面你的类目要和你的定位高度相关，另一方面栏目不能太俗套，但是必须有持续性，不然很难找到合适的内容。

栏目的建设包括五部分，常规性栏目、不定时栏目、栏目选材内容、栏目发布时间、栏目频率，适合初级阶段的人员套用。

12.2.4 运营推广

运营推广可以分成内功和外功两个阶段。内功偏运营，主要指善于模仿、品

牌形象、优质内容和良好互动四方面，外功偏推广。

内功层面 1——善于模仿

不知道怎么做的时候，最好的方法就是模仿。可以多关注并了解一些运营得比较出色的微信公众号以及竞争对手的微信公众号。所有新媒体运营者，应该是非常活跃、关注面非常广的群体，不要只局限在自己的小圈子里面，多了解一些好的微信公众号，看看他们是怎么运营的，做新媒体运营就应该多看多想。

内功层面 2——品牌形象

提到通过新媒体打造企业品牌形象，很多人会想到杜蕾斯的官方微博。就公众号来说，品牌形象展现的途径有两方面，一方面是运营的内容，另一方面是运营人员的风格。前者是通过内容传递一种特色，后者是通过运营者个人传递一种品牌，只不过后者对于个人色彩要求比较高，需要比较激烈的人群。

内功层面 3——优质内容

如何传播和增加粉丝，基本上最多的劝告还是好好做内容，其他一些方法都是不可靠的，最后用户的留存和活跃以及传播还得看内容。内容又分成了两部分，一部分是要提供优质的内容，你的目标人群有什么特别，对什么感兴趣，哪些内容对他们有帮助，运营者应该去考虑这些问题。第二方面就是如何编排好的内容。一是表现在人物的相关性，即你的内容选取的对象应该是粉丝熟悉的群体；二是内容的相关性，内容应该是贴近粉丝生活的，而不应该是随便找的各种“鸡汤”、段子和八卦。

内功层面 4——良好互动

粉丝是活的，不是死的，要让他们产生体验的满足感。互动的形式最常见的就是后台互动、评论回复、搭建微社区，深入一点的就是对外的互动传播，比如分享内容或投票后可以参加抽奖，邀请好友体验可以获得某个福利等。整个微信其实就是一个相对封闭的社区，要让你的用户玩得很嗨、有参与感，他们才会热衷于推荐你。

外功主要就是推广了，目前推广的方法很多，主要有下面这几种。

硬推。硬推这个其实很简单，就是邀请周围的人关注你，对于公众号初期运营是必不可少的一个环节，要放得下身段。

增加搜索权重。增加百度的搜索权重，例如回答百度知道、知乎、百度文库、豆瓣等的各种问题或者发布相关的文章等。另外就是收录一些微信公众号推

荐的平台。

抽奖活动。目前，活动的效果性价比已经较低了，这样的活动对用户来说参与感很低，因为用户知道获奖的概率不高。

红包法。靠红包来吸引用户。一种是通过微信自带的支付接口和红包接口来发红包，单个用户红包金额也不用很高，0.1～2 元不等，普通用户群体都会很乐意，尤其是学生。如果无法实现接口，那么可以通过支付宝红包来，每天定时通过公众号发支付宝红包图片。

资源分享。这个目前是比较火的，不过可能会受到腾讯打击，也就是朋友圈经常传的 PPT 模板免费领取、简历模板免费领取、3000 本小说免费下载等，参考案例玩转大学，其实那些资源整合的都可以算。

投票抽奖。投票抽奖类有的做效果好，有的做效果不好，关键在于候选人是否愿意和有动力去拉票。一般文艺青年、白领都放不下面子去拉票，但是那些赋闲在家的年轻妈妈、三四线城市的青年男女，拉票动力则是很大的，他们才是核心增粉群体。

账号互推。能够有大号互推是很幸福的，但是没有大号互推也不用烦恼，你可以联系一些和自己粉丝接近或者粉丝稍微多一些的账号互推。当然联系一些大号也不是特别困难的，尤其是一些公司账号，因为大家都有 KPI。

外部引流。外部引流主要是靠其他自媒体平台引流，比如百度百家、今日头条、搜狐自媒体平台等，自己微信的内容也可以发到这些平台，也可以增加一部分流量。

关于这些外功的部分，不一定适合所有微信。核心还是做好内功。微信运营好比一场马拉松，没有足够的底子和坚毅的忍耐力，很难做好。

我们现在的运营路更难走了，但是也更加清晰了。前几年运营公众号，每天很容易地获得上百上千粉，而且还不用花很多钱，然后轻松当上流量主获取利益。然而随着公众号数量达到 1000 万、每天 2.5 万的竞争者涌进、团队化的操作，以及流量的两极分化，个人运营者获取用户的成本越来越高，做成大号的希望也越加渺茫。不仅如此，我们的阅读量也越来越小，用户净增经常为负数。导致一些新创建的公众号，会被日益不理想的用户增长数据所吓倒，最后放弃，公众号的运营笼罩在雾霾之中，看不清前方的路。尽管如此，公众号的向好势头还是没有变，我们以前不知道方向，走了很多弯路，但现在推广方式、运营模式以及盈利模式更加清楚，降低了我们面对的风险。

Section
12.3 微信公众号运营秘籍

本节将详细介绍微信公众号如何进行推广引流、微信公众号如何通过营销推广实现盈利、管理微信公众号如何编写公众号文章等微信公众号运营秘籍。

12.3.1　公众号如何推广引流

公众号的引流与推广是盈利的基础，然而据统计，现在获得一个真粉的成本已经达到 3～5 元钱。并且随着市场对各种营销手段的监管，以及用户自身的市场被教育，都预示着以后的粉丝不再像以前那样容易获得，这时我们应该用一些战略层面的布局来吸引流量，下面从能获取的粉丝质量以及数量综合排序，说明各种方式。

引流矩阵：写有价值的内容，帮人们解决问题以及相关问题，并形成阵列，以此每天获得稳定的关注。

建立合作：公众号运营初期一定要建立合作。

(1) 与那些愿意分享、主动转发、经常与你互动的种子用户建立合作，因为一个种子用户后面可能有几个 300 人的垂直微信群。

(2) 与垂直圈子里的群主建立合作。一个关注数量级的微信群、QQ 群、微博互推一次能增加几十到几百粉丝，当然互推要做到有诚信、有诚意。

免费提供资源：找到目标用户活跃的社交渠道，花一些时间，制作一份值得被分享的资源，比如专业方面的电子书籍。

利用好网站和线下渠道。

(1) 特价、优惠，甚至把二维码变成产品的一部分。

(2) 网站扫码登录，用户会自动关注公众号，现在 135 编辑器、秀米工具等可以都扫码登录了。

微信群引流：微信群转化率高、爆发力强，直接贴名片，关注简单。用户垂直目标精准。方式包括自己建立主题群、与自媒体合作和参加群活动。

12.3.2　公众号如何实现盈利

当前自媒体的主要变现模式是流量分发，仍然是传统思维，依靠接广告生

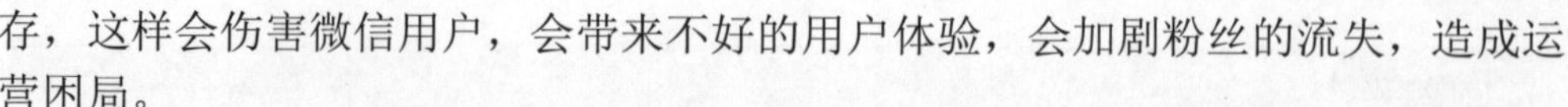

存，这样会伤害微信用户，会带来不好的用户体验，会加剧粉丝的流失，造成运营困局。

当然也有如逻辑思维、十点读书、餐厅老板内参、大象公会等好的盈利模式，相信以后的垂直细分领域账号会凸显更多的价值。

运营从广义来讲，是一个公众号生命的全过程；往小的说，就是增加黏性——持续地提供价值的一个过程。提供的价值又分为4种。

(1) 提供稳定的服务，比如功能稳定，内容更新稳定。

(2) 便利，比如帮别人偷懒，帮他做盘点，帮他省事、省钱。

(3) 优质，你提供的内容质量最高，或者能最快得到第一手资讯。

(4) 给一群价值观相同的人提供相关内容。

微信公众号如何盈利？

促进用户进入销售漏洞，微信作为一个随身携带的互联网入口，通过有价值内容转化漏洞，来积攒足够多的信任感。

保证淘宝的重复购买率，它的步骤如下。

(1) 在旺旺客服自动回复、店铺首页、宝贝详情页、发出去的包裹上添加上微信二维码。

(2) 对粉丝进行购买额度的分类，推荐不同的优惠信息。

线下实体店的运用：如果你的目标用户是微信用户，则可以运营一个公众号，给予一些小的优惠，网上下单，内容咨询，上新，来吸引顾客前来消费。

12.3.3 如何编写微信公众号文章

1. 注意微信文章的标题前13个字，这13个字会直接影响文章的打开率

标题尽量写得吸引人眼球，为什么是前13个字？因为微信提醒的时候只能看见13个字(部分手机更多一些)。

2. 微信文章的打开率取决于文章标题，其次是文章摘要和首图

其中标题占50%，其他两者占25%，如果这三者没有配合好，文章内容再好也是白费，别人都不点进来看。

3. 微信文章的标题可以加一些辅助的情感说明

比如“此视频被4000万人转发”“央视都曝光了！”，但这种方式有点低级，不建议经常用。

4. 单图文文章，务必重视摘要，摘要的好坏会决定文章的打开率

很多人直接不写摘要，这样微信就会给你生成一个默认摘要，很多时候根本

不通顺，默认摘要的文章太浪费资源，太不负责任。

5. 单图文文章的摘要，有几种写法都很受欢迎

例如选择文章里有哲理的两句话、引用文章中某个很有冲击力的观点、用疑问句来引起大家的兴趣或者你自己下载的夸张的判断。

6. 文章配图很重要

文章太长要有多张图，现在手机流量问题已经不重要了，不要担心多图。有个诀窍，如果不知道该配什么图，可以直接配风景图，这基本是万能的，至少用户看了不会太反感。

7. 朋友圈如果发链接，一定要发短链接

太长的链接影响美观，让人没有点击的欲望。生成短链接的方法就是把链接放到新浪微博上发布一次，会自动生成短链接，然后复制过来。腾讯会打击很多小网站的过度营销，如果不是微博等大站生成的短链接，很可能会被屏蔽，发布之后我们要测试下，如果被腾讯屏蔽了就赶紧删除重发。

8. 朋友圈转发文章的时候，要增加自己的评论或者摘录文章中的观点

这相当于给文章做背书，可以让朋友更加信任或者产生好奇，会提高点击率，特别是你希望很多人看这篇文章的时候。这样还有个好处，就是别人在朋友圈转发你的文章，可以直接复制你的文字描述。

9. 微信文章写好以后，要想到别人转发会是什么效果

转发有两种，一种是朋友圈，还有一种是微信群。在微信群内转发的时候，会显示前面 36 个汉字，默认是你文章的前 36 个汉字。如果你有摘要，会自动显示摘要。

10. 发系列原创文章

对于吸引粉丝有很好的效果，也会增加互动，比如有的文章分成上下两篇，每次都能带来很多新粉丝关注。

11. 宣传微信号，一定要有噱头

这个噱头还要具体，不能是“关注×××，就可以看××文章”，这个还不够具体，可以是“在微信后台回复 535 查看×××”。

12. 公众号避免内容太单一

有一个主线，然后增加其他内容，可以在后台统计各个文章的数据，通过数据分析制订一个文章发布计划。

Section 12.4 成功案例——老奶奶网上卖咸鸭蛋月入 18 万元

本节导读

2016 年全国脱贫攻坚奖表彰大会在北京召开，公布了 2016 年全国脱贫攻坚奖获奖人员名单，共 38 人，江西有两人入选，其中一个是瑞金市壬田镇凤岗村农民，86 岁高龄的廖秀英，获得了“全国脱贫攻坚奖”中的“奋进奖”。

“全国脱贫攻坚奖”是国务院扶贫开发领导小组主办的 “十三五”脱贫攻坚期间，每年开展一次的表彰活动。这一奖项的设立标志着国家扶贫荣誉制度的建立。这个奖主要表彰一批为脱贫攻坚做出突出贡献的各界人士。这个奖主要分四类：奋进奖、贡献奖、奉献奖和创新奖，每个奖项不超过 10 名。

廖秀英，虽然是 86 岁高龄的耄耋老人，但是在淘宝上，她已然成为网络上的鸭蛋红人，如图 12-1 所示。

图 12-1

江西瑞金壬田镇凤岗村，是红色老区，也是国家“十三五”规划中的重点贫困村之一，共有百余贫困户。村民廖秀英 86 岁，祖籍广东，抗战时随家人流落到瑞金避难，父母牺牲后，她就在瑞金扎根生活下来。廖奶奶有一手绝活，就是利用当地土鸭腌制咸鸭蛋，年轻时就常走村串巷售卖，那时一天也就卖几十只，勉强维持生计。

从农户那里收购来的土鸭蛋，都先要用清水洗干净。廖奶奶从 16 岁开始腌制、售卖咸鸭蛋，几十年来，她始终坚持用当地的方法腌制咸鸭蛋，并练就了一手腌制咸鸭蛋的好手艺，四邻八乡都夸她家的咸鸭蛋味道好。

鸭蛋洗净晾干后裹上黄泥、盐等作料，然后包裹上稻草灰。鸭蛋要在密封的缸内腌上整整 40 天。这种古法腌制的鸭蛋咸度适中，不仅味道鲜美，还具有细、嫩、松、沙、油等特点。

廖奶奶从来没想过自己腌的鸭蛋能成为品牌，变成走俏商品，给全村带来巨大财富。2015 年，瑞金市推动的“农村 e 邮”来到凤岗村来寻找试点，工作人员到廖奶奶家来实地考察后，发现廖奶奶腌制的鸭蛋味道纯正很好吃，于是双方谈起了合作，廖奶奶家的网店就这样开张了。

由于品质独特，廖奶奶的咸鸭蛋受到消费者的青睐，每天大概能卖 200 只。但随着销售成倍增长，问题也出现了，由于鸭蛋都是从农民那里收购，加上每批腌制的时间很长，需要 40 天左右，货源跟不上，很多大的订单廖奶奶都不敢接。

当地政府得知后伸出援手，2015 年 12 月正式注册成立廖奶奶咸鸭蛋合作社，并采取“合作社+电商+贫困户”的产业化经营模式，进行以咸鸭蛋为主的农产品销售。在政府的支持下，免费为贫困户发放鸭苗，等鸭子生蛋后，合作社再以每只鸭蛋高于市场价 0.3 元钱左右的价格收购。

端午节期间廖奶奶的网店每天销售量达到 4000 只，整个端午节就卖出去十几万只咸鸭蛋。合作社自 2016 年加入村邮乐购以来，通过线上线下销售模式共卖出咸鸭蛋 200 万只，月纯利润 18 万元，发展贫困户社员 23 人，帮助贫困户年均增收 2 万余元。

除了咸鸭蛋，“合作社+电商”模式还带动了其他农产品的销售，当地的脐橙、茶油、豆豉、糯米酒、白莲子等过去因为交通不便难以卖出去的土特产，如今行销全国各地。

56 岁的村民刘晓青，过去和丈夫仅有的收入就是靠家里的几亩薄田种莲子，每年的家庭纯收入只有一万多元，是村子里的贫困户。在加入廖奶奶咸鸭蛋合作社后，她负责清洗鸭蛋，每天只要完成 1000 只鸭蛋的清洗，就可以得到 80 元的收入，一个月下来就有 2000 多元。

当地政府将廖奶奶咸鸭蛋合作社与精准扶贫对象结对子，让贫困户参与土鸭养殖，一方面帮助贫困户拓宽致富路子，另一方面帮助解决土鸭蛋货源问题，共同走上致富之道。

第 13 章

二维码营销

对于碎片化时间和碎片化场景，企业完全可以通过二维码进行市场投放，采取同步优惠活动吸引用户参与。作为用户，二维码已经被大家熟知，在这个渠道消费中，通常可以带来更大的利益。

Section 13.1 二维码的价值

受移动互联网大环境的影响，大家对二维码并不陌生，不仅是企业营销转型的有效标志，也是连接线上线下的重要途径。这是企业互联网营销的全新阵地，对于有着庞大的线下客户资源的传统企业来说尤为重要。

13.1.1 二维码概述

二维码英文为 QR Code，QR 全称 Quick Response，是近几年来移动设备上超流行的一种编码方式，它比传统的 Bar Code 条形码能存更多的信息，也能表示更多的数据类型。

二维条码/二维码(2-dimensional bar code)是用某种特定的几何图形按一定规律在平面(二维方向上)分布的黑白相间的图形上记录数据符号信息的编码方式。二维码在代码编制上巧妙地利用构成计算机内部逻辑基础的“0”“1”比特流的概念，使用若干个与二进制相对应的几何形体来表示文字数值信息，通过图像输入设备或光电扫描设备自动识读以实现信息自动处理。

二维码具有条码技术的一些共性：每种码制有其特定的字符集；每个字符占有一定的宽度；具有一定的校验功能等。同时还具有对不同行的信息自动识别功能及处理图形旋转变化点。

二维码的功能包括以下几点。

信息获取(名片、地图、Wi-Fi 密码、资料)

网站跳转(跳转到微博、手机网站、网站)

广告推送(用户扫码，直接浏览商家推送的视频、音频广告)

手机电商(用户扫码、手机直接购物下单)

防伪溯源(用户扫码即可查看生产地；同时后台可以获取最终消费地)

优惠促销(用户扫码，下载电子优惠券，抽奖)

会员管理(用户手机上获取电子会员信息、VIP 服务)

手机支付(扫描商品二维码，通过银行或第三方支付提供的手机端通道完成支付)

尽管二维码的应用渐趋广泛，但与日韩等国相比，我国的二维码发展还远远不够。制约因素除了运营商的支持度外，还有技术、终端适配、盈利模式等方面。炒得火热的是二维码与 O2O(Online To Offline)模式的结合，即利用二维码的读取将线上用户引流给线下的商家。尽管有些人不看好二维码的应用，但无可否认，只要培养了足够多的用户群，再结合良好的商业模式，二维码将成为桥接现实与虚拟最得力的工具之一。

二维码具有以下优点。

高密度编码，信息容量大。

编码范围广。

容错能力强，具有纠错功能。

译码可靠性高。

可引入加密措施。

成本低，易制作，持久耐用。

除了以上优点外，二维码也存在一些缺点和局限性。

据《2012 年上半年全球手机安全报告》显示，2012 年上半年查杀到手机恶意软件 17 676 款，而其中二维码技术成为手机病毒、钓鱼网站传播的新渠道。

据警方介绍，扫描二维码有时会刷出一条链接，提示下载软件，而有的软件可能藏有病毒。其中一部分病毒下载安装后会对手机、平板电脑造成影响；还有部分病毒则是犯罪分子伪装成应用的吸费木马，一旦下载就会导致手机自动发送信息并扣取大量话费。对此，资深手机软件专家洪志刚认为，利用二维码骗取手机话费是完全可行的，“理论上讲，二维码本身不会携带病毒，但很多病毒软件可以利用二维码下载。然而，很多手机目前都使用开放式的手机平台，如果下载了这样的病毒软件，就会‘霸占’手机的短信发送接口，在用户不知道的情况下发送短信。这类短信往往都要扣除 1 元甚至 10 元的话费，手机话费就在用户懵懵懂懂之际快速流失，进了坏人的腰包。”

有相关专家提醒群众提高防范意识，扫描前先判断二维码发布来源是否权威可信。一般来说，正规的报纸、杂志，以及知名商场的海报上提供的二维码是安全的，但在网站上发布的不知来源的二维码需要引起警惕。应该选用专业的加入了监测功能的扫码工具，扫到可疑网址时，会有安全提醒。如果通过二维码来安装软件，安装好以后，最好先用杀毒软件扫描一遍再打开。

13.1.2　二维码在商业上的十大用途

1. 网上购物，一扫即得

国内的二维码购物最早起源于一号店。目前国内一些大城市的地铁通道里，

已经有二维码商品墙，消费者可以边等地铁边逛超市，看中哪个扫描哪个，然后通过手机支付，分分钟下单。如果是宅在家里，家里的米、面、油、沐浴露用完了，只要拿起包装，对着商品的二维码一扫，马上可以查到哪里在促销、价格是多少，一目了然。通过二维码购物，产品的二维码中标示了产品的身份证，扫描后调出的产品真实有效，保障了购物安全。将来二维码加上 O2O(网上到网下)，实体店将变成网购体验店。因此，实体店可能更多的是要设在顾客方便的地方，如公交站甚至是居民区，而不是商业中心。

2. 消费打折，有码为证

凭二维码可享受消费打折是目前业内应用最广泛的方式。比如，商家通过短信方式将电子优惠券、电子发票发送到顾客手机上，顾客进行消费时，只要向商家展示手机上的二维码优惠券，并通过商家的识读终端扫码、验证，就可以得到优惠。2016 年 7 月，海南蕉农在香蕉滞销时，与淘宝合作进行网上团购促销，网友在网上预订，网下凭手机二维码提货成功化解滞销危机。腾讯也推出了针对 iPhone 和安卓的微信会员卡，会员只需用手机扫描商家的二维码，就能获得一张存储于微信中的电子会员卡，享受折扣服务。

3. 二维码付款，简单便捷

支付宝公司已经推出二维码收款业务，所有支付宝用户均可免费领取“向我付款”的二维码，消费者只需打开手机客户端的扫码功能，拍下二维码，即可跳转至付款页面，付款成功后，收款人会收到短信及客户端通知。在福州，有一家华威出租车公司开通了支付宝，打车到目的地后，顾客拿出手机，对车内的二维码车贴扫描，手机自动跳转到支付页面，然后按照计价器上的车费输入金额，整个付款过程只要 20 多秒。在星巴克，可以把预付卡和手机绑定，通过扫二维码可以快捷支付，不用再排长队付款。

4. 产品质量追溯、防伪

在产品溯源中引入同城二维码，使二维码溯源系统可获取现产品溯源系统中的数据，二维码制成标签，粘贴在产品包装上；消费者购买产品时，只需手机扫码或编辑号码发短信，即可随时随地查询产品源信息与质量认证等信息，并可及时举报虚假、错误信息。

二维码对消费者的好处：随时随地使用手机扫码查看产品详细信息。

二维码对管理机构的好处：促进消费者等对虚假信息进行举报，有效完善对食品质量、假冒伪劣商品的监测管理。

二维码对企业的好处：利用二维码对自身及产品进行更多的宣传活动。如给猪牛羊佩戴二维码耳标，其饲养、运输、屠宰及加工、储藏、运输、销售各环节的信息都将实现有源可溯。

5. 二维码管理生产，质量监控有保障

条码在产品制造过程中的应用已非常普遍。因为二维码可以存储更多信息，在产品制造过程中的应用更为深入，使得生产加工质量得以全程跟踪，同时由于跟踪了生产过程中的加工设备，其原生产线变成了柔性生产线，可生产多品种产品，并为 MES(制造执行系统)管理的实现提供了完整数据平台。

6. 食品采用二维码溯源，吃得放心

将食品的生产和物流信息加载在二维码里，可实现对食品追踪溯源，消费者只需用手机一扫，就能查询食品从生产到销售的所有流程。在青岛，肉类蔬菜二维码追溯体系已在利群集团投入使用，市民用手机扫描肉菜的二维码标签，即可显示肉菜的流通过程和食品安全信息。在武汉，中百仓储的蔬菜包装上，除了单价、总量、总价等信息外，还有二维码，扫描后可以追溯蔬菜生产、流通环节的各种信息，如施了几次肥、打了几次农药、何时采摘、怎么运输等。

7. 会议签到二维码，简单高效低成本

目前，很多大型会议由于来宾众多，签到非常烦琐，花费很多时间，也很容易有非会议人员混入其中，混吃混喝混礼品。如果采用二维码签到以后，扫描通过即可完成会议签到，整个签到过程无纸化、低碳环保、高效便捷、省时省力。省去了过去传统中签名、填表、会后再整理信息的麻烦，可大大提高签到的速度和效率。

8. 执法部门采用二维码，有利于快速反应

最近，广州番禺区的管理部门启用了“出租屋智能手机巡查系统”，出租屋管理员在上门巡查时，用智能手机读取门牌上的二维码，即可及时、准确地获取该户址的相关信息。同理，如果在商品、检验物品上附上二维码，政府执法部门人员则可以通过专用移动执法终端进行各类执法检查，及时记录物品、企业的违法行为，并且可以保证数据传输的高度安全性和保密性，有利于政府主管部门加大监管力度，规范市场秩序，提高执法效率，增强执法部门的快速反应能力。

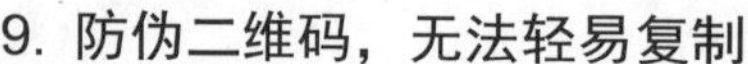

9. 防伪二维码，无法轻易复制

20 世纪 90 年代，国内的商品激光打标防伪风云一时，但现在非常普遍不再具有独特性了。目前，荧光粉等印刷技术的发展，一些重要物品开始使用二维码，美国的科研人员也正在试图把这些编码应用到玻璃、塑料胶片、纸质产品、银行票据上。这些二维码用肉眼是看不到的，必须通过红外激光照射才能进行扫描验证。目前，此类二维码需要商家提供红外激光扫射设备，然后让智能手机扫描验证，或者使用安装有红外激光摄像头的智能手机才能验证。

10. 高端商品用二维码互动营销，有助于打击山寨

世界著名葡萄酒之一的新西兰南极星葡萄酒，掀起了葡萄酒业应用二维码技术的新风潮，以南极星黑皮诺葡萄酒为例，只要用智能手机扫描产品背标上的二维码，就能立即显示该产品的信息详情链接，点击链接，可以看到该产品的原产地、生产年份、葡萄品种、酒精度、产品介绍、获奖荣誉等信息。消费者在选购葡萄酒时能够更加轻松，全面地了解产品的各项信息，可以更好地与品牌互动，让购买变得简单有趣，而且可以准确辨识真伪，打击山寨。

Section 13.2 制作与使用二维码

了解了二维码的原理和价值之后，我们就可以为自己的店铺制作有创意的二维码并使用二维码了。制作有创意的二维码不需要花费成本，还能根据自己的需要做出符合自己定位的二维码。

13.2.1 制作二维码

制作二维码的方式有两种：一种是如果企业有自身的程序员，可以开发属于自己的二维码的生成程序；另一种就是通过市场上的二维码生成器来制作。第二种方式要简单易操作很多，只要搜索一个二维码生成器即可，我们选择市面上比较有名的免费二维码生成器——草料二维码生成器来制作二维码，如图 13-1 所示。

图 13-1

草料二维码是国内专业免费的二维码生成网站。网站取名为草料，一方面是和域名谐音，另外也有“草料喂马”的意思，意即为二维码提供食粮。

草料二维码能实现电话、文本、短信、邮件、名片、Wi-Fi 的二维码，还通过云技术，实现了文件(如 ppt、doc 等)，图片、视频、音频的二维码生成。草料二维码的免费产品包括以下几种。

活码：二维码图案不变，内容可随时更改，存储无限内容，指向任意网址，扫描效果可跟踪，免费使用。

二维码美化：功能齐全且强大的二维码美化系统，加 Logo、加背景、加前景、换样式、调码眼，把这一切保存成模板，今后可重复使用。

网页在线扫码：网页版本的二维码扫描读取系统，利用电脑的摄像头扫描读取二维码，也可只上传二维码图片扫描获得二维码的内容。

chrome 插件：草料 chrome 插件，是专为 chrome 核心的浏览器开发的一个二维码应用增强工具插件，自动将地址栏链接生成二维码。

二维码卡片：利用草料的活码和打印功能，在线生成二维码内容可变外观精美的卡片，可在朋友聚会、企业展会时分发，偶遇潜在客户。

草料二维码的收费产品包括以下几种。

企业码：综合展示企业形象，实现企业展示、宣传视频、业务介绍、购买引流、互动交流、在线咨询、文档下载、微信一键关注、地图定位、连接二维码名片。

产品码：为医药、化妆品、食品、日化品等行业提供海量产品服务，开启移动互联网新入口，让营销与管理简单、高效化。同时产品码实现了二维码防伪、二维码溯源、二维码渠道控制。

名片码：整体展示个人形象，把企业宣传装进名片，实现个人信息的展示、企业营销宣传、企业通讯录、离职人员管控、意见保存和关注、信息批量导入。

草料二维码的优势如下。

1. 海量实践经验

用心服务 1.5 万付费用户，为国内外知名品牌定制二维码系统。

2. 专业行业技术

国内专业的二维码服务平台，国家商品编码中心首批合作企业。

3. 衔接上下游产业链

与上下游领先企业深度合作为客户提供高性价比、一站式的集设计、制作、存储、印刷等综合解决方案。

4. 兼容主流扫码软件

提供高级美化、批量管理等服务，更易被扫码识别。

5. 灵活安全部署

根据客户需要，提供公有云、私有云部署及服务，保证客户使用更为简单、便捷、安全。

13.2.2 使用二维码促进销售

1. 碎片化推送打折优惠信息

对于碎片化时间和碎片化场景，企业完全可以通过二维码进行市场投放，采取同步优惠活动吸引用户参与。作为用户，二维码已经被大家熟知，在这个渠道消费，通常可以带来更大的利益。这种两全其美的营销方式，在能够吸引更多消费者的情况下，还能提高企业销量。

1) 扫码享优惠，顺便增加 App 下载量

我们在乘坐高铁、飞机、客车等出行工具时，会看到座位后面贴有企业宣传的二维码，其中送优惠券的活动最多。当然，如果想使用就需要扫描二维码下载官方的 App，注册以后才可以使用优惠券，这种方式的确很受用户喜欢。

企业在 App 客户端中，可以随时随地发送优惠券或者折扣信息。安装了该企业 App 的客户，就会在手机上看到这些折扣信息，从而享受到手机购物带来的优惠。

有很多企业运用扫描二维码下载安装 App 的方式，为客户送上优惠券。这是企业在二维码营销方面的一种实际应用。

2) 简单扫描即送优惠券

除了下载 App 的这种方式，也可以通过二维码直接设置优惠。很多企业并没有开发自己的 App，但可以利用二维码来推出优惠政策。例如，当当网的服装频道，无论是在线上还是线下，都经常看到这样的二维码广告宣传，直接通过扫描二维码就可以享受优惠，在这样的活动政策下，销量会高于平时几倍。

2. 整合相关信息，建立网络数据库营销

二维码作为数据库营销的入口，企业可以通过这个入口收集客户资料，以便通过这些数据资料与客户进行交流和沟通。二维码可以存储大量信息，并且能够搜集和保存用户的资料，企业可以利用二维码矩阵进行全方位的推广。企业通过这个流量入口建立属于自己的用户数据库，将会得到更大的收益。

数据库营销在市场逐渐被大家认可，任何企业如果想做好网络营销，一定要有属于自己的数据引流入口、数据引流渠道、数据留存平台、数据营销后台。二维码在数据库营销中能起到关键作用。

1) 企业与用户更方便地沟通

如果有了用户数据库，通过数据库可和用户一对一地交流和沟通。衔接纽带如果是二维码，完全可以把用户的资料信息和在平台的操作行为整合到一起，可以将用户和企业紧紧相连。比如一些电话营销公司，把重要的用户资料全部制作成二维码，每一位用户都会有专属的二维码，以便在方便员工查找资料的同时，也能通过二维码和客户增加感情。

2) “数据库+二维码”让企业营销更方便

当我们在亚马逊网站购物时，每一次交易的过程，企业都会自动记录我们的所有资料信息和购买信息，后期会不断推送和我们购买过的东西相关的产品，这样使得亚马逊在销量上有很大提高。现在通过二维码作为入口，如果是本企业开发平台，只要用户通过二维码进入平台，在平台里面产生的所有行为都会有记录，这样就可以通过用户浏览的记录来推送相关产品，增加精准度，提高销售额。

3) 用户专属服务升级

对每一个用户制作专属二维码，让用户更有存在感。例如，美容院对每一位用户进行资料收集整理，制作用户专属二维码，只要用户到点扫描二维码，就可以看到自己之前做过的服务项目的详细信息；这样不仅使用户能够更加清楚地知道自己的美容记录，企业还能够根据以往的服务有效地推送新的服务内容。

3. 让线下媒体效果更好

企业在做线下品牌宣传，利用二维码能够在很大程度上有所创新，并且告别之前的流量品牌模式，走向既有流量品牌又有流量引入的新模式，真正实现传统媒体和新媒体的互动，帮助企业做好 O2O 模式。当然，这种方式不仅仅运用在传统模式上，在电视等媒体上也一样能收到很好的效果。

Section 13.3 二维码使用秘籍

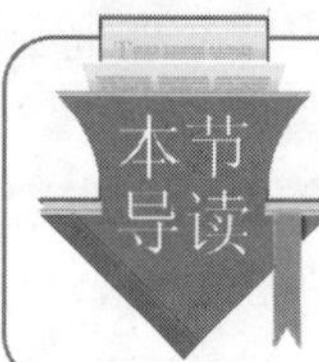

使用二维码营销能够实现顾客随时随地取得销售信息、丰富商家的广告内容、增加客户搜集渠道以及实现同行竞争差异化等作用。实现这些价值的前提是学会如何利用二维码进行营销，本节将详细介绍相关内容。

13.3.1 使用二维码营销能实现哪些作用

1. 顾客能够随时随地取得信息

企业的顾客能在任何时刻、任何地址，从任何媒体上，获得企业信息，乃至直接下订单。对于企业而言，谁离顾客最近，谁就更容易得到顾客的重视;能第一时刻与顾客交流，取得更多订单时机。

2. 添加广告内容，丰富广告形式

有限的、单调的平面广告已经成为历史，现在，企业只要在拇指印大小的地方印上一个二维码，就能在顾客面前展现无限多的文字、精巧的图片，乃至明晰的声音和动画、视频。推行不再受到版面限制，从而使企业达到添加广告内容、节省广告的成本目的。

3. 便于广告效果盯梢与调整

企业投放了不同的广告或宣传单，经过每个二维码的访问数据比较，能够轻松判别出性价比最高的推行方法和推行时段，协助企业把钱花在刀刃上。二维码是根据智能手机媒体的营销，能够准确地跟踪和剖析每一个媒体、每一个访问者的记录，包含访问者智能手机机型、话费类型、访问时刻、地址、讯问方法以及访问总量等，为企业挑选最优媒体、最优广告位、最优投放时段提供准确参阅，这是其他媒体无法做到的。

4. 客户搜集渠道多

发现和汇聚客户资源，经过方便快捷的短信互动，汇聚客户资源，使用移动店铺积聚会员，笼络人脉，储蓄最名贵的商业财富，进行精准、高效的互动营销，对客户展开精准、高效、互动的移动营销。

5. 同行竞争差异化

现阶段的同行竞争太激烈了。想要吸引客户的眼球，首先你一定要立异，拿出更有吸引力的东西去吸引他们。在你的展厅、宣传册、名片上都印一个二维码，把客户都吸引到你的展厅里来，让他们体会一下，引起他们的好奇心。让他们第一时刻就可以了解到你的产品，让他们的心更有底，让他们更相信你的产品，从而刺激购买欲望。

13.3.2　如何利用二维码进行营销

二维码营销的最基础应用就是：引导用户进入你的手机网站，直接看到你希望消费者看到的内容。从这点出发，你必须在制作、展示、用户扫描、查看的每一个环节，充分考虑用户的习惯和心理。毕竟掏出手机，找到扫描软件，对准二维码扫描，也是一件麻烦的事情，你不为用户考虑，用户就会抛弃你。以下几点是二维码营销的必须考虑的因素。

1. 提供一个有价值的扫描理由

你的手机网站必须有足够的吸引力，能解决顾客的问题，例如售后、优惠以及大量顾客需要阅读的信息。

2. 必须建立移动版网页

当顾客已经被吸引，扫描完二维码后，满怀期待地等待着，结果却迟迟无法打开，好不容易打开后，居然是电脑桌面版的网站，那你的营销还有机会吗？移动版网页必须是专业的移动版网站平台提供商，整个网页为手机设备优化，能快速加载页面，并且适应不同的手机浏览器类型和屏幕大小。如果不能提供，简单地放一段文字和微博链接等内容也比电脑版网站强。

如果你不想那么费事做移动版网站，可以用草料的商用二维码，其就是一个

为二维码扫描设计的，能够快速生成的移动网站。如果手上有素材，花 5 分钟就能搞定一个看起来很专业的移动版网站。

3. 内容编排要简洁

不是有移动版网页就万事大吉了，要记住用户是有明确目的的，他们不想探索你复杂的手机版网站，他们需要立即在他的小屏幕中找到需要的内容。对移动设备的心理学调查表明，用户只喜欢一个维度的内容，稍微复杂的分类，用户就很可能关闭网页。所以，牢记一个原则：简单而清晰。

4. 把你的二维码放在合适的地点

你准备把二维码印在哪里呢？高速公路边上的广告牌吗？这是为超人准备的。过道广告牌、路边橱窗上的二维码，那匆匆而过的人群，也很少会有人停留。楼顶灯箱广告上就更不靠谱了，你自己扫一扫就知道有多难。最适合的地方就是休闲场所，人流量大且需停留的场地，例如公交车站的灯箱、餐厅的桌角、电影院排队的地方。此外，在没有手机信号覆盖的地方，你的手机网页加载不出来，除了让用户骂以外，不会有任何效果，所以电梯上如果没有覆盖手机信号，那就排除掉吧。

Section 13.4 成功案例——网上卖黄花菜日入万元

2010 年初中毕业后，管小伟即踏入社会，那年他才 16 岁。一个农民，本应该老老实实一辈子与土地和庄稼打交道，可他不甘心。他要创业，要混出和父辈不同的样子来。

没技术、没学历、没背景，要想创业很艰难。他只能先选择在广州一家礼品厂打工，每天工作十几个小时，工资也就 400 多元。

2012 年，一个偶然的机会，他看见一个同事在网上开了家服装店，收入还不错，比打工轻松有趣多了，于是也萌生了开网店的念头。他开始经常到网吧上网，在网店社区查看别人的创业经历，分享他们的创业经验和心得，憧憬自己的未来，常常激动得彻夜难眠。

2013 年 8 月，管小伟开始真枪实弹地干起来了。开网店，有两件法宝不可缺少，一是电脑，二是相机。他身无分文，没有钱怎么办？他想来想去，最后鼓起勇气，背着父母开口向堂哥管凌云借钱。管凌云大学毕业后在上海一网站搞软件设计，听说堂弟要创业搞网店，非常支持，当即汇给 4000 元。管小伟花 2999 元买了台神州笔记本电脑，另外 1000 元买了台尼康相机，有了这两件法宝，从此他走上了淘宝创业之路。

1. 只有初中文化的他创业的路走得很艰难

设备问题解决了，可是父母不理解，他们不懂电子商务，觉得这无异于天方夜谭，是在胡闹，劈头盖脸把管小伟骂了一顿。在家里一捣鼓电脑，父母就是一顿骂。看来，在家里是干不下去了。但是，既然开了头就决不能放弃，要一干到底。他想，只要自己干出成绩，父母会理解和支持的。

他只身卷起铺盖，只好又去了广州，不是去打工，而是和弟弟一起租房子开网店创业。管小伟没有工作，一天就泡在网上，全部开支就是弟弟每月 1000 多元的工资。除了房租、网费，两人的生活费只能每月控制在 300 元内，所以每顿都不敢多吃一口，早餐不吃，日子过得非常清苦。

管小伟从小学到初中，都没接触过电脑，只在打工的时候学过五笔打字，只有拼命自学。网站注册后，卖什么产品呢？开始尝试过很多产品，没有资金进货，开始就托朋友，拿来他们厂里库存的小包来卖；没钱买其他照相器材，就在墙壁上面挂一张白纸拍照。慢慢业务熟了，可是一直没有找到一个合适的拳头特色产品，定位不准，生意也一直做不大。管小伟说，那段时间很苦恼，做梦都是开网店。

2. 家乡的黄花菜成了他创业的幸运花

正在迷茫间，弟弟回家带了一些家乡的黄花菜来广州，管小伟灵机一动，这不是自己冥思苦想的理想产品吗？他把弟弟带来的黄花菜稍作包装，拍照，抱着试试看的态度，放在了自己的网店里去卖。没想到，没过几天就有个买家来，一次买了好几斤。

管小伟想，老家是黄花菜原产地，货源很足。他家年产黄花菜干就有 4000 多斤，全县黄花菜种植面积达到 16 万亩，菜农达 40 万人，总产量超过全国的一半，是国家命名的“黄花菜原产地”和全国最大的黄花菜种植基地，每年出产黄花菜干约 30 万吨，占国内市场总额的 80%。全县黄花菜年产量又主要集中在该镇。黄花菜营养价值高，是难得的营养生态食品，市场前景肯定是不错的。想到这里，管小伟兴奋得手舞足蹈起来，当即收拾行囊，从广州再次回到了老家。

苦苦寻觅这么多年，管小伟终于找到了自己创业的支点和突破口，从此，管

小伟的创业走出了迷茫的低谷，一下子变得豁然开朗起来。

回到家里，管小伟首先将自己在网上卖黄花菜的事情，说给父母听，并演示给他们看，两个老人先是半信半疑，后来，看见儿子一天天往外寄黄花菜，家里接到的汇款单慢慢多了，才真正相信，自己的儿子有出息了，捣鼓那些个网店还真能赚钱。

淘宝上每天有 4000 多单黄花菜挂在网上叫卖，如何突出自己网店的特色呢？管小伟一是尽量在网上展示黄花菜原产地的实地照片，以及黄花菜的营养知识，表示有充足货源供应；二是将黄花菜从采摘到加工的整个过程拍下来，展示给买家看，让他们了解整个流程，并保证黄花菜的质量；三是做好服务并加强与买家和网友交流，在网上征集黄花菜谱，供大家参考和交流。这样，买家知道了他家的黄花菜都是母亲亲自摘，自然风干，不像传统加工黄花菜行业都是当地采购商收回去，经过几次转手，中间有些老板还会添加化学剂。买家很相信他卖的黄花菜的质量。

生意做起来后，发货又出现了难题。农村不通快递，平邮速度又慢，从老家发货一般都要十天半个月，很多买家接受不了，特快专递又太贵。为此，管小伟又一次去了广州。那次去时随身带了几十斤黄花菜，卖完后，再叫家里人从老家发平邮到广东，每次发 100 多斤，管小伟在广州接到货后，再包装发到买家手里。但是总这样中转也不行，在广州消费又高，卖黄花菜赚的钱花得一干二净。

不过，感到欣慰的是，看到了黄花菜的网购市场，更坚定了管小伟做下去的决心。在广州做了一段时间后，因为消费太高，最后还是回了老家。也算是运气好，在衡阳市一位也做网店的老乡，要管小伟把货包装好通过镇里开往衡阳的班车，托运到他那儿，由他帮着发到客户手上。这一招解除了管小伟的后顾之忧。2014 年，家里的几百斤黄花菜全卖完了。

管小伟自豪地告诉记者，他每年除了卖完自己家里的黄花菜之外，现在还要从农户家购进，才能保证货源。每年 12 月是旺季，最多一天卖了 1 万元，网上最多每天有 10 多万浏览量。每年收入比做一个农民，不知要强多少倍。

现在，管小伟全家出动做网店，并带动了本村几个年轻农民做淘宝。他的目标是：以网店为中心，依托互联网电子商务的巨大优势，让所有喜欢吃黄花菜的朋友，吃到原产地高品质的黄花菜。

他的梦想是 5 年之内能通过淘宝建一个品牌。他还和祁东县城的谭斌、姐姐管芙蓉以及本村的管小勇，准备成立一个黄花菜网络营销联盟，进一步做大做强黄花菜销售，并将祁东的其他土特产也实行打包网上销售。